大国新局

读懂百万亿后的中国经济

中国公共经济研究会 / 组织编写

韩　康　张占斌 / 主编

人民东方出版传媒

东方出版社

编委会简介

韩　康　经济学博士，国家行政学院原副院长、教授，第十二届全国政协委员

张占斌　经济学博士，中央党校（国家行政学院）马克思主义学院院长、教授，第十三届全国政协委员

王小广　经济学博士，中央党校（国家行政学院）经济学教研部副主任、教授

张　青　经济学博士，中央党校（国家行政学院）经济学教研部副主任、教授

陈江生　经济学博士，中央党校（国家行政学院）研究生院副院长、教授

李江涛　经济学博士，中央党校（国家行政学院）公共管理教研部副主任、教授

蒲　实　经济学博士，中央党校（国家行政学院）报刊社副总编辑、研究员

樊继达　经济学博士，中央党校（国家行政学院）公共管理教研部公共经济教研室主任、教授

黄　锟　经济学博士，中央党校（国家行政学院）马克思主义学院科研秘书、教授

郭　威　经济学博士，中央党校（国家行政学院）经济学教研部财政金融教研室主任、教授

王　茹　管理学博士，中央党校（国家行政学院）社会和生态文明教研部副教授

王海燕　经济学博士，中央党校（国家行政学院）马克思主义学院21世纪马克思主义研究所副所长、副教授

周跃辉　经济学博士，中央党校（国家行政学院）经济学教研部副教授

孙　飞　经济学博士，国务院发展研究中心公共管理与人力资源研究所副研究员

水名岳　管理学博士，在中央国家机关从事宏观经济研究工作

杜庆昊　管理学博士，中央党校（国家行政学院）信息技术部副研究员

王学凯　管理学博士，中国社会科学院财经战略研究院经济学博士后

毕照卿　法学博士，中央党校（国家行政学院）马克思主义学院21世纪马克思主义研究所教师

张晏玮　管理学博士生，中央党校（国家行政学院）政府经济管理专业博士生

目　录

第十六章 / **加强党对经济工作的全面领导**

前　言

　　根据国家统计局数据，2020 年中国国内生产总值（GDP）达到
102 万亿元，首次突破 100 万亿元大关，按可比价格计算增长 2.3%。
这是一个新的历史突破，说明在过去一年里，面对全球新冠肺炎疫情
的严重冲击和美国的全面遏制打压，以习近平同志为核心的党中央统
筹国内国际两个大局，统筹疫情防控和经济社会发展的决策是完全正
确的。中国坚持稳中求进、以保促稳，稳住了就业和经济基本盘，如
期完成了脱贫攻坚任务。直接面向市场主体制定和实施宏观政策，保
住了经济恢复和发展的基础。用直接直达机制创新宏观政策实施方式，
使助企纾困政策及时落地见效。我们科学把握规律性政策的平衡点，
以合理代价取得最大成效，并把宏观调控与深化改革更好地结合起来，
着力激发市场主体活力。在主要经济体中，只有中国实现了正增长，
体现了中国经济的潜力、韧性和可持续能力。这是了不起的成绩，来
之不易，工作历程极为艰辛，经验收获弥足珍贵。我国历史性地登上
了一个大的台阶，中华民族伟大复兴又向前迈进了一大步。
　　中国为什么能够取得统筹疫情防控和经济社会发展的优异成绩？
根据大多数人的共识，最重要的原因是，我国深化了面对严峻挑战时
做好经济工作的规律性认识：第一，党中央权威是危难时刻全党全国
各族人民迎难而上的根本依靠。第二，人民至上是作出正确抉择的根
本前提。第三，制度优势是形成共克时艰磅礴力量的根本保证。第四，
科学决策和创造性应对是化危为机的根本方法。第五，科技自立自强

是促进发展大局的根本支撑。这些规律性认识非常珍贵，是我们在实践中总结的精神财富，也是下一步做好工作需要遵循的重要原则。

根据国际货币基金组织（IMF）、世界银行和经济合作与发展组织（OECD）等国际高端智库的预测分析，2021 年中国经济增长很可能比 2020 年好很多。这主要是 2020 年由于新冠肺炎疫情等导致经济发展基数陡然降低，使 2021 年经济增速会出现一个更快的恢复性增长，有可能实现 6% 或 6% 以上的更高水平增长。当然，这个判断也是在 2021 年增长大局保持稳定、新冠肺炎疫情基本可控、国际经济格局不出现严重逆转的大背景下作出的。

2021 年，我们将进入"十四五"重要发展时期。在"十四五"时期，中国经济发展的主线会在哪里落笔？根据中央的决策，最重要的是：立足新发展阶段，贯彻新发展理念，构建新发展格局，以推动高质量发展为主题，以深化供给侧结构性改革为主线，以创新为根本动力，以满足人民日益增长的美好生活需要为根本目的，坚持系统观念，巩固拓展统筹疫情防控和经济社会发展成果，更好统筹发展和安全两件大事，扎实做好"六稳"工作，全面落实"六保"任务，科学精准实施宏观政策，保持连续性、稳定性和可持续性，努力保持经济运行在合理区间，坚持扩大内需战略，强化科技战略支撑，扩大高水平对外开放，构建高水平市场经济，认认真真把自己的事情做好，为实现2035 年远景目标奠定坚实基础。所有这些，既是党中央提出的战略规划，也是理论工作者进行深入认真研究的问题。

国家行政学院原副院长

中国公共经济研究会会长

韩　康

第一章

立足新发展阶段，贯彻新发展理念，构建新发展格局

　　2021年1月11日，习近平总书记在省部级主要领导干部学习贯彻党的十九届五中全会精神专题研讨班开班式上的讲话中强调，进入新发展阶段、贯彻新发展理念、构建新发展格局，是由我国经济社会发展的理论逻辑、历史逻辑、现实逻辑决定的。进入新发展阶段明确了我国发展的历史方位，贯彻新发展理念明确了我国现代化建设的指导原则，构建新发展格局明确了我国经济现代化的路径选择。深入学习、坚决贯彻党的十九届五中全会精神，就要准确把握新发展阶段、深入贯彻新发展理念、加快构建新发展格局的核心要义，推动"十四五"时期高质量发展，确保全面建设社会主义现代化国家开好局、起好步。

第一节 把握新发展阶段的历史方位

党的十九届五中全会指出，全面建成小康社会、实现第一个百年奋斗目标之后，我们要乘势而上开启全面建设社会主义现代化国家新征程，向第二个百年奋斗目标进军，这标志着我国进入了一个新发展阶段。正确认识党和人民事业所处的历史方位和发展阶段，是我们党明确阶段性中心任务、制定路线方针政策的根本依据，也是我们党领导革命、建设、改革不断取得胜利的重要经验。

一、深刻认识和把握新发展阶段的新内涵

新发展阶段之"新"体现在新基础上。经过新中国成立以来特别是改革开放以来 40 多年的不懈奋斗，我国已经拥有开启新征程、实现新的更高目标的雄厚物质基础，未来 30 年将是我们完成这个历史宏愿的新发展阶段。"十三五"时期，我国经济实力、科技实力、综合国力跃上新的大台阶，经济运行总体平稳，经济结构持续优化，脱贫攻坚成果举世瞩目，污染防治力度加大，生态环境明显改善，对外开放持续扩大，共建"一带一路"成果丰硕，人民生活水平显著提高，

社会保持和谐稳定，决胜全面建成小康社会取得决定性成就。当前，我国已进入高质量发展阶段，拥有全球最完整规模最大的工业体系和强大的生产能力、完善的配套能力，拥有1亿多市场主体和超大规模的内需市场，拥有9亿多劳动力和1.7亿多各类人才，为构建新发展格局奠定了坚实基础。

新发展阶段之"新"体现在新形势上。新形势使我国进入了"重要战略机遇期"。从国际形势看，一方面，和平与发展仍然是时代主题，新一轮科技革命和产业变革突飞猛进，国际政治经济格局急剧演变与民族复兴目标的叠加性、同步性、长期性，为我国转向高质量发展阶段提供了新机遇。另一方面，世界进入动荡变革期，新冠肺炎疫情全球大流行加速了百年未有之大变局的演进趋势。国际形势的不稳定性不确定性明显增加，新冠肺炎疫情全球大流行的影响和后果广泛深远，经济全球化遭遇逆流，民粹主义、排外主义抬头，单边主义、保护主义、霸权主义对世界和平与发展构成严重威胁，国际经济、科技、文化、安全、政治等格局都在发生深刻而复杂的变化，当前和今后一段时期，我国将面对更多逆风逆水的外部环境。从国内形势看，我国已转向高质量发展阶段，制度优势显著，治理效能持续提升，经济长期向好，物质基础雄厚，人力资源丰富，市场空间广阔，发展韧性强大，社会大局稳定，继续发展具有多方面的优势和条件，也面临新矛盾新挑战。总体来看，我国进入了新发展阶段，国内外环境的深刻变化既带来一系列新的机遇，也带来一系列新的挑战，是危机并存、危中有机、危可转机的重要战略机遇期。

新发展阶段之"新"体现在新任务上。新任务凸显于"两个一百年"奋斗目标的历史交汇点。新发展阶段的任务，主要是指实现"十四五"时期经济和社会发展主要目标和2035年基本实现社会主义现代化远景目标带来的一系列新任务。党的十九届五中全会着眼"两个一百年"奋斗目标的有机衔接，把握全面建设社会主义现代化国家的目标要求，从九个方面确定了到 2035 年基本实现社会主义现代化的远景目标，并且提出了"十四五"时期经济社会发展"六个新"的主要目标和重点任务。这些发展目标、发展任务，体现了我国社会主要矛盾转变带来的发展要求，我国进入高质量发展阶段带来的更高水平发展要求，我国经济发展方式转变、发展所具有的要素禀赋变化带来的经济、社会、文化、生态等各领域的发展要求。

新发展阶段之"新"体现在新主题上。在新发展阶段，高质量发展这一主题将贯穿"十四五"时期经济社会发展各领域和全过程。高质量发展是全面贯彻新发展理念的发展，是创新成为第一动力、协调成为内在特点、绿色成为普遍形态、开放成为必由之路、共享成为根本目的的发展。从供给侧看，高质量发展应具备比较完备的产业体系，网络化、智能化和现代化的生产组织方式，强大的创新力、需求捕捉力、品牌影响力、核心竞争力。从需求侧看，高质量发展要求不断满足人民群众个性化、多样化、不断升级的消费需求。从投入产出看，高质量发展的重要标志是不断提高劳动、资本、土地、资源、环境等要素的投入产出效率，不断提升科技进步贡献率，不断提高全要素生产率。从分配看，高质量发展是实现投资有回报、企业有利润、员工有收入、政府有税收的发展。从宏观经济循环看，高质量发展是生产与分配、流通与消费、虚拟与实体、国内和国外良性互动的过程。

二、以辩证思维看待新发展阶段的新机遇新挑战

我们要以辩证思维看待新发展阶段的新机遇新挑战。新发展阶段，是一个将强未强、由大变强的阶段，是实现中华民族伟大复兴的关键阶段。一方面，我国迎来了从站起来、富起来到强起来的伟大飞跃，迎来了实现中华民族伟大复兴的光明前景，我们比历史上任何时期都更接近、更有信心和能力实现中华民族伟大复兴的目标。另一方面，

我国发展不平衡不充分的问题仍然比较突出，创新能力不适应高质量发展要求，农业基础还不稳固，城乡区域发展和收入分配差距较大，生态环境治理任重道远，民生保障存在短板，社会治理还有弱项。我们要辩证认识和把握国内外发展大势，统筹中华民族伟大复兴战略全局和世界百年未有之大变局，深刻认识我国社会主要矛盾发展变化带来的新特征新要求，深刻认识错综复杂的国际环境带来的新矛盾新挑战，增强机遇意识和风险意识，准确识变、科学应变、主动求变。

我们要动态把握这一发展阶段。新发展阶段是社会主义初级阶段中的一个阶段，是我们党带领人民迎来从站起来、富起来到强起来历史性跨越的新阶段，也是中国特色社会主义发展进程中的一个重要阶段。社会主义初级阶段不是一个一成不变、停滞不前的阶段，也不是一个自发、被动、不用费多大气力自然而然就可以跨越的阶段，而是一个动态、积极有为、始终洋溢着蓬勃生机活力的过程，是一个阶梯式递进、不断发展进步、日益接近质的飞跃和量的积累的发展变化过程。"全面建设社会主义现代化国家、基本实现社会主义现代化，既是社会主义初级阶段我国发展的要求，也是我国社会主义从初级阶段向更高阶段迈进的要求。"①

三、新发展阶段谋篇布局打造新优势

我国经济已进入高质量发展阶段，继续发展具有多方面的优势和条件。我们要增强化危为机的意识和能力，不仅要善于顺势而为，把优势转化为动力，更要勇于逆势而上，善于转危为机，在危机中育先机、在变局中开新局。

形成新优势，需要加快构建以国内大循环为主体、国内国际双循

---

① 《深入学习坚决贯彻党的十九届五中全会精神　确保全面建设社会主义现代化国家开好局》，《人民日报》2021 年 1 月 12 日。

环相互促进的新发展格局。"十四五"和未来一个时期，国内市场主导国民经济循环特征会更加明显，经济增长的内需潜力会不断释放。我们党立足国内外形势的发展变化，着眼全面防范化解风险挑战，以国内市场效应作为国内经济循环和国际经济循环的连接"桥梁"，充分发挥国内超大规模的市场优势。加快建设现代化经济体系，提升产业基础高级化和产业链现代化水平，打造市场化、法治化、国际化的一流营商环境。

形成新优势，需要发挥创新引领发展的第一动力作用，为发展注入新动能。加快科技创新是畅通国内大循环、在国际大循环中发挥更大作用的关键。从顶层设计层面科学谋划、系统布局科技强国的发展思路和重点任务，制定科技强国行动纲要、完善科技创新体制机制；加强基础研究、注重原始创新；强化企业创新主体地位，使高端人才、资源要素、资金技术等各类创新要素向企业汇聚，推进产学研深度融合。

形成新优势，需要坚定不移深化改革，推动更高水平对外开放，为发展注入新活力。中国改革开放40多年，特别是过去20年，中国经济社会快速发展也得益于全球化，全球化为中国经济发展注入了强大动力。我们要发挥改革作为关键一招的作用，深化供给侧结构性改革，加强需求侧管理。在强调国内大循环的同时，一定不能放弃国际循环。不通不可循环，不连不成循环，无互动不成循环。要实现内外双循环的畅通互动，使中国成为全球化的深度参与者。协调好"三个关系"，促进内需和外需、进口和出口、引进来和走出去相协调。同时，越开放越要重视安全。要认真贯彻总体国家安全观，统筹协调发展和安全的关系。树立底线思维，坚决维护国家主权、安全和发展利益，增强风险防控能力。

第二节　新发展理念贯穿发展全过程和各领域

　　坚定不移贯彻创新、协调、绿色、开放、共享的新发展理念，是制定实施"十四五"规划的科学指引，也是我国"十四五"时期经济社会发展、顺利开启全面建设社会主义现代化国家新征程必须遵循的重要原则。党的十九届五中全会通过的《中共中央关于制定国民经济和社会发展第十四个五年规划和二〇三五年远景目标的建议》明确要求："把新发展理念贯穿发展全过程和各领域，构建新发展格局，切实转变发展方式，推动质量变革、效率变革、动力变革，实现更高质量、更有效率、更加公平、更可持续、更为安全的发展。"

一、新发展理念是我国经济社会持续健康发展的实践指南

　　党领导人民治国理政，很重要的一个方面就是要回答好实现什么样的发展、怎样实现发展这个重大问题。理念是行动的先导，发展理念是否对头，从根本上决定发展成效乃至成败。2015年，习近平总书记在主持起草"十三五"规划建议时，创造性地提出了创新发展、协调发展、绿色发展、开放发展、共享发展的新发展理念，并将其写入"十三五"规划建议中，成为编制和实施"十三五"规划的总体思路和根本遵循。在党的十九大报告中，"坚持新发展理念"被列入新时代坚持和发展中国特色社会主义的十四条基本方略，成为党和国家事业发展必须长期坚持和全面贯彻的基本方略。"十四五"时期将开启全面建设社会主义现代化国家新征程，我国进入新发展阶段，面临新

的形势和任务。除了应对外部风险挑战，还要解决一系列制约高质量发展的结构性、体制性、周期性问题。从这个意义上讲，更需要坚定不移贯彻新发展理念，把新发展理念贯穿"十四五"和今后更长一个时期的发展全过程和各领域。把新发展理念贯穿发展全过程和各领域，就是把以习近平同志为核心的党中央十八大以来成功驾驭我国经济发展实践中形成的、包括新发展理念在内的习近平新时代中国特色社会主义经济思想，全面贯彻落实到新发展阶段、新发展格局的全过程和各领域。

新发展理念是在转变发展方式、推动高质量发展中指引我们摸准规律、认准方向、找准路径的行动指南。我国已转向高质量发展阶段，推动高质量发展是"十四五"时期经济社会发展的主题，也是做好当前和今后一个时期经济社会发展工作的根本要求。从我国发展的大逻辑来看，推动高质量发展的前提和基础就是转变发展方式，即由要素投资驱动转向创新驱动，由粗放型发展方式转向质量效率型集约增长。习近平总书记指出："高质量发展就是体现新发展理念的发展，是经济发展从'有没有'转向'好不好'。"[1] 实践中，需要把转变发展方式和高质量发展有机统一起来，并将新发展理念贯穿其中，在转变发展方式中贯彻新发展理念，推动高质量发展，形成国际合作和竞争新优势。

二、新发展理念的科学内涵和实践要求

新发展理念，是对事物发展运动规律的科学把握，体现了我们党认识和把握共产党执政规律、社会主义建设规律、人类社会发展规律的高度和水平，对指导和推动全面建设社会主义现代化国家具有全局

---

[1]《坚持新发展理念打好"三大攻坚战" 奋力谱写新时代湖北发展新篇章》，《人民日报》2018 年 4 月 29 日。

和长远意义。新发展理念经过"十三五"时期的发展，决胜全面建成小康社会取得了决定性成就，全党全社会对新发展理念的认识和实践不断丰富和提升。进入"十四五"时期，坚持新发展理念是适应当前和今后一个时期我国发展阶段和国际国内环境变化，战胜我国发展环境深刻复杂变化带来的各种困难、矛盾和挑战，构建新发展格局、实现高质量发展的必然要求。据此，要坚定不移贯彻新发展理念，深刻把握新发展理念的科学内涵和实践要求，全面塑造发展新优势。

创新是引领发展的第一动力。党的十八大以来，习近平总书记将创新提到了前所未有的高度，放在新发展理念的首要位置。创新是牵动经济社会发展全局的"牛鼻子"，创新贯穿国家一切工作，涵盖理论创新、制度创新、科技创新、文化创新等各方面，具有全局性、系统性、整体性的特点。抓创新就是抓发展，坚持创新发展，就是要把创新摆在国家发展全局的核心位置，把创新理念贯穿经济社会发展的全过程和各个领域，通过创新驱动实现高质量发展。

协调是持续健康发展的内在要求。发展是一个整体，要系统性地看待，实现各方面、各环节的协调联动，在关注发展速度的同时，应注重协调发展。协调发展是遵守自然生态规律和经济规律的必然要求，在实践中要牢牢把握"五位一体"总体布局和"四个全面"战略布局，促进城乡区域间协调发展、经济社会协调发展、物质文明和精神文明协调发展、经济建设和国防建设协调发展，实现更高层次上的平衡，在增强发展的整体性、协调性中拓展新的发展空间。协调发展的最终目的是促进我国经济行稳致远，推动形成各区域各领域全面发展的新格局。

绿色是实现永续发展的必要条件。自然界是人类社会产生、存在、发展的基础和前提，人类必须尊重自然、顺应自然、改造自然，不能凌驾于自然之上，否则就会遭到大自然的报复。坚持绿色发展，要牢固树立和践行"绿水青山就是金山银山"理念，牢固树立生态文明理念，多措并举，推动生产生活方式向绿色转型，全面提高资源利用效率，大力发展绿色经济，科学布局生产空间、生活空间和生态空间。要把生态环境保护放在更加突出的位置，坚持节约资源和保护环境的基本国策，完善绿色发展政策体系，促进人与自然和谐共生，从而实现绿色发展。

开放是国家繁荣发展的必由之路。开放合作是增强国际经济贸易的重要驱动力，也是促进人类社会不断进步发展的时代要求。要同一切愿意与中国合作的国家、地区和企业积极开展合作。改革开放40多年的经验表明，我国经济持续快速发展的一个重要动力就是对外开放。要想在与时代同行中发展壮大，不断提高国际竞争力，就必须坚定不移地对外开放、扩大开放，全面提高对外开放水平，建设更高水平开放型经济新体制，促进国际合作，推动完善更加公正合理的全球经济治理体系，加快形成全方位、多层次、多元化的开放合作新格局，以高水平开放打造国际合作和竞争新优势。

共享是中国特色社会主义的本质要求。共享作为发展的出发点和落脚点，是全面保障人民生活各个方面需求的发展理念，其核心是坚持以人民为中心的发展思想。坚持共享发展，必须坚持发展为了人民、发展依靠人民、发展成果由人民共享。从辩证关系看，发展和共享是社会进步的车之两轮，鸟之两翼，缺一不可，两者是发展实践中理性维度和价值维度的辩证统一。从实践层面看，共享以推进社会公平正义为前提，以推进扶贫脱贫、缩小收入分配差距为抓手，以推进区域、城乡基本公共服务均等化为保障，以推动共同服务为目标。立足于新阶段新形势新起点，我们必须深刻认识和把握共享的科学内涵和实践要求，共享不仅仅是物质财富的共享，更是发展权利和发展机会的共享，比较而言，后者更为重要。

在新发展理念的科学内涵中，创新、协调、绿色、开放、共享既相互贯通又相互促进，是具有内在联系的集合体，需要一体把握、全局统筹、协同推进、联动发展。习近平总书记强调，全党必须完整、准确、全面贯彻新发展理念。为此，我们可以从三个方面把握新发展理念的深刻内涵，以更好指导实践。

从根本宗旨把握新发展理念。人民是我们党执政的最深厚基础和最大底气。为中国人民谋幸福、为中华民族谋复兴，既是我们党领导现代化建设的出发点和落脚点，也是新发展理念的根和魂。只有坚持以人民为中心的发展思想，坚持发展为了人民、发展依靠人民、发展成果由人民共享，才会有正确的发展观。

从问题导向把握新发展理念。坚持问题导向，根据新发展阶段的新要求，更加精准地贯彻新发展理念，举措要更加精准务实，切实解决好发展不平衡不充分的问题。坚持系统观念，遵循经济社会发展规律，努力提高以新发展理念引领高质量发展的能力和水平，加快构建新发展格局。

从忧患意识把握新发展理念。随着我国社会主要矛盾变化和国际力量对比深刻调整，必须增强忧患意识、坚持底线思维，随时准备应对更加复杂困难的局面。要坚持政治安全、人民安全、国家利益至上有机统一，既要敢于斗争，也要善于斗争，全面做强自己。

三、坚持用新发展理念引领发展全局

贯彻新发展理念，构建新发展格局，是"十四五"时期实现经济行稳致远、社会安定和谐，为全面建设社会主义现代化国家开好局、起好步的必然要求。

坚持创新是第一动力，推进创新型国家建设，深化创新驱动发展战略，打好关键核心技术攻坚战。全面完善科技创新制度和组织体系，改革完善中央财政科技计划形成机制和组织实施机制，健全鼓励支持基础研究、原始创新的体制机制。加强基础研究和前沿研究，加强教育发展和人才培养，建立以企业为主体、以市场为导向、产学研深度融合的技术创新体系。完善科技人才发现、培养、激励机制，健全符合科研规律的科技管理体制和政策体系，改进科技评价体系。抓住全球人才流动新机遇，构建更加开放的国际人才交流合作机制。

坚持统筹推进"五位一体"总体布局、协调推进"四个全面"战略布局，科学统筹推动各方面工作。加强顶层设计和战略布局，构建区域协调发展新机制，健全城乡融合发展体制机制，增强发展的整体性、协同性。完善京津冀协同发展、长江经济带发展、长江三角洲区域一体化发展、粤港澳大湾区建设、黄河流域生态保护和高质量发展等国家重大区域战略推进实施机制，构建区域协调发展新机制。促进各类要素更多向乡村流动，破除妨碍城乡要素自由流动和平等交换的体制机制壁垒，推动城乡基本公共服务标准统一、制度并轨，健全城乡融合发展体制机制。

完善生态文明体制机制，促进经济社会发展全面绿色转型。健全自然资源资产产权制度，健全国土空间开发保护制度，建立国土空间规划体系，落实资源有偿使用制度，实行资源总量管理和全面节约制度，推动绿色生产和消费，倒逼技术水平低、产品附加值低、污染能耗高的企业转型，完善绿色发展考核指标体系，在推动高质量发展中逐步改善生态环境，切实践行"绿水青山就是金山银山"理念，更好地平衡人与自然的关系，加快形成人与自然和谐共生的格局。

把握好开放和自主的关系，建设更高水平开放型经济新体制。坚持对外开放的基本国策，实行更加积极主动的开放战略，健全外商投资准入前国民待遇加负面清单管理制度，推动由商品和要素流动型开放向规则等制度型开放转变。更加注重国内国际市场一体化发展，构建高水平制度规则，吸收借鉴国际成熟市场经济制度的经验和人类文明有益成果，加快国内制度规则与国际接轨，以高水平开放促进深层次市场化改革。

坚持和完善民生保障制度，促进共享发展。实现共同富裕不仅是经济问题，而且是关系党的执政基础的重大政治问题。要统筹考虑需要和可能，按照经济社会发展规律循序渐进，自觉主动解决地区差距、城乡差距、收入差距等问题，健全以税收、社会保障、转移支付等为主要手段的再分配调节机制，积极推进教育、卫生、社保、养老、育幼等各方面工作，多措并举促进城乡居民增收，不断增强人民群众获得感、幸福感、安全感。坚持经济发展就业导向，扩大就业容量，提升就业质量。健全统筹城乡、可持续的基本养老保险制度和基本医疗保险制度，加强社会救助资源统筹，完善基本民生保障兜底机制，让改革发展成果更多更公平惠及全体人民。

第三节　加快构建新发展格局

《中共中央关于制定国民经济和社会发展第十四个五年规划和二〇三五年远景目标的建议》提出，要加快构建以国内大循环为主体、国内国际双循环相互促进的新发展格局。这是我们党立足新发展阶段，面对发展阶段和环境变化，作出的准确识变、科学应变、主动求变的战略性创新之举，是对"十四五"和未来更长一段时期我国经济发展战略、路径作出的重大调整和完善，是着眼我国长远发展和长治久安作出的重大战略部署，对于推动我国经济行稳致远、实现高质量发展具有重大现实意义。

一、加快构建新发展格局的重大现实意义

新发展格局是适应我国经济发展阶段变化的主动选择。改革开放以后相当长一段时间内，我国充分发挥劳动力等要素低成本优势，抓住经济全球化发展的重要机遇，充分利用市场和资源"两头在外"、形成"世界工厂"的发展模式，快速提升了我国经济实力，人民生活实现了从温饱不足到全面小康的转变，人均国内生产总值超过1万美元。但是，随着外部环境和我国发展所具有的要素禀赋结构的变化，市场和资源"两头在外"发展模式的循环动能明显减弱，生产体系内部循环不畅、供求脱节失衡、产业转型升级压力较大等"卡脖子"问题日趋严重，经济结构转型过程和任务充满复杂性艰巨性。我国经济发展阶段的新变化，客观上要求更多依靠创新驱动发展，坚持供给侧结构性改革，提高产业发展层次和产业链的现代化水平，不断提升供给体系和供给质量对国内需求的适配性，加快构建新发展格局，实现经济高质量发展。

加快构建新发展格局是应对国际形势复杂变化的战略之举。2008年国际金融危机后，世界经济陷入低迷，国际贸易和投资规模持续萎缩，国际经济大循环动能持续弱化。近年来，逆全球化趋势愈发明显，单边主义、保护主义、霸权主义盛行，国际经济政治格局复杂多变，不稳定性不确定性因素明显增加，全球资源配置效率下降。2020年初以来，新冠肺炎疫情对全球经济增长造成了前所未有的巨大冲击，正在迅速演进为一场世界性的经济危机。世界政治经济格局正在发生深度调整，国际金融市场将面临较长时期的高波动与低迷期，全球产业链供应链本地化、区域化、分散化的趋势日益明显。面对错综复杂的国际环境带来的新矛盾新挑战，我国必须调整经济发展战略和路径，在打通国际循环的同时，牢牢把握扩大内需的战略基点，依托强大的国内市场畅通国内大循环，提升经济发展的自主性、可持续性，增强韧性，促进经济持续健康发展。同时，统筹好发展与安全，做好打持久战的准备，创造有利于新技术快速大规模应用和迭代升级的独特优势，提升我国产业链供应链稳定性、现代化水平和国际竞争力，筑牢国家产业和经济安全防线，为经济长期稳定发展保驾护航。

新发展格局是充分发挥我国超大规模市场优势的内在要求。大国经济的重要特征，就是必须实现内部可循环，并且具有巨大的国内市场和供给能力，支撑并辐射带动外循环。改革开放 40 多年来，我国经济实现快速发展。从需求侧看，我国有 14 亿多人口，有世界最大规模的中等收入群体，国内市场规模巨大且不断扩张。从供给侧看，我国物质基础雄厚，产业体系完整，人力资源丰富，研发能力不断提升。从供求双方看，我国已具备构建新发展格局的诸多有利条件。自 2008 年国际金融危机以来，我国经济已经在向以国内大循环为主体转变。未来一个时期，国内市场主导国民经济循环的特征会更加明显，经济增长的内需潜力会不断释放。当前，我们必须把握好利用好大国经济发展优势和社会主义制度优势，充分发挥规模效应和集聚效应，利用好国际国内两个市场、两种资源，更加强调消费和内需对经济的拉动作用，提升产业基础能力和产业链现代化水平，在更高层次上实现新的平衡，更深拓展中国经济的发展新空间。

二、深刻把握新发展格局的科学内涵

新发展格局的关键在于经济循环的畅通无阻，最本质的特征是实现高水平的自立自强，根本出发点是发展——更高质量、更有效率、更加公平、更可持续、更为安全的发展。"十四五"时期经济社会发展，要以推动高质量发展为主题，以深化供给侧结构性改革为主线，以改革创新为根本动力，以满足人民日益增长的美好生活需要为根本目的，加快构建新发展格局。深刻理解新发展格局的内涵，科学指导实践，需要把握好以下三个方面的关系。

构建新发展格局，需要把握好供给和需求的关系。构建新发展格局的根本要求是提升供给体系的创新性和关联性，解决各类瓶颈问题。当前和今后一个时期，我国经济运行的主要矛盾仍在供给侧，产品和服务的供给难以满足人民日益多层次、多样化和不断升级的消费需求，供给体系不能适应需求结构的动态变化。必须继续坚持深化供给侧结构性改革这条主线，继续完成"三去一降一补"的重要任务，全面优化升级产业结构，提升创新能力、竞争力和综合实力，增强供给体系的韧性，形成更高效率和更高质量的投入产出关系。在坚持供给侧结构性改革这条主线的过程中，要加强需求侧管理，建立扩大内需的有效制度，释放内需潜力，加快培育完整的内需体系，扩大居民消费，提升消费层次，使建设超大规模的国内市场成为一个可持续的历史过程。

构建新发展格局，需要把握好国内大循环和国内国际双循环的关系。以国内大循环为主体，绝不是自我封闭、自给自足，也不是各地区的小循环，更不可能什么都自己做，放弃国际分工与合作，而是通过发挥内需潜力，使国内市场和国际市场更好联通，更好利用国际国内两个市场、两种资源，实现更加强劲可持续的发展。从本质上看，新发展格局中的国内国际双循环是一个相互联系、不可偏废的整体，必须以辩证思维来理解和把握，增强机遇意识和风险意识，积极探索形成新发展格局的有效路径，实现稳增长和防风险的长期均衡。

构建新发展格局，需要把握好改革和发展的关系。构建新发展格局是发展问题，但本质上是改革问题。我们必须用改革思维和改革办法，发挥好改革的突破和先导作用，以更大的力度推进全面深化改革，扫除阻碍国内大循环和国内国际双循环畅通的制度、观念、利益障碍，为战胜各种风险挑战提供强大动力。建立有效的激励机制，营造鼓励创新的制度环境。深化产权制度和要素市场化改革，补齐经济循环过程中存在的弱项短板，畅通生产、流通、消费、分配等环节，提高全社会的资源配置效率和经济循环效率，形成高效规范、公平竞争的国内统一大市场，实现生产力大发展。

三、探索形成新发展格局的有效路径

探索形成新发展格局的有效路径，要牢牢把握扩大内需这个战略基点。扩大内需是满足人民日益增长的美好生活需要的必然要求，是推动经济高质量发展的必然选择。党的十八大以来，我国通过推进供给侧结构性改革、转变发展方式和提高国民经济均衡性，通过国际金融危机后的主动调整，开始形成以国内大循环为主体的国民经济循环。把满足国内需求作为推动高质量发展的出发点和落脚点，加快构建完整的内需体系，充分发挥消费对经济发展的基础作用和投资对优化供给结构的关键作用，使提振消费与扩大投资有效结合、相互促进。坚持深化供给侧结构性改革这条主线，形成需求牵引供给、供给创造需求的更高水平的动态平衡。房地产业影响投资和消费，事关民生和发展，要坚持房子是用来住的、不是用来炒的定位，坚持租购并举、因城施策，促进房地产市场平稳健康发展。坚持把做实做强做优实体经济作为主攻方向，一手抓传统产业转型升级，一手抓战略性新兴产业发展壮大，推动制造业加速向数字化、网络化、智能化转型发展，提高产业链供应链的稳定性和现代化水平。

探索形成新发展格局的有效路径，要始终坚持对外开放这个基本国策。全面提高对外开放水平，不断优化营商环境，吸引国际投资、人才等资源要素汇聚中国。积极参与全球经济治理体系改革，推进共建"一带一路"高质量发展，实现高质量引进来和高水平走出去，加快建设开放型世界经济，推动构建人类命运共同体。聚焦投资与服务

贸易便利化改革，加快推进贸易创新发展，不断探索制度创新、先行先试，为国家高水平开放探索新模式新经验，为我国与世界进一步合作畅通道路。实行高水平对外开放，必须具备强大的国内经济循环体系和稳固的基本盘。重视以国际循环提升国内大循环的效率和水平，改善我国生产要素的质量和配置水平，推动我国产业转型升级，塑造我国参与国际合作和竞争的新优势。

探索形成新发展格局的有效路径，要大力推进科技自主创新。构建新发展格局的最本质特征在于实现高水平的自强，因此必须更加强调自主创新，集合优势资源，有力有序推进创新攻关的"揭榜挂帅"体制机制建设，加强创新链和产业链对接融合。新一轮科技革命和产业变革方兴未艾，正在重构全球创新版图，重塑全球经济结构。谁牵住了科技创新这个"牛鼻子"，谁就能占领先机、赢得优势。要坚持问题导向，面向国民经济和社会发展重大问题，加强应用研究。要对标世界一流，加强国际交流与合作，加大关键核心技术攻坚力度，加快科技成果转化。要加强基础研究人才培养，加强创新型、应用型、技能型人才培养，充分激发人才创新活力。加快推进数字经济、智能制造、生命健康、新材料等战略性新兴产业，形成更多新的增长点、增长极，提高产业链供应链的稳定性和现代化水平，培育新形势下我国参与国际合作竞争的新优势。

第二章

人民满意、世界瞩目、载入史册的答卷

"十三五"以来,以习近平同志为核心的党中央团结带领全党全军全国各族人民,统筹推进"五位一体"总体布局,协调推进"四个全面"战略布局,坚持稳中求进工作总基调,坚定不移贯彻新发展理念,坚持以供给侧结构性改革为主线,推动高质量发展,有力有序化解发展不平衡不充分的矛盾问题,沉着冷静应对外部挑战明显增加的复杂局面,坚决果断抗击新冠肺炎疫情的严重冲击,坚定朝着既定目标任务前进,"十三五"规划顺利实施,主要指标总体上如期实现,全面建成小康社会取得决定性成就。"十三五"时期,我国在极为不利的条件下交出了一份沉甸甸的答卷,对我们这样一个拥有14亿多人口的大国来说是十分了不起的成就,是足以载入史册的壮举!

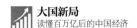

第一节 经济发展取得全方位、开创性的历史成就

"十三五"时期，我国经济发展取得了全方位、开创性的历史成就，发生了深层次、根本性历史变革，为开启全面建设社会主义现代化国家新征程奠定了坚实基础。

一、经济实力大幅跃升

2020 年是"十三五"规划收官之年，"十三五"时期，中国在攻坚克难中书写了新的历史巨变，经济总量突破 100 万亿元大关，经济实力、综合国力跃上新的大台阶。2020 年，我国 GDP 突破 100 万亿元大关，比 2019 年增长 2.3%，经济总量稳居世界第二位。2016—2019 年，GDP 年均实际增长率为 6.7%，在世界主要经济体中名列前茅。其中，2019 年我国 GDP 增长率为 6.1%，分别高于中等偏上收入国家、世界平均水平和高收入国家的 3.8%、2.5% 和 1.7%。人均国内生产总值按年平均汇率折算达到 10276 美元，突破了 1 万美元的大关，稳居世界上中等偏上收入国家行列，实现了新的跨越。社会生产力水平进一步提高。2016—2019 年，粮食产量连续 5 年稳定在 6.5 亿吨以上，制造业增加值连续 10 年居世界首位，220 多种工业产品产量居世界第一。2019 年，全员劳动生产率比 2015 年提高 29.1%。国际影响力进一步提高。2016—2019 年，我国对世界经济增长的年均贡献率近30%，继续担当世界经济增长的火车头。市场优势不断凸显。拥有 14 亿多人口的超大规模市场和巨大需求潜力，是我国经济持续稳定推进的独特优势，也证明我国有能力启动国内经济大循环并带动国际循环。人才红利日益显现。一方面，劳动年龄人口占比高。2019 年劳动年龄人口占总人口的比重已经超过 60%；另一方面，劳动年龄人口受教育程度逐渐提高。受过高等教育和职业教育的高技能劳动力已超过 1.7 亿人。这些成就不仅为我国开启全面建设社会主义现代化国家新征程、实现第二个百年奋斗目标打下了雄厚的物质基础，而且奠定了我国在世界经济格局中的重要地位。

二、经济结构持续优化

"十三五"时期，我国持续推进供给侧结构性改革，经济结构持续优化。消费成为经济增长主引擎，供给体系的适应性和灵活性不断增强，为中国经济高质量发展提供了有力支撑。2019 年，社会消费品零售总额达到 40.8 万亿元，比 2015 年增长 42.4%。2016—2019 年，最终消费支出对经济增长的年均贡献率为 61.9%，高于资本形成总额23.1 个百分点。重点领域投资持续较快增长。2016—2019 年，高技术产业投资、农业投资、社会领域投资年均分别增长 16%、15.2% 和15.4%。产业结构优化升级，2019 年，装备制造业和高技术产业增加值占规模以上工业增加值的比重分别为 32.5% 和 14.4%，比 2015 年提高 0.7 和 2.6 个百分点。数字经济、平台经济蓬勃兴起，第三产业成为经济增长"新引擎"。2019 年，服务业增加值占国内生产总值比重达 53.9%，比 2015 年提高 3.1 个百分点。区域协调发展呈现新格局，东中西和东北"四大板块"联动发展，京津冀协同发展、长江经济带发展、粤港澳大湾区建设、长三角一体化发展、黄河流域生态保护和高质量发展等重大区域协调发展战略加快落实。新型城镇化稳步推进，到 2019 年末，常住人口城镇化率达 60.6%，比 2015 年提高 4.5 个百分点。基础设施日益完善，到 2019 年末，铁路营业总里程达 14 万公里，比 2015 年增长 15.7%，其中高速铁路达 3.5 万公里，增长 78.4%，占世界高铁总量的 60% 以上。高速公路里程达 15 万公里，增长 21.1%。2019 年，固定互联网宽带接入用户 44928 万户，比 2015 年增长 73.2%。发电装机容量 20.1 亿千瓦，增长 31.8%。农田有效灌溉面积超过 10 亿亩，"十三五"规划确定的 172 项重大水利工程项目大部分已开工。①

三、中国成为2020年全球唯一实现经济正增长的主要经济体

面对严峻复杂的国内外形势和新冠肺炎疫情的严重冲击，我国经济展现出超强的"韧性"，不仅承受住了疫情冲击，而且迅速统筹疫情防控和经济社会发展，使我国成为 2020 年全球唯一实现经济正增长的主要经济体。外贸进出口明显好于预期，外贸规模再创历史新高，货物贸易第一大国地位进一步巩固。2020 年，我国货物贸易进出口总值 32.16 万亿元人民币，比 2019 年增长 1.9%。进出口规模和国际市场份额再创历史新高，2020 年我国外贸经历了一季度大幅震荡后快速回稳，进出口规模逐季攀升，全年进出口总值超过 32 万亿元，创历史新高。防疫物资和"宅经济"产品推动了出口较快增长。我国疫情防控有力有效，稳步推动复工复产。2020 年 4 月，我国出口就实现了"止跌回升"，并连续 9 个月保持增长态势。我国国内超大规模市场为

---

① 参见宁吉喆：《决胜全面建成小康社会取得决定性成就》，《人民日报》2020 年 12 月 7 日。

扩大进口提供了有力支撑，在疫情影响下我国超大规模市场优势更加明显，进口需求稳定。外贸结构进一步优化，2020年我国民营企业进出口增速比同期我国外贸整体增速高了9.2个百分点，成为我国外贸进出口增长的重要拉动力量。外贸发展动能进一步增强，外贸新业态蓬勃发展，全年跨境电商进出口1.69万亿元，增长了31.1%，市场采购出口增长了25.2%。高水平开放平台带动作用明显，2020年综合保税区进出口增长17.4%，自由贸易试验区进出口增长了10.7%，海南自由贸易港免税品进口增长了80.5%，为"十四五"外贸开好局、起好步奠定了坚实基础。

第二节　三大攻坚战取得决定性成就

"十三五"期间，以习近平同志为核心的党中央始终把统筹推进三大攻坚战牢牢抓在手上，坚持用心用情用力抓、有力有序有效抓。习近平总书记多次就统筹推进三大攻坚战作出全方位重要部署和具体指导，使三大攻坚战既势头强劲地齐头并进，又有条不紊地稳中求进。通过不懈努力，以三大攻坚战为有力抓手，人民群众获得感、幸福感、安全感不断增强。

一、防范化解重大风险取得良好成效

打好防范化解重大风险攻坚战，重点是防控金融风险。为切实防控金融风险，以习近平同志为核心的党中央坚持以结构性去杠杆为基本思路，着力落实金融改革方案，确保新的金融监管框架高效运行。

坚决打击各种违法违规金融活动，加强薄弱环节监管制度建设，使金融风险得到有效防控。同时，引领和推动各级党组织和广大党员干部以防范化解各种重大风险的高度自觉和忧患意识，既时刻警惕"黑天鹅"事件，又积极防范"灰犀牛"事件，防止外部风险演化为内部风险，防止经济金融风险演化为政治社会风险，防止个体风险演化为系统性风险，努力为全面建成小康社会创造良好的内部和外部环境。

经过努力，"十三五"期间宏观杠杆率过快上升势头得到有效遏制，影子银行治理成效明显，重点金融机构风险处置取得重大突破，外部冲击风险得到有效应对，债券违约处置机制不断完善，互联网金融风险得到全面治理。特别是依法果断接管包商银行，在最大程度上保护存款人和客户合法权益的同时，坚决打破了刚性兑付，严肃了市场纪律，促进了金融市场信用分层，推动了市场风险合理定价。同时，加强长效机制建设，加快补齐外债、房地产金融等宏观审慎政策框架，以及金融控股公司监管、统筹金融基础设施监管等制度短板。

二、现行标准下农村贫困人口全部脱贫

习近平总书记就打赢脱贫攻坚战召开多次专题会议，并在防控新冠肺炎疫情斗争期间召开决战决胜脱贫攻坚座谈会，对确保高质量完成脱贫攻坚目标任务进行再动员、再部署。把这些重要部署要求全面落到实处，必须坚持目标不变、靶心不散，一鼓作气、连续作战；瞄准特定贫困群众精准帮扶，向深度贫困地区聚焦发力；在普遍实现"两不愁"基础上，重点攻克"三保障"面临的最后堡垒；保证现行标准下的脱贫质量，既不降低标准，也不吊高胃口；深化扶志扶智，激发贫困人口内生动力。

经过党的十八大以来锲而不舍的努力，到2020年末，我国现行标准下的农村贫困人口全部脱贫的攻坚目标任务已经完成。2013年

至 2019 年，832 个贫困县农民人均可支配收入由 6079 元增加到 11567 元，年均增长 9.7%，比同期全国农民人均可支配收入增幅高 2.2 个百分点。全国建档立卡贫困户人均纯收入由 2015 年的 3416 元增加到 2019 年的 9808 元，年均增幅 30.2%。贫困地区基本生产生活水平显著提高。出行难、用电难、上学难、看病难、通信难是长期困扰贫困地区发展的老大难问题，也是制约贫困群众稳定脱贫的硬件障碍。随着产业扶贫、电商扶贫、光伏扶贫、旅游扶贫等新业态的快速发展，贫困地区经济活力和发展后劲明显增强。通过生态扶贫、易地扶贫搬迁、退耕还林还草等，贫困地区生态环境明显改善，贫困户就业增收渠道明显增多，基本公共服务日益完善，贫困治理能力明显提升。打赢脱贫攻坚战，实质是国家治理体系和治理能力现代化在贫困治理上的成功实践和体现，涉及社会动员体系、政策体系、监测体系等方方面面。党的十八大以来，通过驻村帮扶和大规模干部轮训，290 多万名县级以上党政机关和国有企事业单位干部到贫困村和基层党组织软弱涣散村担任第一书记或驻村干部，不仅加强了基层基础工作，提高了做群众工作和处理复杂问题的能力，也为 2020 年后相对贫困的持续治理奠定了扎实基础。随着 2020 年脱贫攻坚任务完成，中国有 1 亿左右贫困人口在现行标准下如期实现脱贫，提前 10 年实现联合国 2030 年可持续发展议程的减贫目标。世界银行数据显示，中国减贫对世界减贫的贡献率超过 70%。中国减贫事业为世界减贫实践提供了重要借鉴。

三、生态环境保护发生全局性变化

党的十八大以来，以习近平同志为核心的党中央聚焦打好蓝天、碧水、净土保卫战，推动我国污染治理力度之大、制度出台频度之密、监管执法尺度之严、环境质量改善速度之快前所未有，生态环境治理明显加强，环境状况得到重大改善。当前，我国已成为世界上利用新能源和可再生能源第一大国，而且是世界上第一个大规模开展 $PM_{2.5}$（细颗粒物）治理的发展中大国。2019 年全国 337 个地级以上城市空气质量平均优良天数比例为 82%；全国万元国内生产总值能耗比 2018 年下降 2.6%，用水量下降 6.1%；天然气、水电、核电、风电等清洁能源消费量占能源消费的总量比重为 23.4%，比 2018 年提高 1.3%；单位国内生产总值二氧化碳排放比 2018 年降低 4.1%。截至 2019 年底，全国 1940 个国家地表水考核断面中，水质优良（Ⅰ—Ⅲ类）断面比例为 74.9%，同比上升 3.9 个百分点。

"十三五"期间，生态环境保护领域的成就体现在持续为人民创造良好的生产生活环境，以生态文明治理现代化助推美丽中国建设：一是全面补齐生态文明短板，包括修复陆生生态和水生生态、开展大气污染治理、防止水土流失、保护野生动物等。二是生态文明建设顶层设计性质的"四梁八柱"日益完善，如为每条河流配备"河长"、参与国际治理作出"绿色贡献""一带一路"推动防治荒漠化合作等。三是实行最严格的生态保护制度，我国初步建立了源头严防、过程严管、后果严惩的生态环保制度框架。这些举措为推进可持续的现代化发展助力，给子孙后代留下天蓝、地绿、水净的美好家园。

第三节　科技创新取得重大进展

在百年未有之大变局中，科技是关键变量。科技自立自强为统筹发展和安全提供强有力的"筋骨"支撑，创新为高质量发展提供源源不断的内生动力。"十三五"时期，我国重大创新成果竞相涌现，一些前沿领域开始进入并跑、领跑阶段，科技实力正在从量的积累迈向质的飞跃、从点的突破迈向系统能力提升。我国已成功进入创新型国家行列，为跻身创新型国家前列、建成世界科技强国奠定了坚实基础。

一、科技整体实力显著增强

2019 年，全社会研发经费支出达到 2.21 万亿元，较 2015 年增长 56.3%，占 GDP 的 2.23%，超过欧盟平均水平。其中，基础研究经费达到 1335.6 亿元，占全社会研发经费支出的比重首次突破 6%。我国国内发明专利授权量连续多年位居世界首位，PCT 国际专利申请量跃居世界首位，国际科技论文数量和高被引论文数量均居世界第二位，成为全球科技创新的重要贡献者。我国在世界知识产权组织等机构发布的《2020 年全球创新指数》中列第十四位，在科技部发布的《国家创新指数报告 2019》中列第十五位，位次较 2015 年均有所提升。

二、重大创新成果竞相涌现

基础研究整体实力显著提升，化学、材料、物理、工程等学科整体水平进入国际先进行列。量子信息、铁基超导、中微子、干细胞、脑科学等前沿领域取得一批标志性、引领性重大原创成果。载人航天与探月、全球卫星导航、大型客机、深地、深海、核能等战略性领域攻克一批"卡脖子"关键核心技术，有力保障了国家相关重大工程的组织实施。5G 移动通信、超级计算、特高压输变电等产业技术创新取得重大突破，有力促进了相关产业转型升级和新兴产业发展。面对突如其来的新冠肺炎疫情，科技战线迅速行动、协力攻关，在药物和疫苗研发、检测试剂以及试验动物模型等方面取得重大突破，为打赢疫情防控的人民战争、总体战、阻击战提供了有力的科技支撑。

三、创新能力建设成效显著

"十三五"时期，我国启动了首批国家实验室建设任务，加快推进重组国家重点实验室体系工作。中国科学院深入实施"率先行动"计划，全面完成第一阶段目标任务，总体创新能力和国际影响力不断增强，在"自然指数"排名中连续 8 年居全球科教机构首位。高等院校加快推进"双一流"建设，科研水平和人才培养能力进一步提升。涌现出一大批具有国际影响力的创新领军企业和科技型中小企业，企业技术创新主体地位不断增强。大众创业万众创新深入推进，各类众创空间、新型研发机构大量涌现，创新创业在全社会蔚然成风。500米口径球面射电望远镜（FAST）、散裂中子源等一批"国之重器"相继建成运行，成为创新型国家建设的标志性成果。

四、科技人才队伍规模与质量同步提升

人才是第一资源，国家科技创新能力的根本源泉在于人才。"十三五"时期，我国深入推进人才管理体制改革，持续完善科技人才计划体系，培育和引进了一大批战略科技人才、科技领军人才、高技能人才、创新型企业家和优秀青年科技人才。2019 年，我国研发人员全时当量达到 461 万人年，稳居世界首位，规模宏大、结构合理、素质优良的创新型科技人才队伍初步形成。我国通过积极探索创新人才培养模式，深化科教融合，加强科教协同育人，为创新型国家建设提供强大的人才储备。

五、科技体制改革向纵深推进

按照党中央、国务院关于深化科技体制改革的总体部署，持续优化整合科技计划布局，深入推进科技领域"放管服"改革，实行以增加知识价值为导向的分配政策，深化院士制度改革，推进科技"三评"（项目评审、人才评价、机构评估）改革，实施清理"四唯"（唯论文、唯职称、唯学历、唯奖项）专项行动，开展职务科技成果所有权或长期使用权试点，设立科创板，完善科技奖励制度，建立国家科技决策咨询制度，加强作风学风建设，建立科研领域失信联合惩戒机制等。通过一系列改革"组合拳"，科技创新的基础制度和政策体系更加完善，科技创新治理能力和法治化水平明显提高，为国家创新体系整体效能的提升提供了有力制度保障。

六、科技创新空间布局持续优化

北京、上海、粤港澳大湾区国际科技创新中心建设深入推进，加快构建具有全球影响力的科技创新高地和驱动高质量发展的核心引擎。北京怀柔、上海张江、安徽合肥等综合性国家科学中心建设全面启动，积极培育打造原始创新的重要策源地。深入开展全面创新改革试验并总结推广试点经验，大力提升国家自主创新示范区、国家高新区创新能力，加快推进创新型省份和创新型城市建设，区域创新能力加快提升。打造创新区域高地，引领带动其他区域加快实现创新发展。

七、全方位融入全球创新网络

坚持以全球视野谋划和推动创新，积极探索科技开放合作的新模

式、新路径，科技创新的国际化水平显著提升。据统计，我国已经与160多个国家和地区建立了科技合作关系，参加的国际组织和多边机制超过200个。积极参与国际热核聚变实验堆（ITER）、平方公里阵列射电望远镜（SKA）等多个国际大科学计划和大科学工程并作出重要贡献。启动"一带一路"科技创新行动计划，牵头成立了有42个国家近60家科教机构参与的"一带一路"国际科学组织联盟（ANSO），与沿线国家共建了一批联合实验室和技术转移平台，发起"泛第三极环境研究""数字一带一路"等国际科学计划，与沿线国家建立了多领域、多层次、多渠道的交流合作机制。

第四节　改革开放实现重大突破

"十三五"时期，我国改革开放迈出重大步伐，以经济体制改革为牵引，深化重点领域和关键环节改革，提高对外开放水平，加快构建高质量发展的新体制和更高水平的全方位开放格局，中国特色社会主义制度更加完善，国家治理体系和治理能力现代化水平明显提高。

一、全面深化改革取得革命性重大突破

2020年12月30日，习近平总书记在中央全面深化改革委员会第十七次会议上的重要讲话中指出，回顾这些年改革工作，我们提出的一系列创新理论、采取的一系列重大举措、取得的一系列重大突破，都是革命性的，开创了以改革开放推动党和国家各项事业取得历史性成就、发生历史性变革的新局面。

这是一场思想理论的深刻变革。我们坚持以思想理论创新引领改革实践创新，以总结实践经验推动思想理论丰富和发展，从改革的总体目标、主攻方向、重点任务、方法路径等方面提出一系列具有突破性、战略性、指导性的重要思想和重大论断，科学回答了在新时代为什么要全面深化改革、怎样全面深化改革等一系列重大理论和实践问题。

这是一场改革组织方式的深刻变革。我们加强党对全面深化改革的集中统一领导，以全局观念和系统思维谋划推进改革，从前期夯基垒台、立柱架梁，到中期全面推进、积厚成势，再到现阶段加强系统集成、协同高效，蹄疾步稳、有力有序解决各领域各方面体制性障碍、机制性梗阻、政策性创新问题，方向目标清晰，战略部署明确，方法路径高效，实现由局部探索、破冰突围到系统协调、全面深化的历史性转变。

这是一场国家制度和治理体系的深刻变革。我们始终突出制度建设这条主线，不断健全制度框架，筑牢根本制度、完善基本制度、创新重要制度。在抗击新冠肺炎疫情、决胜全面建成小康社会、决战脱贫攻坚、"十三五"规划实施、全年经济工作等进程中，制度建设发挥了重要作用，改革的关键一招作用充分彰显。无论从改革的广度和深度看，还是从党和国家各项事业发展对改革的实际检验看，取得的重大成就都具有鲜明的时代性和实践性。

这是一场人民广泛参与的深刻变革。我们以人民为中心推进改革，坚持加强党的领导和尊重人民首创精神相结合，坚持顶层设计和摸着石头过河相协调，坚持试点先行和全面推进相促进，抓住人民最关心最直接最现实的利益问题推进重点领域改革，不断增强人民获得感、幸福感、安全感，全社会形成改革创新活力竞相迸发、充分涌流的生动局面。

从全面深化改革取得的成就来看，党的十八届三中全会确立的

336 项重点改革任务基本完成，改革任务按规划进度顺利推进，改革全面发力、多点突破、蹄疾步稳、纵深推进，很多领域实现了历史性变革、系统性重塑、整体性重构。党和国家机构改革胜利完成。产权保护法治体系加快完善，要素市场化配置改革持续深化，城乡统一的建设用地市场加快构建，农村集体经营性建设用地入市制度加快确立，利率市场化改革成效显著，设立科创板、改革创业板并试点注册制，科技成果使用权、处置权和收益权改革深入推进，输配电、成品油、天然气等领域价格改革不断深化，主要由市场决定价格的机制基本完善。国资国企改革持续深化，公司制改革全面完成，四批混合所有制改革试点示范带动作用逐步显现。在市场准入、金融服务、融资纾困、减税降费等方面出台了一系列有利于民营经济发展的政策措施。"放管服"改革成效明显，市场准入负面清单制度全面实施，公平竞争审查制度初步建立，行政审批制度改革深入推进，商事制度改革全面推开，营商环境不断优化。中央和地方财政关系改革稳步推进，营业税改征增值税全面推开，综合与分类相结合的个人所得税制初步建立，金融宏观审慎管理制度建设深入推进。民主法治改革迈出重大步伐，文化体制改革深入推进，民生保障制度基础不断巩固，生态文明制度体系基本建立，党的建设制度和纪检监察制度改革取得历史性突破，国防和军队改革开创新局面。

二、对外开放水平实现新提高

回首"十三五"，我国坚持对外开放基本国策，推动开放型经济新体制逐步健全，开放事业不断取得新发展、新提高、新突破，对外开放成就举世瞩目。

优化开放试点布局、促进外贸高质量发展，开放水平不断提升。"十三五"期间，我国连续三年保持全球货物贸易第一大国地位。

2019 年货物贸易进出口总值达 31.54 万亿元。2020 年在外部形势复杂严峻的背景下，我国自 2020 年 6 月以来就实现了进出口连续双增长，11 月举办了第三届中国国际进口博览会，为全球贸易复苏注入新动能。我国服务贸易大国地位继续稳固，2019 年服务贸易进出口总额 5.42 万亿元，服务贸易规模连续六年保持世界第二。2020 年 9 月举办的中国国际服务贸易交易会成为推动全球服务贸易发展的重要力量。我国加快建设对外开放新平台，四次扩容自贸试验区范围，数量由 4 个增至 21 个，落实海南自由贸易港建设总体方案，深圳等经济特区越办越好，"引进来"的吸引力和"走出去"的竞争力不断提高。从南到北、从沿海到内陆，全方位、多层次、多元化开放合作格局加速形成。

放宽市场准入、改善营商环境，开放领域不断扩大。"十三五"期间，我国连续四年修订全国和自贸试验区外商投资准入负面清单，清单条目分别由 2017 年的 93 项、122 项减至 33 项、30 项，负面清单之外给予外商投资国民待遇。2019 年公布的《鼓励外商投资产业目录（2019 年版）》，鼓励目录总条目 1108 条，其中全国目录 415 条，与 2017 年版相比增加 67 条、修改 45 条，鼓励外资投资的领域持续增加。2017—2019 年，在全球跨国投资连续下滑的背景下，我国吸引外资规模稳居世界第二位。2020 年 8 月，我国实际使用外资同比增长 18.7%，引资魅力不减。我国持续优化营商环境，认真落实《中华人民共和国外商投资法》及配套法规，全面取消各级商务主管部门针对外商投资企业设立及变更事项的审批或备案，进一步提升外商投资自由化、便利化水平。2018 年以来，在国务院金融稳定发展委员会的统筹协调下，中国人民银行、中国银保监会等先后宣布并推动实施了 50 余条具体开放措施，相关法规制度修订基本完成，监管流程不断完善，审批速度大大加快，金融业对外开放步伐明显加快。在世界银行《营商环境报告》中，我国营商环境排名从 2018 年的第 78 位跃升至 2020 年的第 31 位，连续两年跻身全球营商环境改善最快的前 10 个经济体

之列。我国不断提升双向投资水平，2016—2019 年，我国对外直接投资规模合计达 6344 亿美元，稳居世界前列。截至 2019 年末，我国共在 188 个国家和地区设立了 4.4 万家企业。投资结构更加均衡，主要投向租赁和商务服务业、制造业、批发和零售业等领域，2019 年制造业投资占比 14.8%，全球产业布局进一步优化。

推进"一带一路"建设、坚持互利共赢战略，开放格局不断完善。我国秉持共商共建共享原则，坚持开放、绿色、廉洁理念，努力实现高标准、惠民生、可持续目标，推动共建"一带一路"高质量发展。务实推进双边经贸合作。2016—2019 年，我国对"一带一路"沿线国家货物进出口总额达到 4.6 万亿美元，占外贸比重提升至 29.4%；直接投资 721 亿美元，占比提升至 13.7%。一批综合效益好、带动作用强的项目落地生根，产业聚集效应和辐射作用明显增强。完善经贸合作机制平台。成功举办两届"一带一路"国际合作高峰论坛，设立中国－上海合作组织等经贸合作示范区，境外经贸合作区建设水平不断提高，累计建立 90 多个贸易投资等双边工作组，与 14 个国家签署第三方市场合作文件。推动基础设施互联互通。"六廊六路多国多港"互联互通架构基本形成，雅万高铁、中老铁路、瓜达尔港等重大项目取得积极进展，构建国际物流大通道，加强重要通道、口岸建设，截至 2020 年 8 月底，中欧班列累计开行近 2.9 万列。

第五节 民生得到有力保障

加快推进以保障和改善民生为重点的社会建设，是全面建成小康社会的重要内容和必然要求。在以习近平同志为核心的党中央坚强领导下，我国民生福祉持续改善，教育水平显著提升，公共卫生体系建设大为加强，社会保障网织密扎牢，群众文化体育生活丰富多样。

一、就业规模不断扩大，质量进一步提升

"十三五"以来，我国坚持实施就业优先政策，推动就业工作取得重大进展，保持了就业形势总体稳定。就业规模继续扩大。2016—2019 年，城镇新增就业每年都保持在 1300 万人以上，目前累计已超过 6000 万人。全国城镇登记失业率和调查失业率均保持在较低水平。

就业结构持续优化。从三次产业结构看，第三产业就业规模继续扩大。2019 年第三产业就业人员占比为 47.4%，比"十二五"末增加了 5 个百分点。从城乡结构看，城镇就业比重进一步上升，2019 年城镇就业人员占比为 57.1%，比"十二五"末提高了 4.9 个百分点。从区域结构看，中西部地区劳动者就地就近就业和返乡创业增多，区域就业结构更趋均衡。

就业质量进一步提升。从劳动者素质看，全国技能劳动者总量约 1.7 亿人。从工资看，职工工资收入合理增长，2016—2019 年，全国城镇非私营单位就业人员平均工资年均增长 9.9%。从劳动权益保护看，2019 年末，全国企业劳动合同签订率达到 90% 以上。社会保险覆盖面持续扩大，保障水平逐步提高。

重点群体就业基本稳定。2016 年以来，高校毕业生人数连年增长，总量已超过 4000 万人，就业水平总体保持稳定。农民工的总量也在继续扩大，2019 年末，农民工总量超过 2.9 亿人。对困难群体的帮扶不断加强，"十三五"期间，累计帮助失业人员再就业超过 2500 万人，帮助就业困难人员就业 800 多万人，分流安置钢铁、煤炭行业去产能职工 120 多万人，在供给侧结构性改革中发挥了重要作用。全国外出务工贫困劳动力超过 2900 万人，有效助力脱贫攻坚。

就业政策服务体系丰富发展。连年制定出台关于就业创业的综合性文件，推出一系列减负稳岗扩就业的政策举措，使就业优先政策体系不断完善，覆盖城乡的公共就业创业服务体系逐步健全，目前每年为 8000 万劳动者提供职业指导、职业介绍等服务，为 5000 万用人单位提供用工招聘方面的服务。

创业带动就业能力显著增强。"放管服"改革不断深化，营商环境持续改善，大众创业、万众创新的良好局面逐步形成。新登记市场主体快速增加，新就业形态不断涌现，成为拉动就业增长的新引擎。

二、教育质量和国民素质大幅提高

建设教育强国是中华民族伟大复兴的基础工程，办好人民满意的教育是全面建成小康社会的重要目标。"十三五"期间，各类教育普及程度明显提高。2019 年，全国学前教育毛入园率达 83.4%，比 2000 年提高 37 个百分点；义务教育巩固率达 94.8%，普及程度达到世界高收入国家平均水平；高中阶段毛入学率达 89.5%，是 2000 年的 2 倍；高等教育毛入学率达 51.6%，是 2000 年的 4 倍，迈入普及化发展阶段。

教育公平持续推进。2019 年国家财政性教育经费支出占 GDP 的比例为 4.04%，比 2000 年提高 1.17 个百分点，连续八年保持 4% 以上。重点高校面向农村和贫困地区考生的专项招生计划从 2012 年的 1 万人增加至 2019 年的 10.9 万人。

国民素质明显提升。2018 年，我国劳动年龄人口平均受教育年限为 10.6 年，其中受过高等教育的比例为 22.3%。2019 年，新增劳动力平均受教育年限为 13.7 年，比 2010 年增加 1.29 年，其中受过高等教育的比例达 50.9%。

三、医疗服务能力显著增强

健康是促进人的全面发展的必然要求，是全面建成小康社会的重要内涵，也是广大人民群众的共同期盼。"十三五"期间，医疗卫生体系建设成绩斐然。截至 2019 年底，全国医疗卫生机构床位数 880.7 万张，是 2000 年的 2.8 倍；全国卫生人员总数 1292.8 万人，其中卫生技术人员占 78.5%，比 2000 年提高 13.5 个百分点。城乡居民健康水平持续提高，居民人均预期寿命由 2000 年的 71.4 岁提高到 2019 年的 77.3 岁，婴儿死亡率从 32.2‰ 下降到 5.6‰。

全面建立基本医疗卫生制度取得重大成效。2019 年，基本医疗保险参保人数 13.5 亿人，是 2007 年的 6.1 倍；参保覆盖面稳定在 95% 以上。跨省异地就医直接结算医疗机构 27608 家。分级诊疗制度建设有序推进，2018 年组建各类医联体超过 1.3 万个。

基本公共卫生服务力度明显加大。2018 年，全国人均基本公共卫生服务补助经费 57.6 元，是 2010 年的 3.2 倍。建成了全球最大的传染病疫情和突发公共卫生事件网络直报系统，覆盖全部县级以上疾控机构、98% 的县级以上医疗机构和 94% 的基层医疗卫生机构。

四、民生兜底保障功能有效发挥

社会保障是民生安全网、社会稳定器，老有所养、弱有所扶是全面建成小康社会的重要内容。

覆盖城乡的多层次社会保障体系基本建立。截至 2019 年末，全国基本养老保险参保人数达到 9.68 亿人，是 2000 年的 7.1 倍，覆盖率超过 90%。失业保险参保人数为 2.05 亿人，比 2000 年增加了 1 倍。社会保障卡持卡人数达 13.05 亿人，覆盖所有地市和超过 93% 的人口。

社会保障水平持续提高。2019 年末，城市和农村最低生活保障标准分别为每人每年 7488 元和 5336 元，比 2007 年建立全国农村低保制度时，分别提高了 2.4 倍和 5.4 倍，城乡保障水平差距也由 2.6 倍缩小到 1.4 倍。2018 年社会救助支出（包括城乡低保、医疗救助、其他社会救助）2648.6 亿元，是 2001 年的 29.2 倍。城乡居民基础养老金最低标准不断提高，退休人员基本养老金从 2005 年起保持 16 年连涨。

社会保障服务能力明显增强。以扶老、爱幼、助残等为重点的社会福利制度逐步建立健全。每千老年人口养老床位数从 2005 年的 11 张，增加到 2015 年的超过 30 张；2018 年享受老年人福利补贴人数为 3571.8 万人。2019 年有 1043 万残疾儿童及持证残疾人得到基本康复服务。

五、文化产业快速发展

加强文化建设，让人民享有健康丰富的精神文化生活，是增进民生福祉的关键因素，是全面建成小康社会、不断满足人们对美好生活向往的重要内容。

文化内容创作百花齐放。2019 年全国电影票房收入 643 亿元，是 2012 年的 3.8 倍。新闻出版产品种类不断丰富，全民阅读观念深入人心，2019 年我国成年国民各媒介综合阅读率为 81.1%，较 2012 年提升 4.8 个百分点。

公共文化服务体系日趋完善。覆盖城乡的公共文化服务网络初步建立，"三馆一站"公共文化服务设施全部免费开放。截至 2019 年底，全国广播、电视节目综合人口覆盖率分别为 99.1% 和 99.4%，广播电视台、网络广播电视和移动多媒体构成的多元化传播新格局基本建成。

文化产业快速发展。2018 年，我国文化产业实现增加值 41171 亿元，比 2004 年增长 11 倍；文化产业增加值占 GDP 比重由 2004 年的 2.13% 提高到 2018 年的 4.48%，成为国民经济发展的重要支柱性产业。[①]

① 参见万东华：《从社会发展看全面建成小康社会成就》，《人民日报》2020 年 8 月 4 日。

第三章

中国答卷背后的"五个根本"规律性认识

　　2020 年 12 月召开的中央经济工作会议提出，在统筹国内国际两个大局、统筹疫情防控和经济社会发展的实践中，我们深化了对在严峻挑战下做好经济工作的规律性认识。这次会议将这一规律性认识概括为"五个根本"，并强调在 2021 年的经济工作中要加以贯彻落实。这"五个根本"，充分展现了以习近平同志为核心的党中央引领中国巨轮破浪前行的高超智慧，充分彰显了党中央从容应对前进道路上风险挑战的娴熟能力，是我们做好各项工作的重要认识论和方法论。①这"五个根本"是指导当前和未来一段时期中国经济工作的基本遵循。

---

　　① 参见刘志强等：《击鼓催征稳驭舟——深化对严峻挑战下做好经济工作的规律性认识综述》，《人民日报》2021 年 1 月 9 日。

第一节 深化在严峻挑战下做好经济工作的规律性认识

2020 年初以来,突如其来的新冠肺炎疫情使我国国民经济遭受重大冲击。经过不懈的努力,中国成为世界上 2020 年唯一实现经济正增长的主要经济体。国家统计局的数据显示,累计来看,2020 年前三季度国内生产总值同比增长 0.7%,上半年下降 1.6%,可以说扭转了上半年下降的局面。其中,三次产业增加值全面回升,第一产业增加值增长 2.3%,第二产业增加值增长 0.9%,第三产业增加值增长 0.4%,全部为正值。固定资产投资同比增长 0.8%,货物进出口总额增长 0.7%,全国居民人均实际可支配收入增长 0.6%,这些主要指标的同比增速均实现了由负转正。应该说这一成绩来之不易。

面对新冠肺炎疫情突然袭击,中国坚持人民至上、生命至上,举全国之力,快速有效地调动全国资源和力量,不惜一切代价维护人民生命安全和身体健康。14 亿多中国人民坚韧奉献、团结协作,构筑起同心战疫的坚固防线,彰显了人民的伟大力量。经过艰苦卓绝的努力,中国付出巨大代价和牺牲,有力扭转了疫情局势,用一个多月的时间初步遏制了疫情蔓延势头,用两个月左右的时间将本土每日新增病例控制在个位数以内,用 3 个月左右的时间取得了武汉保卫战、湖北保卫战的决定性成果，疫情防控阻击战取得重大战略成果。①

这一极不平凡的成绩的确来之不易。那么，如何总结这极不平凡的一年？如何深化在严峻挑战下做好经济工作的规律性认识？以习近平同志为核心的党中央，在 2020 年中央经济工作会议上给出了最权威的答案，即"五个根本"。

第一个根本，党中央权威是危难时刻全党全国各族人民迎难而上的根本依靠。历史和现实都告诉我们，在重大历史关头，在重大考验面前，党中央的判断力、决策力、行动力具有决定性作用。办好中国的事情，关键在党。近代以来的历史证明，每当中华民族处于最危难最艰难的时刻，只有中国共产党是全国各族人民的根本依靠。自中国打响新冠肺炎疫情防控阻击战以来，以习近平同志为核心的党中央沉着应对、科学决策，充分体现了我们党组织体系的高度严密性、实践活动的高度一致性和纪律约束的高度自觉性。惊涛骇浪中坚如磐石，大战大考前运筹帷幄。习近平总书记亲自指挥、亲自部署，党中央统筹全局、果断决策，全党全军全国各族人民众志成城、全力以赴，打响了一场气壮山河的人民战争、总体战、阻击战。2020 年 1 月 7 日，习近平总书记主持召开中共中央政治局常委会会议时，对做好疫情防控工作提出了要求；1 月 20 日，习近平总书记专门就疫情防控工作作出重要指示，要求各级党委和政府及有关部门把人民生命安全和身体健康放在第一位，采取切实有效措施，坚决遏制疫情蔓延势头；1 月 22 日，习近平总书记果断要求湖北省对人员外流实施全面严格管控。次日，武汉宣布暂时关闭离汉通道。对一个有着千万人口的特大城市实行"封城"，这在人类历史上前所未有！习近平总书记强调："作出这一决策，需要巨大政治勇气，但该出手时必须出手，否则当断不断、

① 参见中华人民共和国国务院新闻办公室：《抗击新冠肺炎疫情的中国行动》，《人民日报》2020 年 6 月 8 日。

反受其乱。"[1]

历史和实践证明，我国之所以能取得历史性成就，解决了许多长期想解决而没有解决的难题，办成了许多过去想办而没有办成的大事，最根本的就是有党中央的坚强领导，关键在于始终坚持和加强党的全面领导。只有坚持和加强党的全面领导，才能发挥党的中流砥柱作用，才能应对重大挑战，抵御重大风险，克服重大阻力，化解重大矛盾，解决重大问题。只有坚持和加强党的全面领导，才能继续推进改革开放，向积存多年的顽瘴痼疾开刀，将改革进行到底。只有坚持和加强党的全面领导，深化党和国家机构改革，才能在继往开来中解决存在的障碍和弊端，更好地发挥党的政治优势，发挥党总揽全局、协调各方的作用。只有坚持和加强党的全面领导，才能为实现中华民族伟大复兴的梦想提供科学思想指引，充分调动人们的积极性和创造性，战胜前进道路上的各种困难，实现我国经济社会平稳健康可持续发展。

第二个根本，制度优势是形成共克时艰磅礴力量的根本保障。技术进步和制度变迁是驱动经济增长的两个最重要的"轮子"。党的十九届四中全会专题对中国特色社会主义制度进行了研究和部署。在艰难的经济形势面前，各级领导干部坚定"四个自信"，坚持集中力量办大事的制度优势，使全党全国各族人民紧密团结起来，从而发挥攻坚克难、推动事业发展的强大能量。正是因为我们坚持和完善支撑中国特色社会主义制度的根本制度、基本制度、重要制度，着力固根基、扬优势、补短板、强弱项，构建系统完备、科学规范、运行有效的制度体系，发挥集中力量办大事的制度优势，并且不断探索实践、不断改革创新，经济建设等各个领域才取得了显著成就。

衡量一个国家的制度是否成功、是否优越，一个重要方面就是看其在重大风险挑战面前，能不能号令全国、组织八方共同应对。历史

---

① 刘志强等：《击鼓催征稳驭舟——深化对严峻挑战下做好经济工作的规律性认识综述》，《人民日报》2021 年 1 月 9 日。

和实践都证明，我国社会主义制度具有非凡的组织动员能力、统筹协调能力、贯彻执行能力，能够充分发挥集中力量办大事、办难事、办急事的独特优势。在大灾大难面前，我们众志成城、临危不惧，坚持发挥党的领导和社会主义制度的政治优势，协同调动各地方各部门各领域各方面力量，聚集起战胜困难的强大合力。面对新冠肺炎疫情的严重冲击，仅用十多天时间，4万名建设者昼夜不歇，火速建成火神山医院和雷神山医院，大规模改建了16座方舱医院，迅速开辟了600多个集中隔离点。各医疗队从接受指令到组建完成平均只用了2小时，4万多名白衣天使逆行出征，全国10%的重症医务人员齐集武汉。"天使白""橄榄绿""守护蓝""志愿红"迅速集结，19个省份以对口支援的方式支援湖北省除武汉市以外的16个地市。没有社会主义制度优势，是不可能完成这一奇迹的。

党的十八大以来，以习近平同志为核心的党中央狠抓制度执行，扎牢制度篱笆，坚持制度面前人人平等、执行制度没有例外，坚决维护制度的严肃性和权威性，坚决纠正有令不行、有禁不止的行为，使制度成为硬约束，真正让铁规发力、让禁令生威，推动制度执行能力显著提升、制度效能不断释放。党的十八届三中全会以来，我们注重解决体制性的深层次障碍，推出一系列重大体制改革，有效解决了一批结构性矛盾，很多领域实现了历史性变革、系统性重塑、整体性重构。[1] 正如习近平总书记2019年9月9日在中央全面深化改革委员会第十次会议上的讲话中所强调的，"现在要把着力点放到加强系统集成、协同高效上来，巩固和深化这些年来我们在解决体制性障碍、机制性梗阻、政策性创新方面取得的改革成果"。我们可以得出结论：制度优势是形成共克时艰磅礴力量的根本保障。

第三个根本：人民至上是作出正确抉择的根本前提。在2020年

---

[1] 参见教育部习近平新时代中国特色社会主义思想研究中心：《把我国制度优势更好转化为国家治理效能》，《人民日报》2019年11月19日。

初新冠肺炎疫情肆虐之时，党中央以坚定果敢的勇气和决心，采取最全面最严格最彻底的防控措施，确保人民生命安全和身体健康。正如《抗击新冠肺炎疫情的中国行动》白皮书所指出的：疫情防控阻击战取得重大战略成果，维护了人民生命安全和身体健康，为维护地区和世界公共卫生安全作出了重要贡献。

过去的一年中，各地克服疫情影响，帮助贫困地区摘穷帽、拔穷根。2020 年 11 月 23 日，贵州省宣布全省剩余的 9 个贫困县退出贫困县序列。至此，我国 832 个贫困县全部摘帽，现行标准下农村贫困人口全部脱贫，取得了令全世界刮目相看的重大胜利。回顾走过的路，从保障医用和生活物资供应，到确保"菜篮子""米袋子"供应，再到强化困难群众兜底保障，基本民生保障力度不减。党中央继续实施就业优先战略，2020 年前 11 个月，全国城镇新增就业 1099 万人，完成全年目标任务的 122.1%。"人民至上，生命至上"不是一句虚话，而是有实实在在的行动。[1]

一部中国共产党历史，就是一部反映中国共产党人不忘初心、牢记使命，为中国人民谋幸福、为中华民族谋复兴的奋斗史。从毛泽东提出全心全意为人民服务，到邓小平提出我们做工作必须考虑群众拥护不拥护、赞成不赞成、高兴不高兴、答应不答应，再到习近平总书记提出"人民对美好生活的向往，就是我们的奋斗目标"，中国共产党人的初心和使命就像一根红线，将中国共产党百年奋斗历史贯穿起来，集中回答了中国共产党是什么、要干什么的基本问题，深刻揭示了中国共产党为什么"能"的奥秘。归结到一点，中国共产党除了国家、民族和中国最广大人民的利益，没有任何自己的特殊利益，中国共产党的一切工作都是为了实现好、维护好、发展好最广大人民的根本利益。

---

① 参见刘志强等：《击鼓催征稳驭舟——深化对严峻挑战下做好经济工作的规律性认识综述》，《人民日报》2021 年 1 月 9 日。

第四个根本：科学决策和创造性应对是化危为机的根本方法。只要准确识变、科学应变、主动求变，就一定能够在抗击大风险和抓好经济工作中创造出大机遇。面对困难与挑战，以习近平同志为核心的党中央准确识变、科学应变、主动求变，科学研判形势与任务，分析评估危局困境的根源、形式、态势和可预见的后果，统筹国内国际两个大局，及时捕捉和发现主要矛盾和矛盾的主要方面，抓住要害，果断制定有效应对的大政方针和有力举措。2020年，习近平总书记考察足迹遍及大江南北，主持召开多次重要会议，就统筹推进常态化疫情防控和经济社会发展工作作出一系列重要指示和部署。从落实分区分级精准防控策略，到将全国总体防控策略调整为"外防输入、内防反弹"，最大限度保持经济平稳运行；创新财政资金直达机制，让资金下达更快速、投向更精准，确保各项纾困措施直达基层；引导市场利率下降，不再单纯依靠传统的降息、降准，而是通过贷款延期、信用支持等直接惠及市场主体……一项项精准有效的创新举措接连落地，助力广大市场主体渡过难关。

实践证明，调查研究是正确决策的前提，是领导者的谋事之基、成事之道。没有调查就没有发言权，也就没有决策权。只有通过多层次、多方位、多渠道的深入调查研究，才能增强对事物的感性认识，掌握第一手材料，尤其是能够及时准确掌握上级政策、指示的贯彻落实情况，重大任务的进展情况和出现的倾向性问题。在此基础上，我们要处理好调查与研究的关系，坚持用联系、发展的观点对来自群众中的情况和问题进行全面综合的概括、分析与总结，通过由此及彼、由表及里、由浅入深、去粗取精、去伪存真的分析研究，从中找出带有规律性的东西，获得制定工作方针和工作方法的可靠依据，使决策更加科学化。面对新冠肺炎疫情的严重冲击，由于以习近平同志为核心的党中央科学决策、沉着应对，2020年前三季度我国经济增速由降转升，达到正增长的0.7%，经济运行持续稳定恢复，在世界主要经济

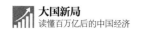

体中率先走出经济"泥潭"。①

第五个根本：科技自立自强是促进发展的根本支撑。党的十九届五中全会强调，坚持创新在我国现代化建设全局中的核心地位，把科技自立自强作为国家发展的战略支撑。2020年的经济工作，我们秉持科学精神、把握科学规律、大力推动自主创新，把国家发展建立在更加安全、更为可靠的基础之上。习近平总书记强调，科技是国家强盛之基，创新是民族进步之魂。这次我们取得新冠肺炎疫情防控阻击战重大战略成果也充分证明，科技创新是统筹发展和安全的根本之策，没有科学技术的进步，人类在灾难面前就会显得无能为力。同时，美国等国家对华为、中兴等企业的遏制和打压也告诫我们：必须坚持科技自立自强的基本原则，不断强化国家战略科技力量，确保产业链供给链稳定。

统计数据表明，2020年前11个月，我国规模以上工业增加值同比增长2.3%，利润同比增长2.4%；"十三五"期间，建成70多个有影响力的工业互联网平台、670多家国际领先的数字化车间和智能工厂；5G、新能源汽车、工业互联网等部分关键领域实现从跟跑、并跑到领跑的跨越；人工智能、远程会议、在线课堂、线上医疗等新技术新业态蓬勃发展……企业、高校、科研机构等纷纷加快科技创新步伐，有力提升了我国产业链供应链的稳定性和竞争力。

当前，我国发展的内外部环境都发生了深刻变化，外部环境的不稳定性不确定性明显增加。进入新发展阶段，贯彻新发展理念，构建新发展格局，迫切需要我们打造一支体现国家意志、服务国家需求、代表国家水平的"科技王牌军"。作为国家战略科技力量，要能出大成果，作出大贡献，在维护国家战略利益的关键时刻，必须冲得上去，招之即来，来之能战，战之则胜。战略科技力量的影响力和支撑力，

---

① 参见刘志强：《中国经济延续稳定恢复态势》，《人民日报》2020年10月20日。

直接关系到我国综合国力和国际竞争力的提升，是促进经济社会发展、保障国家安全的"压舱石"，为实现高质量发展、构建新发展格局提供持续的创新力。[①]

第二节　经济工作实践与规律性认识辩证统一

2020 年中央经济工作会议充分肯定了一年来我国取得的来之不易的成绩，高度评价了"十三五"期间我国经济社会发展取得的新的历史性成就，深刻总结了我们党在严峻挑战下做好经济工作的规律性认识——"五个根本"，这是经济工作的实践与规律性认识辩证统一的宝贵成果。

一、经济实践与经济规律辩证统一

"五个根本"是我们党在统筹国内国际两个大局、统筹疫情防控和经济社会发展的实践中得出的规律性认识，它是经济实践与经济规律辩证统一的典范。经济实践特指人类的经济行为和经济活动。当我们把那些经济实践之间内在的本质的联系加以总结和概括，就构成了经济规律。

从马克思主义哲学的角度看，认识的发生问题，即人的认识能力从无到有的发生过程问题，既是认识论的核心问题，也是一切认识论都要探讨和回答的基本问题。马克思主义从实践既是主体和客体相分

---

① 参见刘垠：《变局中开新局科技自立自强成为国家发展的战略支撑——专访科技部党组书记、部长王志刚》，《科技日报》2021 年 1 月 4 日。

化的标志，又是推动主客体不断实现统一的决定因素这一根本思想出发，深入考察了人的认识能力的形成问题，认为人所特有的实践活动在人的认识能力形成的过程中起着决定性作用，实践是认识发生的现实基础。[①] 这里的"认识"，即可看作我们所称的"规律"或者"规律性认识"。

比如，马克思在《资本论》中提出：商品的价值量是由生产商品的社会必要劳动时间决定的，商品交换以价值为基础，实行等价交换。这就是价值规律，这一规律是马克思本人在观察大量经济现象的基础上通过提炼得来的。又如，马克思认为：剩余价值实质是由雇佣工人创造的、被资本家无偿占有的、超过工人劳动力价值的那部分价值。这就是剩余价值规律。不仅要基于大量的经济事实，还要经过漫长而复杂的思维抽象，规律才有可能被认识。2020 年新冠肺炎疫情对中国经济的冲击，远远超过了改革开放以来任何一次事件对经济的负面影响。党中央通过推动企业复工复产、确保防疫物资供给、加大财政政策支持力度、实施稳健灵活的货币政策等一系列经济实践，最终使中国经济交出一份可以载入史册的答卷。通过这些经济实践，我们得出了"五个根本"的规律性认识，正符合马克思主义哲学原理。

这"五个根本"，充分展现了以习近平同志为核心的党中央引领中国经济巨轮破浪前行的高超智慧，充分彰显了党中央从容应对前进道路上风险挑战的娴熟能力，是我们做好各项工作的重要认识论和方法论。

二、经济规律与财富创造辩证统一

马克思主义认为，规律是事物发展中本身所固有的、本质的、必

---

① 参见杨春贵等主编：《马克思主义哲学教程》，中共中央党校出版社 2002年版，第 193 页。

然的、稳定的联系。规律是物质世界本身所固有的，是不以人的意志为转移的。人们不能任意创造或者消灭物质，也不可能创造或消灭规律。人们一旦掌握规律，就能够更好地利用物质世界本身。人类社会迄今为止所发生的工业革命等，都是基于人们对科学规律的认识和把握。

亚当·斯密的《国富论》指出，政治经济学的研究目标是富国裕民，那么如何才能增进一个国家的国民财富？亚当·斯密认为，国民财富的增加主要有两条途径和一个保障：一是提高劳动生产率，它主要依赖于分工的深化和市场交换过程的顺畅。二是增加劳动者人数，而这又依赖于资本积累和适当的资本运用。在这个过程中，坚持经济自由、充分发挥市场这只"看不见的手"的作用、取消政府的不适当干预、让经济活动依其天然秩序运行是最根本的制度保障。① 显然，亚当·斯密的理论对于促进资本主义市场经济繁荣有重要意义。但对于中国的经济实践而言，这一理论并不具有直接的指导作用。

2020 年的中国经济社会发展，正是有了"五个根本"的规律性认识，从而最终使我国经济社会发展取得新的历史性成就，财富创造达到新的高度。国家统计局的数据表明，2020 年第一季度，我国 GDP 为 206504 亿元，按不变价格计算，比 2019 年同期下降 6.8%。毫无疑问，这一数据已超出了社会和市场的预期，也显著地滑出了中国经济增长的合理区间。但随着我们对经济工作规律性认识的深入，中国经济很快由负转正。2020 年中国经济总量已超过 100 万亿元人民币，继续稳居世界第二位，与美国的差距进一步缩小。

统筹好疫情防控和经济社会发展是新的挑战。我们一手抓防控，一手抓发展。在确保疫情防控到位的前提下，非疫情防控重点地区企事业单位陆续复工复产：产业工人率先到岗，深中通道全线复工；"世

---

① 参见亚当·斯密：《国富论》，陕西人民出版社 2001 年版，第 75—92 页。

界小商品之都"义乌重新开张仅半月,快递量就恢复到 2019 年的平均水平……截至 2020 年 3 月 13 日,全国除湖北外,规模以上工业企业平均开工率超过 95%,企业人员平均复岗率达 80%。与此同时,我国的投资加快,消费回暖,进出口稳步增长,餐馆商超人头攒动,车站码头日渐繁忙……随着疫情防控阶段性成效进一步巩固,我国在常态化疫情防控中加快推进生产生活秩序全面恢复,经济运行稳步复苏,人民群众获得感、幸福感、安全感持续增强。[①]

值得指出的是,在疫情冲击下,产业转型发展的动力明显加快,财富创造能力进一步提升,以互联网经济为代表的新动能逆势成长,在助力疫情防控、保障居民生活、促进经济增长方面都发挥了积极的作用。2020 年前三季度,规模以上高技术制造业增加值增长 5.9%,装备制造业增加值增长 4.7%,增速都比上半年加快。高技术产业投资增长 9.1%,加快 2.8 个百分点。网上购物、直播带货这些新业态、新模式持续火热,在线办公、远程问诊、在线教育等新兴需求非常旺盛。

三、经济规律与远期工作辩证统一

人们一旦掌握经济规律,就能够更好地创造财富和分享财富。初步核算,2020 全年 GDP 为 1015986 亿元,按可比价格计算,比 2019 年增长 2.3%。分季度看,一季度同比下降 6.8%,二季度增长 3.2%,三季度增长 4.9%,四季度增长 6.5%。经济呈现持续恢复的势头,展现出我国经济发展强大的韧性。

国家统计局的数据表明,2020 年,全国居民人均可支配收入 32189 元,比 2019 年名义增长 4.7%,扣除价格因素,实际增长 2.1%。2020 年,全国新开工城镇老旧小区共 40279 个,惠及约 735.73 万户居

---

① 参见刘志强等:《击鼓催征稳驭舟——深化对严峻挑战下做好经济工作的规律性认识综述》,《人民日报》2021 年 1 月 9 日。

民,"住有所居"覆盖更多家庭。教育部门努力推动各地新建、扩建公办幼儿园,"幼有所育"获得制度性支持。因为坚持科学的规律性认识,我国成功避免了经济停摆、社会失序等风险,确保了"十三五"圆满收官,全面建成小康社会胜利在望,中华民族伟大复兴向前迈出了新的一大步。

当然,2021年的经济工作面临的挑战和困难累加。国际环境日趋复杂,不稳定性不确定性明显增加,经济全球化遭遇逆流,世界进入动荡变革期,单边主义、保护主义、霸权主义对世界和平与发展构成威胁,对中国经济工作带来严峻挑战。当今世界正经历百年未有之大变局,新一轮科技革命和产业变革深入发展,国际力量对比深刻调整。正是基于这样复杂的经济环境和曲折的经济实践,党中央抽象出一般的本质联系和认识,进而概括为经济规律,这对于指导未来的经济工作,将具有十分深远的理论和实践价值。

从远期工作看,我们也必须清醒地认识到,疫情变化和外部环境存在诸多不确定性,我国经济恢复基础尚不牢固。2021年世界经济形势仍然复杂严峻,复苏不稳定不平衡,疫情冲击导致的各类衍生风险不容忽视。我们要增强忧患意识,坚定必胜信心,推动经济持续恢复和高质量发展。要办好自己的事,坚持底线思维,提高风险预见预判能力,严密防范各种风险挑战。要继续高举多边主义旗帜,积极参与全球治理改革,推动构建人类命运共同体。

第三节　习近平新时代中国特色社会主义经济思想的创新发展

2017 年中央经济工作会议明确提出了"以新发展理念为主要内容的习近平新时代中国特色社会主义经济思想",并强调,"习近平新时代中国特色社会主义经济思想,是 5 年来推动我国经济发展实践的理论结晶,是中国特色社会主义政治经济学的最新成果,是党和国家十分宝贵的精神财富,必须长期坚持、不断丰富发展"。2020 年中央经济工作会议提出的"五个根本"规律性认识,是习近平新时代中国特色社会主义经济思想的创新发展和重要组成部分。

一、在实践中形成了习近平新时代中国特色社会主义经济思想

2017 年中央经济工作会议指出,在实践中形成了以新发展理念为主要内容的习近平新时代中国特色社会主义经济思想。这次会议对该思想的核心内涵作出了初步概括:坚持加强党对经济工作的集中统一领导,保证我国经济沿着正确方向发展;坚持以人民为中心的发展思想,贯穿到统筹推进"五位一体"总体布局和协调推进"四个全面"战略布局之中;坚持适应把握引领经济发展新常态,立足大局,把握规律;坚持使市场在资源配置中起决定性作用,更好发挥政府作用,坚决扫除经济发展的体制机制障碍;坚持适应我国经济发展主要矛盾变化完善宏观调控,相机抉择,开准药方,把推进供给侧结构性改革作为经济工作的主线;坚持问题导向部署经济发展新战略,对我国经

济社会发展变革产生深远影响；坚持正确工作策略和方法，稳中求进，保持战略定力、坚持底线思维，一步一个脚印向前迈进。我们一般将其概括为"七个坚持"。

习近平新时代中国特色社会主义经济思想的核心内涵中，"坚持加强党对经济工作的集中统一领导"和"坚持以人民为中心的发展思想"，不属于传统意义上的经济理论问题，而是政治问题。把这两点纳入并列为习近平新时代中国特色社会主义经济思想的第一、二部分，不仅凸显其重要性，而且说明习近平新时代中国特色社会主义经济思想是把政治制度作为重要因素，注重从政治与经济的关系出发研究和论述政治对经济的作用的理论，分析经济问题不拘泥于政治经济学或经济学已有框架或范式，而是跳出经济范畴，从政治的高度研究和论述经济，使习近平新时代中国特色社会主义经济思想成为具有鲜明中国特色、中国风格、中国气派的马克思主义政治经济学。

其实，无论从理论上还是从实践上看，经济和政治从来都是紧密联系的。马克思主义政治经济学的研究对象"生产关系"，就是一定制度下"人和人的关系"，这种关系显然不可能没有政治属性。在西方经济学中，早期的制度经济学对经济问题的研究，也看重制度因素，以人与人之间的关系为研究起点。列宁说过："政治是经济的集中表现……政治同经济相比不能不占首位。"[1] 在社会主义制度下，政治之于经济的重要性更加突出。毛泽东认为："政治工作是一切经济工作的生命线。在社会经济制度发生根本变革的时期，尤其是这样。"[2]

二、"七个坚持"与"五个根本"具有逻辑上的一致性和贯通性

仔细研究"七个坚持"与"五个根本"，我们就会发现，二者完

[1]《列宁选集》第四卷，人民出版社 2012 年版，第 407 页

[2]《毛泽东文集》第六卷，人民出版社 1999 年版，第 449 页。

全是一脉相承、一以贯之的，具有逻辑上的一致性和贯通性。这二者都强调党对经济工作的集中统一领导，都强调人民至上、以人民为中心的发展思想，都强调要坚持科技创新和技术进步、坚持新发展理念，都强调要坚持正确的工作策略和方法、坚持科学决策和创造性应对，等等。

具体来讲，"七个坚持"中的第一个坚持，即"坚持加强党对经济工作的集中统一领导，保证我国经济沿着正确方向发展"，"五个根本"中第一个根本强调"党中央权威是危难时刻全党全国各族人民迎难而上的根本依靠"。显然，二者的内在逻辑和理论范式是一致的。我们因此得出结论："五个根本"是习近平新时代中国特色社会主义经济思想的重要组成部分，是对该思想的丰富和发展。当然，实践是在不断创新和发展的，我们也有理由相信，习近平新时代中国特色社会主义经济思想在实践中会不断丰富和发展。

整体来看，"中国特色社会主义最本质的特征是中国共产党领导，中国特色社会主义制度的最大优势是中国共产党领导，党是最高政治领导力量"，是党的十九大的重要结论；"把党的领导落实到国家治理各领域各方面各环节"，是党的十九届四中全会的明确要求。我国经济改革和发展，自然离不开也不应离开党的领导。坚持党对经济工作的集中统一领导，是为了保证我国经济沿着正确方向发展。党对经济工作集中统一领导的方式是随形势变化而改进的。习近平总书记强调："要适应国内外经济形势新变化，突出主题主线，改变那种单纯抓引资、抓投资、抓项目、抓生产的做法，把领导经济工作的立足点转到提高发展质量和效益、加快形成新的经济发展方式上来。""党对国有企业的领导是政治领导、思想领导、组织领导的有机统一。"

可见，无论是从宏观层面还是微观层面，党的领导都体现于经济运行的过程中。习近平总书记指出："坚持以人民为中心的发展思想，这是马克思主义政治经济学的根本立场。"经济发展本身就有为了谁、依靠谁、经济成果如何共享的问题。以人民为中心的发展思想,"体现了我们党全心全意为人民服务的根本宗旨,体现了人民是推动发展的根本力量的唯物史观"。"以人民为中心的发展思想,不是一个抽象的、玄奥的概念,不能只停留在口头上、止步于思想环节,而要体现在经济社会发展各个环节。""部署经济工作、制定经济政策、推动经济发展都要牢牢坚持这个根本立场。"从习近平总书记的重要论述可以看出,以人民为中心的发展思想,是一个既体现党的根本宗旨,又贯穿统筹推进"五位一体"总体布局和协调推进"四个全面"战略布局,落实于经济发展各环节的理论原则。从这一根本立场出发并反映这一根本立场的理论成果理所当然地成为习近平新时代中国特色社会主义经济思想的题中应有之义。①

三、用"五个根本"更好地指导中国经济高质量发展

新中国成立以来,中国共产党在建设前无古人的中国特色社会主义全新事业的伟大实践过程中,根据形势和任务的变化,适时提出相应的发展战略,引领和指导发展的实践。从以经济建设为中心、发展是硬道理,到发展是党执政兴国的第一要务,到坚持科学发展、全面协调可持续发展,到坚持"五位一体"总体布局,再到新时代坚持和发展中国特色社会主义的基本方略,正是建立在总结新中国成立以来经济社会发展正反两方面丰富经验和深刻教训的基础上。中国共产党每一次发展理念、发展思路的创新和完善,都推动实现了发展的新跨越。

新中国成立以来经济发展的历程表明,在起步阶段,首先要解决的是如何尽快发展起来的问题。发展才能自强,发展是解决我国一切

---

① 参见赵长茂:《习近平新时代中国特色社会主义经济思想的三个特质》,《学习时报》2020 年 5 月 4 日。

问题的物质基础和关键。当前,我国经济社会发展水平达到了新的历史高度。发展的基本特征已经发生了深刻变化,社会主要矛盾已经转化为人民日益增长的美好生活需要和不平衡不充分的发展之间的矛盾。过去那种追求规模、不计资源、环境、社会成本和代价的数量型低质量发展已经不适应新的形势。[1] 可以说,"五个根本"规律性认识的提出,恰逢其时。

稳经济、促发展,战疫情、斗洪峰,化危机、应变局……"十三五"期间,面对一系列严峻考验,坚持全国一盘棋、集中力量办大事,让我们一次次化危为机、浴火重生。总的来看,我国经济长期向好的基本面没有改变,疫情的冲击是短期的、总体上是可控的,只要我们变压力为动力、善于化危为机,有序恢复生产生活秩序,强化"六稳"举措,加大政策调节力度,把我国发展的巨大潜力和强大动能充分释放出来,就能够实现"十四五"经济社会发展目标任务。

"十四五"是我国现代化建设进程中具有特殊重要性的五年。做好"十四五"的经济工作,要以习近平新时代中国特色社会主义思想为指导,做到深化"五个根本",全面贯彻党的十九大和十九届二中、三中、四中、五中全会精神,坚持稳中求进工作总基调,立足新发展阶段,贯彻新发展理念,构建新发展格局,以推动高质量发展为主题,以深化供给侧结构性改革为主线,以改革创新为根本动力,以满足人民日益增长的美好生活需要为根本目的,坚持系统观念,巩固拓展疫情防控和经济社会发展成果,更好统筹发展和安全,扎实做好"六稳"工作,全面落实"六保"任务,科学精准实施宏观政策,努力保持经济运行在合理区间,坚持扩大内需战略,强化科技战略支撑,扩大高水平对外开放,确保"十四五"经济社会各项目标落到实处。

---

① 参见瞿商:《习近平新时代中国特色社会主义经济思想的丰富内涵和历史基础》,《光明日报》2018 年 6 月 15 日。

第四章

当前国际国内经济形势的特点和趋势分析

　　经历世纪疫情冲击，站在重要历史关口，世界经济的形势该怎么看？国内的经济形势有什么样的特点？机遇在哪里？挑战又是什么？解决好这些问题对于我们在"十四五"新征程中趋利避害，立于不败之地，实现中华民族伟大复兴至关重要。

第一节　世界面临百年未有之大变局

目前，全球正经历新一轮大发展大变革大调整，世界正经历百年未有之大变局，新一轮科技革命和产业变革深入发展，国际力量对比深刻调整，国际环境日趋复杂，不稳定性不确定性明显增加。这是当前世界最大的形势，也是国际经济最重要的发展环境。

一、新一轮科技革命和产业变革蓄势待发

全球新一轮科技革命和产业变革蓄势待发，信息、生命、制造、能源、空间、海洋等领域科技的原创突破为前沿技术、颠覆性技术提供了更多创新源泉，学科之间、科学和技术之间、技术之间、自然科学和人文社会科学之间日益呈现交叉融合趋势。科学技术从来没有像今天这样深刻影响国家前途命运，从来没有像今天这样深刻影响人民生活福祉。新一轮科技革命和产业变革必将给世界经济增长、产业结构转型以及国际格局演变带来翻天覆地的变化。

信息技术领域。进入 21 世纪以来，以机器人、大数据、3D 打印为代表的新一轮信息技术革命已成为全球关注的重点。以机器人为例，

随着大数据、物联网、人工智能等信息技术的发展，机器人技术日趋成熟。目前，机器人已经在工业领域使用。随着人力成本的日益上升，越来越多的企业选择用机器人来部分代替工人。工业机器人的广泛应用提高了企业生产效率。在未来的五年乃至更长远的时期，工业机器人会逐渐向机械、建材、物流、航空、航天、船舶制造等领域渗透，服务机器人也将逐渐从劳动密集型行业向知识型行业渗透。"机器人革命"或将成为新一轮科技革命和产业变革的一个切入点和重要增长点，并对全球制造业、服务业格局产生重大影响。

生命科学领域。随着信息科技革命方兴未艾，生命科学和生物技术的发展正在展现出不可限量的前景。进入 21 世纪，生命科学的新发现、生物技术的新突破和生物技术产业的新发展极大地改变了人类及其社会发展的进程。例如，日益成熟的转基因技术、克隆技术以及正在加速发展的基因组学技术和蛋白质组技术、生物信息技术、生物芯片技术、干细胞组织工程等关键技术，推动了生物技术产业的快速发展，深刻改变人类的医疗卫生、农业、人口和食品状况。总的来看，生物技术仍主要应用于医药和农业，在未来的五年乃至更长时期，生命科学和生物技术将被应用于食品、环保、化工、能源等行业，具有广阔的应用前景。我们也越来越能够预见到，一个生命科学的新纪元即将到来，并将对科技发展、社会进步和经济增长产生极其重要而深远的影响。

制造技术领域。先进的制造技术不仅是衡量一个国家科技发展水平的重要标志，也是国际间科技竞争的重点。近年来，我国的制造业持续采用先进的制造技术，但和工业发达国家相比仍有一定差距。例如，在产品开发设计方面，工业发达国家持续更新设计数据和准则，采用新的设计方法，广泛采用计算机辅助设计技术（CAD/CAM），大型企业开始采用无图纸的设计和生产，而我国采用 CAD/CAM 技术的比例较低。我国在应用技术及技术集成方面的能力还比较低，有

关的技术规范和标准的研究制定相对滞后。在未来五年乃至更长的时期，以虚拟生产（VM）、智能制造（IM）、绿色制造（GM）为代表的制造工程领域新技术的不断发展，将决定着我国制造业向智能化、服务化、绿色化转变。

能源技术领域。当前，新一轮能源技术革命正在孕育兴起，新的能源科技成果不断涌现，新兴能源技术正在以前所未有的速度加快迭代，可再生能源发电、先进储能技术、氢能技术、能源互联网等具有重大产业变革前景的颠覆性技术应运而生。随着云计算、大数据、物联网等新兴技术的发展，能源生产、运输、存储、消费等环节正发生变革。世界主要国家和地区非常重视能源技术的发展，从能源战略的高度制定各种能源技术规划、加快能源科技创新，以增强国际竞争力。例如，美国的《全面能源战略》、欧盟的《2050 能源技术路线图》、日本的《面向 2030 年能源环境创新战略》、俄罗斯的《2035 年前能源战略草案》等。未来一段时间，全球能源转型提速，能源系统逐步向低碳化、清洁化、分散化和智能化方向发展。未来，低成本可再生技术将成为能源发展的主流，能源数字技术将成为引领能源产业变革、实现创新发展的驱动力。

新一轮科技革命和产业变革正在积聚力量。信息、生命、制造、能源等领域科学技术快速发展，给全球发展和人类生产生活带来翻天覆地的变化。谁能引领变化的潮流，谁就能赢得先机。

二、世界经济"南升北降"的趋势继续保持

进入 21 世纪以来，世界经济力量"南升北降"的趋势日益明显。当前，新兴市场和发展中经济体在世界经济中的份额已经上升到了一个新的水平。新兴市场和发展中经济体 IMF2020 年定义的包括中国、俄罗斯、印度等 156 个经济体；发达经济体指的是 IMF2020 年定义的

包括美国、欧元区、日本等 39 个经济体。我们借用 20 世纪以发展中国家为南方、发达国家为北方的指代展开分析。

按 GDP 现价测算，2019 年，新兴市场和发展中经济体的经济总量为 35.71 万亿美元，发达经济体的经济总量为 51.84 万亿美元，分别占世界经济总量的 40.79% 和 59.21%。而这一份额在 2000 年为 20.94% 和 79.06%。可以明显看出，虽然新兴市场和发展中经济体在世界经济中的份额仍然小于发达经济体，但差距已经大幅缩小。按人均 GDP 购买力平价测算，2019 年，新兴市场和发展中经济体的人均 GDP 为 1.177 万国际元，发达经济体的人均 GDP 为 5.413 万国际元，两大经济体的人均 GDP 比为 1：4.6，比 2000 年时的 1：6.85 大幅缩小。根据 IMF《世界经济展望》报告（2020 年 10 月），2020 年，发达经济体的实际 GDP 增速为 -5.8%；新兴市场和发展中经济体增速为 -3.3%。尽管两大经济体都出现了相当大程度的经济衰退，但相比之下，此次疫情，新兴市场和发展中经济体在世界经济中的份额不减反增，世界经济"南升北降"的趋势在未来一段时间内仍会继续保持。

IMF《世界经济展望》报告（2020 年 10 月）预计，2021 年，新兴市场和发展中经济体与发达经济体的经济增速分别为 6.0%、3.9%。到 2025 年，新兴市场和发展中经济体的经济总量达 49.59 万亿美元，发达经济体的经济总量达 63.89 万亿美元，分别占世界经济总量的 43.7% 和 56.3%，前者在世界经济总量中的份额比 2019 年提高了 2.91%。就人均 GDP（按购买力平价所得）而言，2025 年，新兴市场和发展中经济体的人均 GDP 为 1.517 万国际元，发达经济体的人均 GDP 为 6.326 万国际元，两大经济体的人均 GDP 对比为 1：4.17，发展的不平衡性相比 2019 年（1：4.6）有了明显改善。

不仅在经济总量上，在商品的国际流动方面，"南升北降"现象也同样明显。一方面，新兴市场和发展中经济体是以比发达经济体更快的速度发展的。根据 IMF 统计数据，2001—2018 年两大经济体货物和服务进出口总额增长率的平均值分别为：新兴市场和发展中经济体 10% 左右，发达经济体 6% 左右。另一方面，两大经济体对外贸易总量的差距已经大幅缩小。2018 年，新兴市场和发展中经济体的货物和服务进出口总额为 18.2 万亿美元，发达经济体的货物和服务进出口总额为 31.1 万亿美元，分别占世界货物和服务出口总额的 36.93% 和 63.07%。而这一份额在 2000 年为 22.19% 和 77.81%。虽然发达经济体在外贸方面依然是主导力量，但新兴市场和发展中经济体已经成为国际贸易中一支不可忽视的力量。

在可预见的未来，新兴市场和发展中经济体的力量还将继续增长。根据复合增速修正测算，预计 2025 年，新兴市场和发展中经济体的货物和服务进出口总额为 25.5 万亿美元，发达经济体的货物和服务进出口总额为 35.5 万亿美元，分别占世界货物和服务出口总额的 41.78% 和 58.22%，前者比 2018 年增长了 4.85%。"十四五"期间，受贸易战、新冠肺炎疫情等的后续影响，两大经济体的对外贸易可能会失速。由于新兴市场和发展中经济体将继续秉承"合作共赢"的理念，共同面对困难、解决难题，其在国际贸易中的影响力会进一步提高。反观发达经济体，美国很有可能继续对欧洲商品加征关税，这将不可避免地阻碍对外贸易的发展。与经济实力相一致，两大经济体对外贸易的差距也将进一步缩小。

三、美国在世界经济中的地位正在发生巨大变化

第二次世界大战结束以来，美国在世界经济中一直占据支配性地位，无论是在世界经济中的比重、国际金融方面，还是国际贸易方面，美国的地位均举足轻重。当前，这种情况正在发生变化，在可见的未来这种变化还将进一步发展。

按 GDP 现价测算，2019 年，美国的经济总量为 21.43 万亿美元，

约占全球经济总量的 24.42%。按人均 GDP 购买力平价测算，2019 年美国的人均 GDP 为 6.525 万国际元。2020 年初新冠肺炎疫情暴发后，美国在疫情初期顾及资产阶级利益，有意缩小检测范围、弱化疫情严重性、宣扬"自由主义"等，后续的联系跟踪或强制隔离措施并不那么严格，致使美国累计确诊新冠肺炎病例超过 2300 万例，累计死亡病例超过 52 万例（截至 2021 年 3 月 3 日）。2020 年，美国实际 GDP 增速出现了本世纪以来前所未有的低水平，为 -4.3%。根据 IMF 预计，2020 年，美国的经济总量为 20.81 万亿美元。尽管在未来几年美国仍是世界第一大经济体，但其占世界经济的份额将不断缩小。

在商品的国际流动方面，美国的地位也在下降。就对外贸易而言，根据世界贸易组织（WTO）统计数据，2019 年，美国商品贸易总额为 4.2 万亿美元，落后于中国，成为世界第二大贸易国。受中美经贸摩擦的影响，2019 年，美国商品进口额和出口额均呈下降态势，导致商品贸易总额减少。另外，新冠肺炎疫情造成美国的对外贸易发展进一步受阻。就吸引外资而言，根据世界银行统计数据，2019 年，美国的外国直接投资净流入为 3516.31 亿美元，仅比 2000 年增长了 0.7%。随着新兴市场和发展中经济体的崛起，它们在全球投资中的重要性和影响力逐渐增强，在一定程度上稀释了美国吸引外资的能力，这种状况未来或将继续保持。

美元在国际货币体系中的地位也在下降。自从第二次世界大战以后，布雷顿森林体系确立了以美元为主导的全球金融和贸易货币体系，确定了美元的国际领导地位与金本位体制。即使后来布雷顿森林体系瓦解，美元不再等同于黄金，它也依然是最主要的国际本位货币，以美元为核心的国际货币体系得以延续。在 20 世纪末，随着苏联解体，美国出现长时期的经济增长，美元的地位也得以巩固。

随着 21 世纪以来美国在国际贸易和经济中的地位逐步降低，美元的地位重新呈现下降趋势。IMF2010—2018 年关于货币政策框架的统计表明，将美元作为汇率锚定货币的国家比例一直在下降，从 2010 年的 26.5% 下降到 2018 年的 19.8%。此外，美元在全球外汇储备中占比也在持续下降。根据 IMF 的数据，美元在全球官方外汇储备货币构成（COFER）中的比重在 2001 年第二季度曾攀升至 72.70%，而后的 20 年整体呈现滑落趋势，在 2019 年的第四季度占比降至 60.89%。随着新兴市场和发展中经济体的迅猛发展，美元在全球外汇储备中的份额还将进一步下降。

四、新冠肺炎疫情加速了国际格局演变

对于世界经济来说，新冠肺炎疫情可以说是进入本世纪以来出现的最大"不确定"因素。这个"不确定"因素以其巨大的冲击力改变了世界经济的发展，推动"东升西降"的趋势不断显现，强烈影响未来一个时期世界政治和经济格局的演变。

第一，导致世界经济普遍衰退。据世界银行的最新数据，世界经济增速 2020 年将下降 4.4%，全球九成以上经济体同步陷入衰退，远超 2008 年国际金融危机。发达国家整体下降约 5.8%，发展中国家总体下行 3.3%。发达经济体中，美国稍好，日、德次之，英、法等衰退严重。据英国智库"经济学人"等最新预测，2020 年，美、欧、日等发达经济体经济增长分别为 −3.8%、−7.5%、−6.4%。发展中经济体中，印度经济跌幅达 9.8%，基本把过去两年多的增长全部抹去；拉美整体下滑 7.8%，陷入"百年来最严重衰退"；其余国家和地区也不容乐观，俄罗斯下跌 4.4%，东盟整体下降 3.8%，中东、北非下降 5.8%，南部非洲整体下降 4.4%。不只如此，一些最贫困国家债务状况在疫情冲击下可能继续恶化，甚至爆发危机。纵观全球，在世界主要经济体中，只有中国实现了 2.3% 的正增长。

第二，疫情进一步暴露了世界经济循环中存在的问题。近年来世

界经济循环主要建立在全球化大发展以及全球经济大循环的基础上。这一基础虽遭到美国的"美国第一"政策的冲击，但依旧稳固。但当疫情控制需要使用"封锁"的办法时，不同国家、产业、群体走势分化，单边主义、保护主义、民粹主义仍将作祟，产业链供应区域化、本地化特征更趋明显。怎样既有效利用好世界经济大循环，又在出现特殊情况时能够保障所受冲击最小化，成为人们着重研究的新课题。

第三，应对疫情采取的政策将加剧下一次金融崩溃的烈度。为了应对疫情带来的经济衰退，全球各主要经济体纷纷出台了各种措施，美国等发达国家推出了零利率和庞大的量化宽松政策。美国等发达国家本身存在严重的资产泡沫问题，实际财富和货币符号分配之间极其畸形，零利率甚至负利率、量化宽松和高财政刺激政策等短期有效、长期无效的政策手段将加剧这种畸形。美国宏观政策的溢出效应明显上升，美元可能出现大幅波动，并影响全球汇市、股市、债市及大宗商品市场稳定，为下一轮金融危机的爆发积累了更多的能量。

展望2021年世界经济形势，在超常规刺激政策、低基数和疫苗进展等因素共同作用下，世界经济有望出现恢复性增长。但是，世界形势依然错综复杂，百年未有之大变局进入加速演变期，各类衍生风险不容忽视。

第二节　中国经济发展出现新机遇

当前乃至未来，世界经济发展将进入一个新的阶段，科技革命和产业变革不断发展，世界政治和经济格局发生巨大变化，"但时与势在我们一边，这是我们定力和底气所在，也是我们的决心和信心所

在。"① 面对严峻复杂的国际形势，关键是要办好自己的事，我们"要科学分析形势、把握发展大势"②，抓住发展新机遇，努力实现自身跨越式发展，构建新发展格局，开启中国经济的新阶段。

一、新一轮科技革命和产业变革为中国跨越式发展提供了可能

虽然世界经济进入新旧动能转换期，经济持续低速增长，经济全球化遭遇波折并进入深度调整期，但科学发展和技术应用的深化和扩散对后发国家的推动力依然强劲，新一轮的科技革命和产业变革一旦爆发，那些为新一轮大发展做好了准备的国家必然实现超越。中国已经为未来一个时期的发展做了四个方面的准备。

改变传统的生产组织和商业模式。随着信息技术、智能化技术的发展，数据流动性和可获得性大幅提高，这使企业与企业之间、企业的部门之间、企业与顾客之间的交易关系和连接方式发生了深刻改变。近年来，一大批基于互联网、大数据和移动技术的平台企业迅速崛起，平台经济不断颠覆传统产业、创新商业模式。我国有着全世界范围内数量最多、最多样化的平台企业群体，将在未来继续推动生产、流通领域的重大技术创新和商业模式变革。作为新一代信息技术的重要组成部分，物联网产业对我国经济社会绿色、智能、可持续发展具有重要意义。随着技术、标准、网络的不断成熟，我国物联网产业正在进入快速发展阶段，我国物联网产业规模从 2009 年的 1700 亿元跃升至 2017 年的 11860 亿元，年复合增长率超过 25%。预计到 2022 年，中国物联网整体市场规模在 3.1 万亿元。随着物联网与新一轮科技革命和产业变革的不断融合，必将改变传统的生产组织和商业模式，实现

---

① 《深入学习坚决贯彻党的十九届五中全会精神　确保全面建设社会主义现代化国家开好局》，《人民日报》2021 年 1 月 12 日。

② 习近平：《在基层代表座谈会上的讲话》，人民出版社 2020 年版，第 6 页。

创新发展。

推进制造业与服务业深度融合。制造业与服务业深度融合，是工业化进入高级阶段的重要特征。新一轮科技革命和产业变革驱动的"新经济"对于我国工业化进程而言，是一次重大历史性机遇，我国已经做好了迎接并发展新经济的准备。我国综合国力已居世界前列，已经形成了完备的产业体系和庞大的制造基础，成为全球制造业第一大国。我国已经成为名副其实的工业大国，具有发展新经济的产业基础条件。同时，我国具有规模超大、需求多样的国内市场，也为新经济提供了广阔的需求空间。随着人工智能、信息技术等的突破及应用，制造企业将利用先进的信息技术不断从产品制造向服务端延伸、整合，推动服务业与制造业深入融合，实现跨越式发展。

推动产业结构转型升级。改革开放以来，尤其是进入 21 世纪以来，为适应全球高新技术产业竞争发展的大趋势，我国坚持体制创新和技术创新相结合，着力发展对经济增长有突破性重大带动作用的高新技术产业，形成了较为合理的产业结构。随着新一轮科技革命和产业变革不断发展，新一代信息技术和智能制造技术融入传统制造业的产品研发、设计、制造过程，将推动我国传统制造业由大批量标准化生产转变为以互联网为支撑的智能化、个性化定制生产，大幅提升传统产业发展能级和发展空间，推动传统产业转型升级。此外，还将促进制造业和服务业融合发展。新一代信息技术、智能制造技术等全面嵌入制造业和服务业领域，将打破我国传统封闭式的制造流程和服务业业态，促进制造业和服务业在产业链上融合。随着产业高度融合、产业边界逐渐模糊，新技术、新产品、新业态、新模式不断涌现，现代产业体系将加速重构，产业质量效益将获得提升。

培育新的经济增长动能。新一轮科技革命和产业变革对于我国实现新旧动能转换、促进经济高质量发展是一次重大历史性机遇。近年来，我国在培育壮大经济发展新动能方面进行了积极探索并取得了显

著成效：总体科技创新能力不断增强，科技创新支撑引领经济增长作用日益凸显，创新成效进一步显现，载人航天、探月工程、深海探测、大飞机等一批标志性重大科研成果涌现；产业创新能力不断增强，新产业变革对发展新动能的贡献度日益提升，战略性新兴产业迅速增长。基于移动互联、物联网、云计算的数字经济新业态、新模式蓬勃发展，极大地提升了传统产业，促进了经济发展新旧动能转换。因此，我们要紧紧把握新一轮科技革命和产业变革的机遇，进一步培育壮大我国经济发展新动能，推动经济实现高质量发展。

二、世界经济格局的变化为中国构建新发展格局提供了条件

"南升北降"和美国在世界经济中支配地位的进一步丧失所导致的世界经济格局的变化，为中国构建新发展格局创造了极有利的条件。

第一，有利于我国从"拿来主义"为主转向"强化国家战略科技力量"为主的"以我为主模式"。一方面，有利于我国加强国际科技交流与合作。过去，我国科技水平不高，与发达国家相比差距较大，因此形成了以引进、借鉴、模仿西方发达国家先进科学技术为主的"拿来主义"模式，使关键行业和重点领域处处受制于发达国家。随着"南升北降"世界经济格局的变化，新兴市场和发展中经济体的迅速崛起，为我国加强科技领域的"南南合作"奠定了有力的基础。另一方面，随着美国在世界经济中支配地位的进一步丧失，其对我国的制裁和约束在一定程度上有所减缓，这为我国在"十四五"时期强化国家战略科技力量提供了有利的外部条件。我们要紧紧抓住这一契机，实现自身科技的创新发展。

第二，有利于我国增强产业链供应链自主可控能力。我国是全球第一制造业大国，拥有独立完整的工业体系和全部工业门类，产业规模和配套优势明显，产业链供应链有较强韧性。同时，产业链供应链

仍然存在基础不牢、水平不高的问题，一些基础产品和技术对外依存度高、关键环节存在"卡脖子"风险，高端产品供给不足等。这些问题是我们建设制造强国必须啃下来的"硬骨头"。随着世界经济格局的变化，疫情后全球产业链供应链重塑已经成为世界经济发展的明显趋势。尽管有关国家以国家安全为由对我国高新技术产业实施"断供""脱钩"等遏制手段，鼓动海外产业特别是制造业回归本国，破坏全球产业链供应链稳定，但这在一定程度上为我国民族产业创新发展腾了产业空间，有利于减少基础产品和技术的对外依存度，增强了产业链供应链自主能力。

第三，有利于我国坚持扩大内需这个战略基点。牢牢把握扩大内需这个战略基点，加快形成以国内大循环为主体、国内国际双循环相互促进的新发展格局，这是党中央立足于世界百年未有之大变局、新一轮科技革命和产业变革蓬勃兴起的整体形势，根据我国经济高质量发展面临的新环境和新挑战，围绕经济发展中长期目标作出的重大战略抉择。随着世界经济格局的变化，面对境外疫情蔓延、全球市场萎缩的外部环境，外部投资和消费不足，有利于我们充分发挥国内超大规模市场优势，"建立起扩大内需的有效制度，释放内需潜力，加快培育完整内需体系"[1]，通过国内大循环带动国际循环，从而形成以国内大循环为主体、国内国际双循环相互促进的新发展格局，助推我国经济高质量发展。

第四，有利于全面推进改革开放，以高水平对外开放打造国际合作和竞争新优势。世界经济格局的变化为我国的对外开放，构建新发展格局提供了机遇。虽然世界进入动荡变革期，但从长远看，经济全球化仍是历史潮流，各国分工合作、互利共赢是长期趋势，我国发展仍然处于重要战略机遇期。以信息技术为代表的新一轮科技革命和产

①《深入学习坚决贯彻党的十九届五中全会精神　确保全面建设社会主义现代化国家开好局》，《人民日报》2021年1月12日。

业变革蓄势待发，新兴市场和发展中经济体的崛起和美国在世界经济中支配地位的进一步丧失为我国实行对外开放、参与国际合作与竞争营造了良好的外部环境，助力我国实现"弯道超车"。

三、全面建成小康社会开启中国经济的新发展阶段

全面建成小康社会是实现中华民族伟大复兴中国梦的关键一步，是实现中国梦的重要里程碑，为我国从中等收入国家向高收入国家迈进，建成富强民主文明和谐美丽的社会主义现代化强国奠定了坚实的基础。

全面建成小康社会第一次较好地解决了中国人的基本生存问题。"十三五"是全面建成小康社会的决胜阶段。面对错综复杂的国际形势、艰巨繁重的国内改革发展稳定任务，特别是新冠肺炎疫情的严重冲击，以习近平同志为核心的党中央不忘初心、牢记使命，团结带领全党全国各族人民砥砺前行、开拓创新，奋发有为推进党和国家各项事业，决胜全面建成小康社会取得决定性成就。在脱贫方面，脱贫攻坚成果举世瞩目，5575万农村贫困人口实现脱贫，解决了千万人的贫困问题；在粮食方面，粮食年产量连续五年稳定在1.3万亿斤以上，有力确保了中国人的饭碗始终牢牢端在中国人手上，饭碗里始终装着中国自己生产的粮食；在生态环境方面，污染防治力度加大，生态环境明显改善，推动我国生态环境保护发生历史性、转折性、全局性变化，为人民为社会营造了良好的生态环境；在社会保障方面，建成世界上规模最大的社会保障体系，基本医疗保险覆盖超过13亿人，基本养老保险覆盖近10亿人，解决了人们的后顾之忧，极大增强了14亿多中国人民的获得感、幸福感、安全感。

在解决了基本生存问题之后，中国经济发展将更多地解决全面建成小康社会之后需要直面的问题。在农业上，解决好种子和耕地问题。

要加强种质资源保护和利用，加强种子库建设。要尊重科学、严格监管，有序推进生物育种产业化应用等。在市场竞争机制上，强化反垄断和防止资本无序扩张。要依法规范发展，健全数字规则。要完善平台企业垄断认定、数据收集使用管理、消费者权益保护等方面的法律规范。要加强规制，提升监管能力，坚决反对垄断和不正当竞争行为。在住房问题上，解决好大城市住房突出问题。要因地制宜、多措并举，促进房地产市场平稳健康发展。要高度重视保障性租赁住房建设，加快完善长租房政策，逐步使租购住房在享受公共服务上具有同等权利，规范发展长租房市场等。在生态环境上，做好碳达峰、碳中和工作。要抓紧制定 2030 年前碳排放达峰行动方案，支持有条件的地方率先达峰。要加快调整优化产业结构、能源结构，推动煤炭消费尽早达峰，大力发展新能源等。

全面建成小康社会这一目标的实现，解决了人民的温饱问题和贫困问题，使人民过上了好日子，是实现"两个一百年"奋斗目标的关键一步，也是全面建成社会主义现代化强国的起点。2020 年后，新时代中国特色社会主义的实践主题将转到全面建设社会主义现代化国家上来。随着我国社会经济发展进入一个新的历史时代，经济发展将向高质量发展转换，现代化建设将从经济、技术的现代化向全面现代化转变。

第三节　中国经济发展面临新课题

"行百里者半九十。中华民族伟大复兴，绝不是轻轻松松、敲锣

打鼓就能实现的。"① 有机遇，就有挑战。当今世界形势复杂多变，新一轮科技革命和产业变革方兴未艾，国际格局发生深刻变化，给中国经济发展提出了三大课题。

一、抓住新一轮科技革命和产业变革带来的机遇

新一轮科技革命和产业变革为我国推进高质量发展带来了前所未有的机遇。只要抓住这个机遇，就可以解决高质量发展的基础问题。

第一，成功推动产业转型升级和新产业的培育。新一轮科技革命和产业变革具有多点突破、群体推进的趋势特征，打破了以往产业变革由少数发达国家主导、垄断的局面。在新一轮科技革命和产业变革的背景下，实现我国高质量发展的关键之一就在于推动我国的产业转型升级和培育新产业。因此我国要进一步强化基础研究，突破关键技术障碍，培育一批技术领先、带动能力强、具有全球竞争力的新产业，从而形成产业先发优势。要积极运用新材料、信息、智能等新技术改造装备、纺织等传统优势产业，不断提升产品质量、工艺水平、竞争力和附加值，加快传统产业转型升级的速度。

第二，在重构全球价值链过程中塑造中国地位。价值链是全球经济和贸易格局中最关键的链条之一。根据联合国的统计，全球80%以上的贸易是通过全球价值链组织的。现有国际分工体系中，发达国家和跨国公司通过抓住前几轮科技革命和产业变革的机遇，占据全球价值链的研发、品牌、贸易等核心环节，控制了价值链的财富流向和分配，中国等发展中国家则处于弱势地位。而新一轮科技革命和产业变革重新定义了核心产业，为重构全球价值链和重塑中国在价值链中的

---

① 习近平：《决胜全面建成小康社会 夺取新时代中国特色社会主义伟大胜利——在中国共产党第十九次全国代表大会上的报告》，人民出版社2017年版，第15页。

地位提供了契机。我们要抓住这一机会，通过核心技术、技术标准、品牌运营等协调全球价值链，掌握产业发展和财产分配的主动权，逐步提升我国在全球价值链中的国际地位和影响力。

第三，进一步营造人才集聚和回流的良好环境。人才是推动科技革命和产业变革最核心、最关键的因素。新技术、新产业的出现和扩散，将带来新一轮全球人才流动和人才格局的洗牌。近年来，随着经济发展和人才环境的日益改善，我国对人才的吸引力逐渐增强，特别是留学人才回流态势迅猛。在未来，我国要进一步结合科技和产业发展方向，突出人才引进和培育重点，大力引进关键技术人才和产业化人才，推动人才规模、质量、结构和新产业要求相适应，为我国新一轮科技革命和产业变革输送源源不断的高科技人才。

第四，加快培育和发展新一代人工智能。"人工智能是引领这一轮科技革命和产业变革的战略性技术，具有溢出带动性很强的'头雁'效应……加快发展新一代人工智能是我们赢得全球科技竞争主动权的重要战略抓手""是事关我国能否抓住新一轮科技革命和产业变革机遇的战略问题"。[1] 人工智能具有多学科综合、高度复杂的特征。在未来的五年乃至更长的时期中，我们必须加强研判，统筹谋划，协同创新，稳步推进，把增强原创能力作为重点，以关键核心技术为主攻方向，夯实新一代人工智能发展的基础，加快建立新一代人工智能关键共性技术体系，在短板上抓紧布局，确保人工智能关键核心技术牢牢掌握在自己手里。

第五，做好生物技术、新能源技术、新材料技术等多领域技术的相互渗透和融合，各技术和产业之间的协调发展，把新能源、新技术投入和应用到新产业、新产品上，从而形成新的企业组织方式、新的商业经营模式、新的消费体验，实现产业的数字化、网络化、智能化发展。

---

[1] 《加强领导做好规划明确任务夯实基础　推动我国新一代人工智能健康发展》，《人民日报》2018 年 11 月 1 日。

二、在世界经济急剧变动中发展自己

当前世界经济急剧变动，谁率先发展起来，谁就能够率先走到明天世界舞台的中央。发展最重要的依靠，一是科技领先，二是产业链供应链自主可控，三是内需强且大。中国要在当前世界经济的变动中实现率先发展，必须率先做好这三件事。

实现科技领先，对中国来说，首先要强化国家战略科技力量。通过充分发挥国家作为重大科技创新组织者的作用，坚持战略性需求导向，确定科技创新方向和重点，着力解决制约国家发展和安全的重大难题。要发挥新型举国体制优势，发挥好重要院所高校国家队作用，推动科研力量优化配置和资源共享。要抓紧制订实施基础研究十年行动方案，重点布局一批基础学科研究中心，支持有条件的地方建设国际和区域科技创新中心。企业要充分发挥在科技创新中的主体作用，支持领军企业组建创新联合体，带动中小企业创新活动。在加强国际科技交流合作的同时，要加快国内人才培养，使更多青年优秀人才脱颖而出。要注重完善激励机制和科技评价机制，落实好攻关任务"揭榜挂帅"等机制，规范科技伦理，树立良好学风和作风，引导科研人员专心致志、扎实进取。

产业链供应链安全稳定是构建新发展格局的基础，增强产业链供应链自主可控能力非常重要。我们必须针对未来的世界经济形势和自身发展特点，统筹推进补齐短板和锻造长板，针对产业薄弱环节，实施好关键核心技术攻关工程，尽快解决一批"卡脖子"问题，在产业优势领域精耕细作，搞出更多独门绝技。要实施好产业基础再造工程，打牢基础零部件、基础工艺、关键基础材料等基础，加强顶层设计、应用牵引、整机带动，强化共性技术供给，深入实施质量提升行动。

坚持扩大内需这个战略基点。形成强大的国内市场是构建新发展格局的重要支撑，必须在合理引导消费、储蓄、投资等方面进行有效制度安排。在消费方面，要促进就业，完善社保，优化收入分配结构，扩大中等收入群体，扎实推进共同富裕，把扩大消费同改善人民生活品质结合起来。要有序取消一些行政性限制消费购买的规定，充分挖掘县乡消费潜力。在完善职业技术教育体系、实现更加充分更高质量就业的基础上，合理增加公共消费，提高教育、医疗、养老、育幼等公共服务支出效率。在投资方面，要增强投资增长后劲，继续发挥关键作用。要发挥中央预算内投资在外溢性强、社会效益高领域的引导和撬动作用，激发全社会投资活力。要大力发展数字经济，加大新型基础设施投资力度。要扩大制造业设备更新和技术改造投资；实施城市更新行动，推进城镇老旧小区改造，建设现代物流体系；加强统一规划和宏观指导，统筹好产业布局，避免新兴产业重复建设。

三、更好地满足人民日益增长的美好生活需要

全面建成小康社会后，光靠外延扩张显然已经无法支撑经济的进一步发展，只有通过提高发展质量，解决好"人民日益增长的美好生活需要和不平衡不充分的发展之间的矛盾"，才能使经济持续发展。这就需要我们紧紧扭住人民群众最关心的教育、就业、医疗、社会保障、社会治理、环境保护等问题，坚守底线、突出重点、完善制度、引导预期，实打实地做，循序渐进地推，在各方面不断取得新进展，持之以恒办好民生实事。

第一，要优先发展教育事业。高度重视农村义务教育，办好学前教育、特殊教育和网络教育，大力发展职业教育，加快建设特色一流大学和一流学科，深化教育领域综合改革，支持和规范社会力量兴办教育，推动城乡义务教育一体化发展。

第二，要大力提高就业质量和人民收入水平，坚持完善就业创业

扶持政策和激励机制，注重解决结构性就业矛盾，积极开展职业技能培训，做好返乡农民工、高校毕业生、城镇困难人员、复退军人等重点人群的就业工作，确保零就业家庭动态"清零"。

第三，要大力加强社会保障体系建设，推进全民参保计划，实施社会保障兜底工程，完善城乡社会救助体系，做好社会托底工作，加强保障性住房建设和管理，健全农村留守儿童和困境儿童、留守妇女、空巢老人关爱服务体系。高度重视健康建设工程，强力实施基层医疗卫生服务能力三年提升计划，巩固提升医疗卫生"五个全覆盖"，发展智慧医疗，加强食品药品安全监管，开展全民健身运动，促进全民健康。

第四，要着力加强和创新社会治理，全面落实社会稳定风险评估机制，加强预防和化解社会矛盾机制建设，加快社会治安防控体系建设，加强社会心理服务体系和社区治理体系建设。践行"绿水青山就是金山银山"理念，扎实推进大生态战略行动，加快建设国家生态文明试验区，把"绿色+"融入经济社会发展各方面，发展绿色经济，打造绿色家园，构建绿色制度，筑牢绿色屏障，培育绿色文化，让绿色生态更多地惠及人民。

第五章

开局之年经济工作的总体要求和政策取向

　　党的十九届五中全会对"十四五"期间经济社会发展和实现2035年远景目标作出了战略性部署。其中坚持党的全面领导、坚持以人民为中心、坚持新发展理念、坚持深化改革开放、坚持系统观念是经济社会发展必须遵循的"五个原则",是经济工作总体要求和政策取向的重要依托。作为"十四五"的开局之年,2021年经济工作的总体要求将秉承"五个原则",保持宏观政策的连续性、稳定性和可持续性。

第一节 经济工作思路的总体要求

任务在后，思路先行。党的十九届五中全会和 2020 年中央经济工作会议，对 2021 年经济工作思路的总体要求体现在七个方面。

一、坚持稳中求进工作总基调

20 世纪 80 年代末，稳中求进首先由学术界提出，1996 年中央经济工作会议正式将稳中求进作为经济建设的方针和要求。党的十八大以来，习近平总书记将稳中求进工作总基调上升为治国理政的重要原则和做好经济工作的方法论。我们要正确认识稳中求进的理论内涵及其辩证关系。从理论内涵看，稳中求进体现马克思主义，稳中求进符合认识论，通过不断实践、认识、再实践、再认识的反复检验来把握事物发展规律，是我们党在经济建设探索中取得的宝贵经验；稳中求进符合运动和静止原理，在对待事物时，既要保持其相对稳定，更要推动其不断发展 [1]；稳中求进符合量变和质变规律，属于该规律中的

---

① 参见韩庆祥：《"稳中求进"彰显治国理政鲜明品格》，《前线》2017 年第 4 期。

量变形态，是量变范围内的现实具体范畴，是度范围内的变化，当然量变到一定程度后，会在新的质变下继续稳中求进。从辩证关系看，稳和进互为充分必要条件，稳是主基调，稳是进的基础，要在保持大局稳定的前提下谋进；进是保障，进是稳的目的和方向，要用全局性改革推动经济提质增效①；稳中求进并非无所作为，更非强力维稳、机械求稳，而是要把握好平衡、把握好时机、把握好度。从实践特点看，2021 年经济工作的稳体现在做好"六稳"工作、落实"六保"任务，努力保持经济运行在合理区间，增强产业链供应链自主可控能力，解决好种子和耕地、大城市住房问题等；2021 年经济工作的进则体现在强化国家战略科技力量，做好碳达峰、碳中和工作，扩大高水平对外开放等。

二、坚持三个"新发展"

党的十九届五中全会提出立足新发展阶段，贯彻新发展理念，构建新发展格局。2020 年中央经济工作会议再次强调这三个"新发展"，为"十四五"开局指明了方向。新发展阶段，强调在危机中育先机、于变局中开新局。2021 年，新冠肺炎疫情能否随疫苗的接种而有所缓解甚至消除具有不确定性，以美国新任总统拜登的新政策为代表的各类国际层面的政策外溢效应具有不确定性，我国经济恢复的基础具有不牢固性，诸如此类的国际国内经济环境变化可能会对中国经济产生影响。"十四五"时期是开启全面建设社会主义现代化国家新征程、向第二个百年奋斗目标进军的第一个五年，2021 年在我国现代化建设进程中具有特殊重要性，新发展阶段的大挑战、新挑战也孕育着大机遇、新机遇，多年以来发展形成的显著的制度优势、攀升的治理效能、长期向好的经济形势、雄厚的物质基础、丰富的人力资源、广阔的市

---

① 参见隆国强：《"稳中求进"以进促稳》，《求是》2015 年第 9 期。

场空间、强劲的发展韧性和稳定的社会大局，这是新发展阶段育先机、开新局的基础。新发展理念，强调解决发展不平衡不充分问题，努力实现高质量发展。创新、协调、绿色、开放、共享的新发展理念，是对发展规律的科学总结。创新在我国现代化建设全局中占据核心地位，城乡、区域协调突出发展的整体性，绿色旨在建设人与自然和谐共生的现代化，开放要求实现互利共赢，共享致力于改善人民生活品质。新发展格局，强调坚持扩大内需这个战略基点，促进国内国际双循环。党的十九届五中全会提出"加快构建以国内大循环为主体、国内国际双循环相互促进的新发展格局"，这是适应建设社会主义现代化国家新征程的重大战略抉择，是应对错综复杂的国际环境变化的战略举措，是实现我国高质量发展的可行路径，是统筹效率与公平、发展和安全的决策部署，是提高人民福祉的主动选择。

三、以推动高质量发展为主题

经过改革开放 40 多年的发展，我国经济总量稳居世界第二位。虽然未来经济仍需保持一定速度的增长，但根据事物发展的规律，当达到一定经济数量后，必然更加追求经济质量。党的十九大作出"我国经济已由高速增长阶段转向高质量发展阶段"的重大判断，"十四五"期间经济发展和实现 2035 年远景目标都要以推动高质量发展为主题。推动高质量发展是一项复杂的系统工程，要加快形成推动高质量发展的四个体系。一是建立与高质量发展相适应的现代化经济体系，把发展的着力点放在实体经济上，把提高供给体系质量作为主攻方向，显著增强我国经济质量优势。二是建立与高质量发展相适应的宏观调控体系，宏观调控既注重发展规模更注重发展质量，既着眼短期调控更着眼持续增长动力，既着力需求侧的总量收放，更注重供给侧的结构变化。三是建立与高质量发展相适应的政策协同体系，如积极的财政政策、稳健的货币政策以及结构性政策、改革开放政策等，关键在于协同协调。四是建立与高质量发展相适应的制度环境体系，加快形成推动高质量发展的指标体系、政策体系、标准体系、统计体系、绩效评价、政绩考核，创建和完善制度环境。[①]

四、以深化供给侧结构性改革为主线

供给和需求是构成市场的两个不可或缺的方面。没有高质量的产品和服务供给，人民对美好生活的需要就得不到满足；没有需求侧的消费需求牵引，供给也无法实现。一方面，要以深化供给侧结构性改革为主线。2015 年 11 月 10 日，习近平总书记在中央财经领导小组第十一次会议上首次提出"着力加强供给侧结构性改革"，其根本目的是提高社会生产力水平，落实好以人民为中心的发展思想。从高速增长阶段转向高质量发展阶段，经济运行面临周期性、总量性问题，但更主要的是结构性问题。要继续以深化供给侧结构性改革为主线，特别是注重以深化改革开放增强我国经济发展的内生动力，在强化国家战略科技力量、增强产业链供应链自主可控能力等方面发力见效，实行宏观政策要稳、产业政策要准、微观政策要活、改革政策要实、社会政策要托底的政策。另一方面，要把需求侧管理与供给侧结构性改革结合起来[②]。供给侧结构性改革已经促进我国供给的质量和效率大幅提升，但新冠肺炎疫情和外部环境变化压抑了国内市场需求，不论是构建新发展格局，还是发展大国经济和建设现代化经济体系，抑或形成需求牵引供给、供给创造需求的更高水平动态平衡，都要注重需求

---

① 参见张占斌：《推动高管理发展要完善四大体系建设》，《经济日报》2020 年 1 月 18 日。

② 参见张占斌、杜庆昊：《把"需求侧管理"与供给侧结构性改革结合起来》，《光明日报》2020 年 1 月 5 日。

侧管理，打通堵点，补齐短板，贯通生产、分配、流通、消费各环节。要合理引导消费、储蓄和投资，形成有效制度安排，形成强大国内市场；积极促进就业和优化收入分配结构，提高居民消费能力；保持投资适度合理增长，发挥投资对优化结构的关键作用；大力发展数字经济和战略性新兴产业，带动消费提质升级；加快建设全国统一市场与实行高水平对外开放，持续释放内需潜力。

五、以改革创新为根本动力

2018 年 4 月 10 日，习近平主席在博鳌亚洲论坛 2018 年年会开幕式上的主旨演讲中强调："变革创新是推动人类社会向前发展的根本动力。"2014 年 6 月 9 日，习近平总书记在中国科学院第十七次院士大会、中国工程院第十二次院士大会上的讲话中提出："如果把科技创新比作我国发展的新引擎，那么改革就是点燃这个新引擎必不可少的点火系。"推动高质量发展，离不开改革开放和创新驱动这两个轮子。"十四五"开局之年，要全面推进改革开放。改革开放要以构建新发展格局为依托，深化市场主体改革，包括实施国企改革三年行动、优化民营经济发展环境、健全现代企业制度、完善公司治理等；深化市场环境改革，包括放宽市场准入、促进公平竞争、保护知识产权、建设统一大市场；深化金融保险改革，包括健全金融机构治理、促进资本市场健康发展、提高上市公司质量、打击各种逃废债行为和规范发展第三支柱养老保险；深化对外开放，在签订区域全面经济伙伴关系协定的基础上，积极考虑加入全面与进步跨太平洋伙伴关系协定，重视运用国际通行规则维护国家安全，加强国内宏观经济治理与国际宏观政策相协调。要大力推进创新驱动，以创新驱动强化国家战略科技力量，深入实施科教兴国战略、人才强国战略、创新驱动发展战略，全面塑造新发展优势；以创新驱动增强产业链供应链自主可控能力，尽快解决一批"卡脖子"问题，推进产业基础向高级化发展，推进产业链供应链向现代化发展。

六、以满足人民日益增长的美好生活需要为根本目的

党的十八大以来，以习近平同志为核心的党中央把以人民为中心的发展思想摆在治国理政的突出位置①。习近平总书记多次强调，"人民对美好生活的向往，就是我们的奋斗目标""我们必须把人民利益放在第一位"。我国社会主要矛盾已经转化为人民日益增长的美好生活需要和不平衡不充分的发展之间的矛盾，以人民为中心的发展思想彰显了马克思主义立场和我们党的不懈追求。"十四五"时期，要坚持把实现好、维护好、发展好最广大人民根本利益作为发展的出发点和落脚点，发展更加公平更有质量的教育，让全体人民都能共享教育改革的红利；实现更高质量就业，坚持就业优先战略，打造大众创业、万众创新的新引擎，创造更多参与共享发展的机会；全面推进健康中国建设，把保障人民健康放在优先发展的战略位置，为人民提供全方位全周期健康服务；加强社会保障体系建设，建立更加公平更可持续的社会保障制度；缩小收入差距，迈向共同富裕，在做大"蛋糕"的同时分好"蛋糕"，确保发展成果惠及全体人民群众；加强和创新共建共治共享的社会治理，不断增强人民群众的获得感、幸福感、安全感，促进人的全面发展和社会全面进步，建设人人有责、人人尽责、人人享有的社会治理共同体。②

---

① 参见张占斌：《常怀忧民爱民为民惠民之心——深入学习贯彻以人民为中心的发展思想》，《人民日报》2017 年 2 月 22 日。

② 参见张占斌、黄锟：《牢牢把握"十四五"经济社会发展主题主线》，《人民论坛》2020 年 11 月（下）。

七、坚持系统观念

坚持系统观念是党的十九届五中全会提出的新要求，"十四五"时期必须遵循这一原则。习近平总书记指出"系统观念是具有基础性的思想和工作方法"，这是马克思主义哲学认识问题和解决问题的一个科学思想方法和工作方法①。要加强前瞻性思考，以服务于全面建设社会主义现代化国家、实现中华民族伟大复兴中国梦的奋斗目标为基准，对我国发展环境面临的深刻复杂变化加以研究，增强前瞻性预判；要加强全局性谋划，统筹推进经济建设、政治建设、文化建设、社会建设、生态文明建设"五位一体"总体布局，树立大局意识，从全局性视角谋划发展；要加强战略性布局，协调推进全面建设社会主义现代化国家、全面深化改革、全面依法治国、全面从严治党"四个全面"战略布局，大力实施科教兴国战略、人才强国战略、创新驱动发展战略、扩大内需战略、乡村振兴战略、区域重大战略、区域协调发展战略、主体功能区战略、可持续发展战略、国家安全战略等；要加强整体性推进，协调好整体和部分、全局和局部关系，对外推动共建"一带一路"高质量发展，对内推动区域协调发展，特别是要以京津冀协同发展、长江经济带发展、粤港澳大湾区建设、长三角一体化发展、黄河流域生态保护和高质量发展等重大国家战略，稳步促进东中西部和东北地区共同发展。当然，还要统筹国内国际两个大局，充分利用国内国际两个市场两种资源；要办好发展和安全两件大事，统筹发展和安全；要坚持全国一盘棋，更好发挥中央、地方和各方面积极性；要着力固根基、扬优势、补短板、强弱项，注重防范化解重大风险挑战，将系统观念贯彻落实于"十四五"期间甚至更久，最终实现发展质量、结构、规模、速度、效益、安全相统一。

---

① 参见曲青山：《论坚持系统观念》，《北京日报》2020 年 11 月 30 日。

第二节　经济工作任务的总体要求

思路指导，任务落实。党中央提出了经济工作思路的总体要求，还提出了经济工作任务的总体要求，具体体现在八个方面。

一、巩固拓展疫情防控和经济社会发展成果

2020年突如其来的新冠肺炎疫情席卷全球，严重冲击经济社会发展。在以习近平同志为核心的党中央坚强领导下，中国疫情防控取得重大战略成果。当然，疫情尚未结束，"外防输入、内防反弹"的压力依然很大，疫情对经济社会发展的影响仍然存在。当前，疫情呈现初期难识别、散点多发、传播迅速、病毒变异等特点，2021年要继续巩固拓展疫情防控和经济社会发展成果。一方面，做好疫情防控常态化工作。要继续严格落实国务院应对新型冠状病毒感染肺炎疫情联防联控工作机制印发的《关于做好新冠肺炎疫情常态化防控工作的指导意见》，坚持及时发现、快速处置、精准管控、有效救治，有力保障人民群众生命安全和身体健康，有力保障经济社会秩序全面恢复。另一方面，做好疫苗生产与接种工作。中国的新冠病毒疫苗已于2020年底获得了附条件上市批准，重点人群疫苗接种工作在全国安全有序推进。据工业和信息化部统计，目前我国有18家企业陆续开展疫苗产能建设，但疫苗产能是否能够满足国内需求，还需要动态持续提升。疫苗的安全性和有效性仍需进一步监测，主管部门需持续追踪、跟进。要分人群、分地区、分步骤地有序组织疫苗接种。

二、更好统筹发展和安全

统筹发展和安全，建设更高水平的平安中国，是顺应社会主要矛盾变化的长远战略，是防范化解各类风险和挑战的制胜之道，为全面建设社会主义现代化国家奠定安全基石。要实施国家安全战略，坚持总体国家安全观，加强国家安全体系和能力建设，确保国家经济安全，保障人民生命安全，维护社会稳定和安全，加快国防和军队现代化，筑牢国家安全屏障。其中，维护产业链安全是 2021 年经济工作的重中之重。新冠肺炎疫情暴发之前，我国面临产业链"外溢"风险，新冠肺炎疫情暴发冲击全球产业链供应链，并可能引发全球产业链供应链的深度重构。要实施产业竞争力调查和评价工程，抓紧研究制定产业链安全评价体系，全面评估国内国际各类不确定性对我国产业链安全的影响，并尽快研究制定防范预案。要加强核心技术研发，在全球产业链调整重塑中增强我国产业链的控制力，提升产业链控制力的重点是以企业和企业家为主体，培育产业生态主导企业和核心零部件企业，增强全产业链、关键环节、标准和核心技术的控制力。要积极调整我国产业链布局，锁定产业链优势环节，加强核心技术研发，提高原始创新能力，在产业链重要环节和核心技术上取得突破，增强对战略性行业和重要环节的整体竞争力和控制力。要构建国家产业链安全防控体系，加强对外商投资并购、中资企业"走出去"的全程监管，构建海外利益保护和风险预警防范体系。要着眼于建设制造强国高标准的要求，制定维护产业链安全的长效机制，科学布局产业链，统筹中西部地区精准承接东部产业转移，加快一定程度的出口替代；要全力确保供应链，要协同打造创新链，着力构筑防护链。

三、扎实做好"六稳"工作，全面落实"六保"任务

扎实做好"六稳"工作、全面落实"六保"任务（"六稳"指的是稳就业、稳金融、稳外贸、稳外资、稳投资、稳预期，"六保"指的是保居民就业、保基本民生、保市场主体、保粮食能源安全、保产业链供应链稳定、保基层运转），关系经济发展和社会稳定大局。要办好民生实事。民生稳，人心稳，社会稳。保居民就业，就业是最大的民生，位列"六稳"工作和"六保"任务之首，要实施好就业优先政策；保基本民生，为困难群体提供基本生活保障，特别是要把因疫情和患病陷入困境的群体纳入救助范围；保市场主体，给予中小微企业更多帮扶政策，继续推进减税降费、降成本等举措；保粮食能源安全，保障粮食安全，关键在于落实藏粮于地、藏粮于技战略，保障煤电油气安全稳定供应；保产业链供应链稳定，增强产业链供应链自主可控能力；保基层运转，提高财政资金使用效率，保障基层公共服务。要做实做强做优实体经济。做好"六稳"工作、落实"六保"任务，实体经济的稳定发展十分重要。要依靠创新提升实体经济发展水平，促进制造业高质量发展；要加快推进 5G、物联网、人工智能、工业互联网等新型基础设施建设；要加大交通、水利、能源等领域投资力度，补齐民生基础设施短板。要内外兼修，将对外开放和扩大内需有机结合起来。

四、科学精准实施宏观政策

新冠肺炎疫情暴发之初，各方面准备不充分，各主体受到的冲击较大。2020 年，我国实施了一系列紧急救助的宽松的宏观政策，这对做好"六稳"工作、落实"六保"任务发挥了积极的作用。伴随各市场主体的恢复运行，2021 年要合理把握宏观调控节奏和力度，精准有

效实施宏观政策。要更好发挥积极财政政策的作用，加大资金投入，关键是要"精准"运用各项财政政策工具，提高政策和资金的指向性、精准性、有效性，确保财政经济运行可持续，拓展功能财政的作用空间，继续研究出台阶段性、有针对性的减税降费措施，用好政府专项债券。要保持稳健的货币政策灵活适度，增加市场流动性，关键是要疏通货币政策传导渠道，确保资金"精准"流向真正需要的主体，加大优惠利率信贷的支持力度，实施差异化优惠的金融服务，适时适当降准和降息。

五、努力保持经济运行在合理区间

受新冠肺炎疫情严重冲击，2020 年《政府工作报告》首次对全年经济增速不设具体目标。2021 年甚至以后的年份，可能都不需要设定具体的经济增速目标，但这并不意味着不要经济增长，而是要努力保持经济运行在合理区间。经济运行的合理区间，在不同发展阶段有着不同的考量标准[①]。在高速增长阶段，经济规模和经济增速是核心目标，经济运行的合理区间以此为标准，确保一定数量的经济增速就是经济运行的合理区间。在高质量发展阶段，经济规模和经济增速仍然很重要，但除此之外，需要纳入创新、就业状况、物价水平、民生改善、环境保护等反映经济质量和效益的指标，并且需要优先考虑这些指标。经济运行的合理区间，"区间下限"是稳增长、稳就业，稳增长主要在于协调疫情防控和经济社会发展的关系，稳就业主要得益于稳增长；"区间上限"是防通胀，宽松的宏观政策要注意防范通货膨胀，这是确保全面落实"六保"任务的重要要求；"区间底线"是有效防范化解各类经济社会风险，处理好恢复经济和防范风险的关系。

---

① 参见高培勇：《确保经济运行在合理区间：怎么看、怎么干？》，《光明日报》2020 年 1 月 7 日。

六、坚持扩大内需战略

习近平总书记在 2020 年 4 月召开的中央政治局会议上强调"要坚定实施扩大内需战略"。着力扩大国内需求，是对冲世界经济下行风险的必然选择，也是我国应对各种风险挑战的战略基点。我国经济增长一度长期依赖出口拉动，虽然有其必要性，但受外部环境的影响较大，抵御风险能力不强。中国作为一个发展中大国，作为世界第二大经济体、第一大工业国和货物贸易国，经济的长期发展只能依靠不断扩大内需拉动。近年来，我国积极扩大国内需求，增强经济内生增长动力，取得了良好成效。目前，我国城镇化率超过 60%，距离发达国家 80% 甚至更高的水平还有很大发展空间，如果按照户籍城镇化率 44.38% 的水平，我国的发展空间更加广阔；我国服务业占 GDP 比重超过 50%，制造业的潜力还未完全挖掘到极限，服务业的前景也十分广阔；我国经济正在迈向高质量发展阶段，创新带来的高质量、高效率、高效益仍未完全体现；我国新经济蓬勃发展，以数字经济为代表的新产业、新业态不断涌现。这些都说明我国扩大内需有坚实的基础，将扩大内需作为战略基点具有现实意义。

七、强化科技战略支撑

党的十九届五中全会强调"坚持创新在我国现代化建设全局中的核心地位"，提出"把科技自立自强作为国家发展的战略支撑"。科技创新是提高国家综合实力和国际竞争力的决定性力量，世界主要国家都将科技创新战略上升为国家战略。2019 年我国研究与开发投入（R&D）经费支出占 GDP 的比重为 2.24%，虽然低于美国等研发大国 4% 甚至更高的比重，但研发投入逐年增加。世界知识产权组织发布的《2020 年全球创新指数（GII）报告》显示，在全球 131 个经济体中，中国保持在全球创新指数榜单第 14 名。不过从创新型国家的特征来看①，这些国家创新发展指数明显高于一般国家，科技进步对经济社会发展贡献率超过 70%，全社会研究与试验发展经费支出占 GDP 比重一般高于 2.2%，对外技术依存度一般在 30% 以下。中国与之相比，还有一定的差距。"十四五"时期的开局之年，要不断强化科技战略支撑。

八、扩大高水平对外开放

对外开放是走向现代化的必由之路，我国对外开放应从更加全面的开放、更高水平的开放和更高质量的合作三个维度发力。一是更加全面的开放。当前，更加全面的开放面临两大梗阻，一个是关键行业安全面临威胁，粮食、能源、资源等关键行业若开放不当，可能诱发重大风险；另一个是垄断行业改革面临阻力，自然垄断行业监管不到位，行政垄断行业门槛仍然较高，市场垄断行业认定不充分，2021 年可着力解决这两大梗阻问题。二是更高水平的开放。目前，我国的制度型开放面临"新旧"矛盾，一方面，数字技术创新层出不穷，数字贸易已达一定规模，数字货币业已出现；另一方面，国际组织改革进程缓慢，以美国为首的少数国家破坏多边贸易体制和规则，阻挠世界贸易组织等国际组织改革，试图建立只对自己有利的标准，要着力化解这两个方面的矛盾。三是更高质量的合作。2021 年要逐步落实区域全面经济伙伴关系协定、中欧投资协定，并积极研究加入全面与进步跨太平洋伙伴关系协定的可行性，分阶段提速中日韩自由贸易区谈判进程。

---

① 参见万劲波、吴博：《强化科技强国对现代化强国的战略支撑》，《中国科学院院刊》2019 年第 5 期。

第三节　经济工作的政策取向

党的十九届五中全会要求完善宏观经济治理，2020 年中央经济工作会议指出，2021 年宏观政策要保持连续性、稳定性、可持续性，这是 2021 年经济工作的政策取向。

一、保持宏观政策的连续性

保持宏观政策的连续性，要继续实施积极的财政政策和稳健的货币政策，保持对经济恢复的必要支持力度。一方面，继续实施积极的财政政策。为应对新冠肺炎疫情对经济的冲击，2020 年财政赤字率安排在 3.6% 以上，同时发行 1 万亿元抗疫特别国债，并且优化财政支出结构，这些积极的财政政策，有力有效地帮助各主体渡过了难关。2021 年积极的财政政策要提质增效，从财政收入看，要维持现有可行的减税降费措施，并继续研究其他可行的减税降费方案；从财政支出看，继续优化财政支出结构，增强国家重大战略任务财力保障，在促进科技创新、加快经济结构调整、调节收入分配上主动作为，党政机关要坚持过紧日子。另一方面，继续实施稳健的货币政策。中国人民银行数据显示，2020 年中国人民银行综合运用降准降息、再贷款等手段，截至 2020 年第三季度，广义货币供应量同比增长 10.9%，社会融资规模存量同比增长 13.5%，明显高于 2019 年同期水平，各类直达实体经济的货币政策工具推动融资成本下行，一年期贷款市场报价利率（LPR）从 2020 年初的 4.15% 下降至 2020 年末的 3.85%。2021 年要继

续保持货币供应量和社会融资规模增速同名义经济增速基本匹配，持续优化贷款结构，加大对科技创新、小微企业、绿色发展的金融支持，保持人民币汇率在合理均衡水平上的基本稳定。

二、保持宏观政策的稳定性

保持宏观政策的稳定性，在政策操作上要更加精准有效，不急转弯，把握好政策时度效。一方面，宏观政策操作上要更加精准有效[①]。从财政政策看，减税降费政策要精准，国家税务总局在 2020 年已经出台疫情防控税收优惠政策指引，主要针对与疫情防控相关的主体，但不同类型的经济主体受到疫情的冲击情况存在差异，有针对性的减税降费措施应向这些主体倾斜，给予其直接的、更大幅度的税费减免；政府专项债券要精准，政府专项债券是非常有效的工具之一，要确保专项债券的精准投向，除了投向交通基础设施、能源项目、生态环保项目、民生服务、市政和产业园区基础设施五大类领域以外，还要聚焦公共卫生重点领域，如公共卫生基础设施、公共卫生服务等。从货币政策看，根据受疫情影响的程度大小，对地区和企业进行分类，实施差异化的精准优惠的金融服务，地区层面，给予受疫情影响较大地区特别优惠与便利，比如，支持相关企业发行公司债券、资产支持证券等，给予制造业重点地区的长三角、珠三角省份更多信贷支持；企业层面，小微企业回旋余地较小，民营企业发展受困，这两类企业应重点关注，力争进一步降低其贷款成本。另一方面，不急转弯，把握好政策的时度效。把握好政策的"时"，注重搞好跨周期政策设计，提高逆周期调节能力，疫情暴发初期的阶段性政策要适时退出；把握好政策的"度"，2021 年财政赤字率仍然可以超过 3%，但不应高于

---

① 参见何德旭、王学凯：《积极应对新冠肺炎疫情肆虐下的全球债务风险》，《财经智库》2020 年第 2 期。

2020 年的 3.6%，要有一定程度的下降，保持货币供应量和社会融资规模增速合理适度，可参考名义经济增速设定相应数值上限；把握好政策的"效"，发挥宏观政策的高效能，提高宏观政策的效率，提升宏观政策的效果，用好宝贵的时间窗口，集中精力推进改革创新。

三、保持宏观政策的可持续性

保持宏观政策的可持续性，要保持宏观杠杆率基本稳定，处理好恢复经济和防范风险的关系。宏观政策是否可持续，关键在于能否平衡好稳增长和防风险的关系。一是抓实化解地方政府隐性债务风险工作。目前，由于口径的差异和出发点的不同，国际国内各机构针对地方政府隐性债务的规模测算结果不一，不过相对集中在 30 万亿—40 万亿元。按照这一数值，我国地方政府债务风险相对较大。要对地方政府隐性债务进行摸底排查，要制定五年甚至更长时间的化解地方政府隐性债务风险计划，还可以参照金融资产管理公司，设立债务资产管理公司。二是多渠道补充银行资本金。2020 年《政府工作报告》提出"鼓励银行合理让利"，根据中国人民银行的统计，银行已累计完成对 6 万多亿元贷款的延期还本付息，累计发放 3 万多亿元普惠小微信用贷款，支持 3000 余万户经营主体，实现 1.5 万亿元金融系统向实体经济让利的目标。规模如此之大的让利，使中小银行经营面临一定风险，特别是资本金充足性受到影响。2020 年通过发行地方政府专项债券补充中小银行资本，这一措施仍需细化标准，并需完善退出机制。2021 年要多渠道补充银行资本金，在平衡好股东利益和银行发展需要的前提下，鼓励银行通过内源性方式补充资本金；发挥好股票市场的融资功能，支持商业银行上市融资、增资扩股、发行优先股等补充资本金；通过债券市场产品和工具创新来补充商业银行资本金，如永续债、二级资本债；支持银行通过资产证券化方式来降低风险加权资产，即缩小资本充足率的分母，相当于提高了资本充足率，该做法在国际上已较为普遍。三是完善债券市场法制。据万得数据库统计，2020年超过160只债券发生实质性违约，累计违约金额超过1600亿元，发生违约的信用债已经由民营企业蔓延至国有企业，一系列国企信用债违约事件带来后续连锁反应。2021年要完善债券市场法制，落实监管责任和属地责任，督促各类市场主体严格履行主体责任，建立良好的地方金融生态和信用环境；依法严肃查处欺诈发行、虚假信息披露、恶意转移资产、挪用发行资金等各类违法违规行为，严厉处罚各种逃废债行为；加强行业自律和监督，强化市场约束机制；健全风险预防、发现、预警、处置机制，加强风险隐患摸底排查，保持流动性合理充裕，牢牢守住不发生系统性风险的底线。

第六章

强化国家战略科技力量

　　党的十九届五中全会提出，坚持创新在我国现代化建设全局中的核心地位，把科技自立自强作为国家发展的战略支撑，并把强化国家战略科技力量作为坚持创新驱动发展、全面塑造发展新优势的重要内容。2020年底召开的中央经济工作会议将强化国家战略科技力量置于2021年重点任务的首位，这在我们党研究制定国民经济和社会发展五年规划和中央经济工作会议的历史上都是第一次，凸显了以习近平同志为核心的党中央对科技创新尤其是强化国家战略科技力量前所未有的高度重视。

第一节　习近平总书记高度关注科技创新问题

国家战略科技力量是科技创新的"国家队"，代表了国家科技创新的最高水平，是国家创新体系的中坚力量。发挥国家战略科技力量的科技创新引领性作用和策源功能，是我国建设科技强国、应对百年未有之大变局的关键所在。习近平总书记高度关注科技创新问题，发表了一系列重要论述。

一、创新支撑强国建设

创新是国家命运所系，创新强则国运昌，创新弱则国运殆。近代中国屡屡被经济总量远不如我们的国家打败，其实不是输在经济规模上，而是输在科技落后上。2013 年 3 月 4 日，习近平总书记在看望出席全国政协十二届一次会议科协、科技界委员并参加讨论时强调，实施创新驱动发展战略，是立足全局、面向未来的重大战略，是加快转变经济发展方式、破解经济发展深层次矛盾和问题、增强经济发展内生动力和活力的根本措施。在日趋激烈的全球综合国力竞争中，必须坚定不移地走中国特色自主创新道路，增强创新自信，深化科技体制改革，不断开创国家创新发展新局面，发挥科技创新的支撑引领作用，加快从以要素驱动发展为主向创新驱动发展转变，加快从经济大国走向经济强国。2013 年 7 月，习近平总书记在武汉考察东湖国家自主创新示范区时指出，一个国家只是经济体量大，还不能代表强。国家富强靠什么？靠自主创新，靠技术，靠人才，科技是国家强盛之基。2020 年 9 月 11 日，习近平总书记在科学家座谈会上指出，加快科技创新是顺利开启全面建设社会主义现代化国家新征程的需要。从最初提出实现"四个现代化"到现在提出全面建设社会主义现代化强国，科学技术现代化从来都是我国实现现代化的重要内容。

二、把创新摆在国家发展全局的核心地位

抓创新就是抓发展，谋创新就是谋未来。习近平总书记在党的十八届五中全会上提出的"把创新摆在国家发展全局的核心位置""把创新作为引领发展的第一动力"等重要论断，是马克思主义关于创新理论的最新成果，是"科学技术是第一生产力"重要思想的创造性发展，丰富和发展了中国特色社会主义理论宝库。

2016 年 1 月 4 日，习近平总书记在重庆考察时指出，创新作为企业发展和市场制胜的关键，核心技术不是别人赐予的，不能只是跟着别人走，而必须自强奋斗、敢于突破。不创新不行，创新慢了也不行。如果我们不识变、不应变、不求变，就可能陷入战略被动，错失发展机遇，甚至错过整整一个时代。习近平总书记指出："一个国家是否强大不能单就经济总量大小而定，一个民族是否强盛也不能单凭人口规模、领土幅员多寡而定。""实施创新驱动发展战略，最根本的是要增强自主创新能力，最紧迫的是要破除体制机制障碍，最大限度解放和激发科技作为第一生产力所蕴藏的巨大潜能。面向未来，增强自主创新能力，最重要的就是要坚定不移走中国特色自主创新道路，坚持

自主创新、重点跨越、支撑发展、引领未来的方针，加快创新型国家建设步伐。"① "现在，我国经济社会发展和民生改善比过去任何时候都更加需要科学技术解决方案，都更加需要增强创新这个第一动力。同时，在激烈的国际竞争面前，在单边主义、保护主义上升的大背景下，我们必须走出适合国情的创新路子，特别是要把原始创新能力提升摆在更加突出的位置，努力实现更多'从 0 到 1'的突破。"②

三、注重强化国家战略科技力量

在迈向现代化强国的新征程中，科技创新是经济社会发展和维护国家安全最重要的战略资源，是政策制定和制度安排的核心要素及参与全球竞争和合作的重要内容。面向世界科技前沿、面向经济主战场、面向国家重大需求、面向人民生命健康，科技创新要在更高层次和更大范围发挥好支撑引领作用。

在党的十八届五中全会上，习近平总书记在关于《中共中央关于制定国民经济和社会发展第十三个五年规划的建议》的说明中谈到，实施一批国家重大科技项目和在重大创新领域组建一批国家实验室。落实创新驱动发展战略，必须把重要领域的科技创新摆在更加突出的地位，实施一批关系国家全局和长远的重大科技项目。这既有利于我国在战略必争领域打破重大关键核心技术受制于人的局面，更有利于开辟新的产业发展方向和重点领域、培育新的经济增长点。发挥市场经济条件下新型举国体制优势，集中力量、协同攻关，为攀登战略制高点、提高我国综合竞争力、保障国家安全提供支撑。2016 年 5 月 30 日，习近平总书记在全国科技创新大会、两院院士大会、中国科协

---

① 习近平：《在中国科学院第十七次院士大会、中国工程院第十二次院士大会上的讲话》，《人民日报》2014 年 6 月 10 日。

② 习近平：《在科学家座谈会上的讲话》，人民出版社 2020 年版，第 4 页。

第九次全国代表大会上的讲话中强调，要以国家实验室建设为抓手，强化国家战略科技力量，在明确国家目标和紧迫战略需求的重大领域，在有望引领未来发展的战略制高点，以重大科技任务攻关和国家大型科技基础设施建设为主线，依托最有优势的创新单元，整合全国创新资源，建立目标导向、绩效管理、协同攻关、开放共享的新型运行机制，建设突破型、引领型、平台型一体的国家实验室。

党的十九大报告强调"加强国家创新体系建设，强化战略科技力量"。党的十九届四中全会审议通过的《中共中央关于坚持和完善中国特色社会主义制度、推进国家治理体系和治理能力现代化若干重大问题的决定》明确提出，强化国家战略科技力量，健全国家实验室体系，构建社会主义市场经济条件下关键核心技术攻关新型举国体制。

四、完善科技创新体制机制

推进科技创新，最紧迫的是要破除体制机制障碍，最大限度解放和激发科技作为第一生产力所蕴藏的巨大潜能。2014年6月9日，习近平总书记在中国科学院第十七次院士大会、中国工程院第十二次院士大会上的讲话中指出，多年来，我国一直存在着科技成果向现实生产力转化不力、不顺、不畅的痼疾，其中一个重要症结就在于科技创新链条上存在着诸多体制机制关卡，创新和转化各个环节衔接不够紧密。就像接力赛一样，第一棒跑到了，下一棒没有人接，或者接了不知道往哪儿跑。要解决这个问题，就必须深化科技体制改革，破除一切制约科技创新的思想障碍和制度藩篱，处理好政府和市场的关系，推动科技和经济社会发展深度融合，打通从科技强到产业强、经济强、国家强的通道，以改革释放创新活力，加快建立健全国家创新体系，让一切创新源泉充分涌流。

我国现行的经济体制机制和经济政策，很多是适应传统发展方式

的，有利于企业简单再生产和扩大再生产，但并不利于企业推进优化升级。加快体制机制创新，把市场和政府在配置创新资源中的优势都发挥出来，构建良好的创新生态，把创新驱动的新引擎全速发动起来，形成新的利益轨道。一个是科技创新的轮子，一个是体制机制创新的轮子，两个轮子共同转动，才有利于推动经济发展方式根本转变。跻身创新型国家前列、加快建设科技强国，需要深入推进科技体制改革，完善国家科技治理体系，优化国家科技规划体系和运行机制，推动重点领域项目、基地、人才、资金一体化配置，加快形成适应新时代科技创新发展需要的实践载体、制度安排和良好环境。

第二节　强化国家战略科技力量的战略意蕴

进入新发展阶段，贯彻新发展理念，构建新发展格局，要求我们必须把科技创新作为推动工作的逻辑起点。强化国家战略科技力量直接关乎我国综合国力和国际竞争力的提升，是新发展阶段我国高质量发展的内在需要、必然选择。

一、强化国家战略科技力量是实现高质量发展的内在需要

实现高质量发展，必须实现依靠创新驱动的内涵型增长。近年来，支撑中国发展的条件发生变化，传统红利渐行渐远：劳动力、资源、土地等要素的成本增加，低成本优势减弱，人口老龄化趋势显现，新增适龄劳动人口增长放缓，人口红利下降。一方面，中国部分创新型企业进入技术前沿，与国外的差距逐步缩小，局部实现反超，引进技

术的可获得性降低。另一方面，周边发展中国家利用低成本优势，积极参与全球产业再分工，随着比较优势的消失，中国部分劳动密集型企业也正在向外转移。能否顺利实现产业结构优化升级，形成新的增长动力和比较竞争优势，直接关系我国能否在新一轮国际经济竞争中掌握主动权、实现高质量发展。

必须看到，中国虽然是制造大国，但大而不优，大而不强，大而不稳。一是自主创新能力不强。企业关键核心技术缺失，技术对外依存度高。产业发展需要的高端装备、核心芯片、控制系统、关键材料等大多依赖进口，距离自主可控尚有较大差距。二是产品整体质量水平不高。很多工业产品在质量安全性、稳定性和一致性等方面与国外产品差距明显。三是劳动生产率偏低。产业工人技能素质总体不高、结构不合理，技术工人总量不足。劳动生产率显著低于发达经济体。从资源环境方面看，中国并非"地大物博"，而是"地大物薄"，在成为世界经济大国的同时付出了大量消耗资源和过度透支环境的代价。中国工业化、城镇化还将经历一个较长时期，随着经济规模继续扩大，人力、土地、资源、环境成本不断提高，资源和环境压力日益加剧，资源与环境约束将进一步强化，依靠投资和出口拉动、大量消耗资源能源的经济增长模式难以为继，迫切要求加快转变传统的发展模式，加快提升自主创新能力，走出一条更高质量、更有效率、更加公平、更可持续、更为安全的高质量发展之路。

二、强化国家战略科技力量是迈向现代化强国的必然要求

迈向社会主义现代化强国，首要的任务是建设现代化经济体系。我们必须着力加快建设实体经济、科技创新、现代金融、人力资源协同发展的产业体系，着力构建市场机制有效、微观主体有活力、宏观调控有度的经济体制，不断增强我国经济创新力和竞争力。"十四五"

期间，加快建设现代化经济体系的首要任务是加快构建以国内大循环为主体、国内国际双循环相互促进的新发展格局，保障产业链供应链安全稳定，其中，科技创新是关键。

近年来，我国科技创新实力大幅度提升，正在从量的积累迈向质的飞跃，从点的突破迈向系统能力提升，正由过去的"跟跑者"向"并跑者"和"领跑者"转变。在量子信息、铁基超导、中微子、干细胞、脑科学等前沿领域取得一系列重大原创成果，载人航天与探月、北斗导航、大型客机、载人深潜、国产航母、高速铁路、5G移动通信、超级计算、特高压输变电、第三代核电等一大批战略高技术领域取得重大突破。但一些关系国家安全和产业发展的关键核心技术受制于人，原始创新能力偏弱，不适应迈向现代化强国的要求。比如，农业方面，很多种子依赖国外，农产品种植和加工技术相对落后，一些地区农业面源污染、耕地重金属污染严重。工业方面，一些关键核心技术受制于人，部分关键元器件、零部件、原材料依赖进口。因此，强化国家战略科技力量，尽快突破一批"卡脖子"的关键核心技术，为建设现代化强国提供科技支撑，势在必行，迫在眉睫。

三、强化国家战略科技力量是应对科技革命和产业变革的关键举措

新一轮科技革命和产业变革正在加速演进，全球科技创新进入高度密集活跃期，呈现交叉、融合、渗透、扩散的鲜明特征，科学技术从微观到宏观各个尺度向纵深演进，物质科学不断向宏观、微观和极端条件拓展，生命科学走向精确化、可再造和可调控。以信息技术为引领的技术群加快突破、交叉融合，信息网络、先进制造、人工智能、量子信息、虚拟现实、区块链、脑科学、新材料、生物技术等新技术日新月异。传统意义上的基础研究、应用研究、技术开发和产业化的

边界日趋模糊，群体跃进的态势日益明显，科技创新链条更加灵巧，技术更新和成果转化更加快捷，产业更新换代加快。

颠覆性创新不断涌现，以智能、绿色、泛在为特征的群体性技术突破，催生新经济、新产业、新业态与新模式。围绕新能源、气候变化、空间、海洋开发的技术创新更加密集；绿色制造、低碳经济等新兴技术和新兴产业蓬勃兴起；生命科学、生物技术带动形成庞大的健康、现代农业、生物能源、生物制造、环保等产业；互联网开源软硬件技术平台等面向大众普及和开放，推动了创新创业成本和门槛大幅降低，创新创业日趋活跃；个性化、多样化、定制化的新兴消费需求成为主流，智能化、小型化、专业化的产业组织新特征日益明显。这些变化给人们的生产方式和生活方式带来了革命性影响，也对全球产业体系、经济发展方式、伦理规范、治理规则等产生了深远影响。为应对新科技革命和产业变革带来的新挑战，我们亟待优化国家战略科技力量布局，在战略关键领域系统谋划、整合资源，增强国家科技创新的体系化能力。

四、强化国家战略科技力量是应对大国竞争的有效路径

当今世界经济低迷，保护主义、单边主义、霸权主义上升，全球产业链供应链受疫情冲击，国际经济、科技、文化、安全、政治等格局都在发生深刻调整，世界进入动荡变革期。世界主要国家纷纷瞄向创新，将创新提升到国家发展的战略核心层面，希望通过创新推动发展方式转变，以抢占未来国际竞争制高点。

美国通过组建国家实验室，开展基础性、前沿性和战略性的跨学科研究，并从武器研发扩展到能源、信息、材料等重大科学前沿，涌现出互联网等诸多颠覆性技术，引领世界科技发展。2020 年 5 月，美国推出《无尽前沿法案》（Endless Frontiers Act），旨在强化美国在前

沿创新领域的领先优势。具体建议包括：国家科学基金会改组为国家科学和技术基金会，在该机构内设立技术局；在未来 5 年投入 1000 亿美元推进人工智能与机器学习、量子计算和信息系统、先进通信技术等十大关键科学技术的研发；建议投入 100 亿美元建设至少 10 个区域技术中心等。在生物安全领域，美国发布《2020—2030 年国家流感疫苗现代化战略》，强化自主掌握流感疫苗的研发、制造，保证供应链安全。2019 年 2 月，德国出台《国家工业战略 2030》，旨在有针对性地扶持重点工业领域，提高工业产值，保证德国工业在欧洲乃至全球的竞争力。2020 年，德国相继发布《国家生物经济战略》和《国家氢战略》，修订《人工智能战略》。其中，新修订的《人工智能战略》把对人工智能（AI）的资助从 30 亿欧元增加到 50 亿欧元，充分考虑了近年来的形势变化以及新冠肺炎疫情等带来的现实需求，并希望在 AI 等未来技术领域增强欧洲的技术主权。

2020 年，日本提出"登月型研发制度"（Moonshot），并为该制度明确了 6 项目标，计划在 2050 年前实现。2020 年 3 月将规定日本科学技术政策基本理念和基本框架的《科学技术基本法》修订为《科学技术创新基本法》，追加了哲学和法学等人文和社会科学，以创造新价值。日本内阁新设"科学技术创新推进事务局"，强化跨部门的指挥功能。2020 年，韩国政府发布的《2020 年科技和 ICT 研发综合计划》中聚焦 7 个领域：以科研人员为中心，扩大对创新型和开拓型基础研究的支持；推动科研生态体系创新；加强未来产业核心原创技术研发；扩大"5G+"战略投入；推动 ICT 领域新创及跨部门研发；推动公共研究成果商业化;培养核心科技人才[1]。近年来，美国对中国的霸凌行为和全面遏制，特别是对关键核心技术的断供再一次警示我们，中国亟须加大科技创新力度，强化国家战略科技力量，突破关键核心

---

[1] 参见科技日报国际部：《支撑当下　规划未来——2000 年世界各国科技发展回顾·科技政策》，《科技日报》2021 年 1 月 4 日。

技术"卡脖子"短板,加快实现"卡脖子"技术自主可控,提高科技对经济社会发展的贡献率和支撑力。

第三节　强化国家战略科技力量的路径选择

强化国家战略科技力量,要通过深化改革、创新机制、系统推进来实现。我们要坚持目标导向和问题导向,优化科技资源配置、激发创新主体活力、加强科技力量统筹,努力抢占科技创新战略制高点,将主动权牢牢掌握在自己手中。

一、加强国家战略科技力量的系统谋划和顶层设计

"不谋全局者,不足以谋一域",全球科技竞争日趋激烈,大国科技竞争已上升为国家行动,必须加强体系化竞争力量。坚持战略性需求导向,充分发挥国家作为重大科技创新组织者的作用,调动各方力量协同发力,形成"战略需求导向明确、原创引领特征明显、科技基础厚实、战略科技力量健全、攻坚体系完备、跨学科多领域协同、平战转换顺畅"的科技发展新格局。

第一,制定科技强国行动纲要。在完成科技强国建设"三步走"战略目标第一步、成功进入创新型国家行列的基础上,着眼科技强国建设总体目标,系统谋划到2035年和2050年的发展思路和重点任务,形成科技强国建设的时间表和路线图,为加快推进科技强国建设提供有力指导。

第二,进一步完善面向新时期发展需求的国家创新体系总体布局。

建立"顶层目标牵引、重大任务带动、基础能力支撑"的国家科技组织模式。从国家急迫需要和长远需求出发，凝练科技问题，布局战略力量，配置创新资源。以重大科技任务和重大工程建设为依托，强化项目、人才、基地、资金等创新要素的一体化配置。强化国家战略科技力量与市场主体的统筹协同和融通创新，协同部署产业链供应链和创新链，畅通创新价值链的关键环节，加快推进科技成果转移转化，形成各类创新主体功能互补、良性互动的协同创新新格局，提高创新链整体效能。对支撑国家重大战略需求的任务，实行"揭榜挂帅""军令状""里程碑式考核"等管理方式；对支撑经济社会发展的任务，与部门、地方共同组织实施，探索完善"悬赏制""赛马制"等任务管理方式；对科技创新前沿探索的任务，在竞争择优的基础上鼓励自由探索。

第三，完善科技创新能力开放合作机制。实施更加开放包容、互惠共享的国际科技合作战略，有效提升科技创新合作的层次和水平，加强与世界主要创新国家的多层次、广领域科技交流和合作，积极参与和构建多边科技合作机制，深入实施"一带一路"科技创新行动计划，拓展民间科技合作的领域和空间。深度参与全球创新治理，聚焦事关全球可持续发展的重大问题，设立面向全球的科学研究基金，加快启动我国牵头的国际大科学计划和大科学工程，鼓励支持各国科学家共同开展研究。

二、健全社会主义市场经济条件下新型举国体制

举国体制是在特定领域实现国家意志的一种特殊制度安排，也是发达国家在强化国家战略科技力量，推动关乎国家战略科技发展的通行做法。如美国的"曼哈顿"计划、日本的超大规模集成电路计划、欧洲的"尤里卡"计划等，都是在举国体制推动下实现的。我国的

"两弹一星"也是计划经济条件下举国体制的成功实践。改革开放以来，我国发挥社会主义制度集中力量办大事的制度优势，先后在载人航天、探月工程、深海探测、北斗导航、高速铁路等领域取得了一批举世瞩目的重大成果。新型举国体制是面向国家重大需求，凝聚和集成国家战略科技力量，有效市场和有为政府协同发力，社会各方力量共同参与攻克重大科技难题的组织模式和运行机制。它建立在尊重科学规律、经济规律与市场规律的基础上，能够充分发挥各方面的积极性、主动性，左右协同、上下联动，形成强大合力。

健全社会主义市场经济条件下新型举国体制要充分发挥中国共产党领导、中国特色社会主义的制度优势，形成强大的领导力、号召力、动员力、组织力。

第一，紧扣国家需求建立战略性任务决策机制，坚持国家意志主导、战略需求牵引，锁定关键核心技术和"卡脖子"领域，形成国家战略布局。在重要新兴技术领域加大布局力度，搞出更多独门绝技，在重点领域、关键环节实现自主可控，提升对产业链供应链安全稳定的科技支撑能力。

第二，充分发挥国家作为重大科技创新组织者的作用，强化跨部门、跨学科、跨军民、跨央地整合力量，强化责任落实机制。健全主管部门向国家、牵头单位向国家主管部门、参与单位向牵头单位逐级负责的责任体系。赋予牵头单位技术路线制定权、攻关任务分解权、承担单位决定权、国家资金分解权，做到权责一致。对于探索性较强的攻关项目，可由国家实验室牵头，选择多主体平行攻关，逐级压实责任，分阶段淘汰，滚动实施。

第三，发挥市场在资源配置中的决定性作用，利用好中国超大规模市场优势。市场是稀缺的战略性资源，2020年主要经济大国中，中国是唯一实现正增长的国家，市场规模大、韧性强、潜力足。要将超大规模市场和完备产业体系的优势发挥出来，完善支持攻关成果与应

用和产业化的政策体系，强化首台（套）政策落实，优化政府采购及招投标政策，创造有利于新技术快速大规模应用和迭代升级的独特优势，加速科技成果向现实生产力转化，提升产业链水平，维护产业链安全。

三、发挥基础研究对国家战略科技创新的支撑作用

基础研究是科技创新的源头活水，是事关我国科技长远发展的根基。我国基础研究虽然取得了显著进步，但与国际先进水平的差距是明显的。我们面临的很多"卡脖子"技术问题，根子是基础理论研究跟不上，源头和底层的东西没有搞清楚。按照 2020 年中央经济工作会议部署，我们要把加强基础研究摆在更加重要的位置。

第一，坚持目标导向和自由探索相结合。一方面，鼓励科学家遵循科学发现自身的规律，以探索世界奥秘的好奇心驱动科学前沿探索，鼓励自由探索和充分的交流辩论。从实践看，凡是取得突出成就的科学家都是凭借执着的好奇心、事业心，终身探索并成就事业的。另一方面，重视从经济社会发展和产业实践中凝练科学问题，对基础研究、应用研究和工程建设等创新链各环节进行统筹谋划部署，解决好关键核心技术攻关中的基础理论和技术瓶颈问题，使基础研究和应用研究相互促进。

第二，着力优化学科布局和研发布局，把握世界科技前沿发展态势，强化对数学、物理、化学等基础研究的支持力度。推动基础学科与应用学科均衡协调发展，鼓励开展跨学科研究，强化不同学科的深度交叉融合，积极开辟新的学科发展方向。抓紧制定实施基础研究十年行动方案。推进科研院所、高校和企业科研力量优化配置和资源共享。完善共性基础技术供给体系，紧紧围绕经济社会发展的重大需求，从中发现重大科学问题，从科学原理、问题、方法上集中进行攻

关，积极探索开辟新的技术路线，为解决"卡脖子"问题提供更多源头支撑。

第三，推进国家实验室建设。强化国家战略科技力量，必须夯实其物质技术基础，加快建设以国家实验室为引领的创新基础平台。从世界范围来看，国家实验室已成为主要发达国家抢占科技创新制高点的重要载体，如美国阿贡、洛斯阿拉莫斯、劳伦斯伯克利等国家实验室和德国亥姆霍兹联合会研究中心等，均是围绕国家使命，依靠跨学科、大协作和高强度支持开展协同创新的研究基地。借鉴国外经验，我们应着力推进创新体系优化组合，克服分散、低效、重复的弊端。在明确国家目标和紧迫战略需求的重大领域后，在有望引领未来发展的战略制高点，依托最有优势的创新单元，整合全国创新资源，对现有国家重点实验室进行重组，形成我国实验室体系。在明确国家目标和紧迫战略需求的重大领域，组建一批引领型、突破型国家实验室，通过做强、做大、做优国家重点实验室，强化多学科交叉融合，提升承担和完成国家重大科技任务的能力，形成抢占国际科技制高点的重要战略创新力量。瞄准重大前沿科学问题，在独创独有上下功夫，勇于挑战最前沿的科学问题，久久为功，在原创发现、原创理论、原创方法上取得重大突破。

第四，稳步加大基础研究投入。科技强国成功的做法之一是以超前的、高强度的持续投入提升智力资本积累，为基础研究能力的整体提升提供有效保障。以美国生命科学研究为例，政府首先支持国家卫生研究院进行基础性研究，同时对高校的基础研究项目给予大量的资金支持。当这些研究取得进展时，企业才逐步介入，将研究成果转化为经济成果。一是国家财政要加大投入力度，扩大基础研究资金来源。"十四五"期间要将基础研究经费占 R&D 投入比例从 2020 年的 6% 提升到 10% 以上。还要调动社会各方面重视和发展基础研究的积极性，引导地方政府、企业和金融机构以适当形式加大支持，鼓励社会以捐赠和建立基金等方式多渠道投入，形成持续稳定投入机制。二是优化基础研究投入结构，加大对冷门学科、基础学科和交叉学科的长期稳定支持。完善颠覆性和非共识性研究的遴选和支持机制，努力实现更多"从0到1"的突破。三是基础研究经费应主要用于发挥特色、稳定研究方向、研究队伍及技术力量，以及基础性设施的维护、运行。对开展基础研究有成效的科研单位和企业，应在财政、金融、税收等方面给予必要政策支持。

四、充分激发人才创新积极性

人才是科技创新的根本，顶尖人才具有不可替代性。突破关键核心技术，提升国家战略科技能力的根本源泉在于人。

第一，把教育摆在更加重要的位置。深化教育改革，加强高校基础研究，布局建设前沿科学中心，发展新型研究型大学，全面提高教育质量，注重培养学生创新意识和创新能力。增强高校学科设置的针对性，释放高校基础研究、科技创新潜力，聚焦国家战略需要，瞄准关键核心技术特别是"卡脖子"问题加快技术攻关。支持"双一流"建设高校加强科技创新工作，依托高水平大学布局建设一批研究设施，推进产学研一体化。深化高校人才队伍建设改革，建设高素质教师队伍，培养更多一流人才。

第二，着力培养基础研究人才。加强数学、物理、化学、生物等基础学科建设，鼓励具备条件的高校积极设置基础研究、交叉学科相关学科专业，加强基础学科本科生培养，探索基础学科本硕博连读培养模式。加强基础学科拔尖学生培养，在数理化生物等学科建设一批基地，吸引最优秀的学生投身基础研究。

第三，培养吸引世界级创新人才。尊重人才成长规律和科研活动自身规律，培养造就一批具有国际水平的战略科技人才、科技领军人才、创新团队，发挥有效整合科研资源作用。高度重视青年科技人才成长，使他们成为科技创新主力军。构建国际化人才制度和科研环境，面向世界汇聚一流人才，大力培养和引进国际一流人才和科研团队，大力提升科研管理、平台建设的国际化水平，为海外科学家在华工作提供具有国际竞争力和吸引力的环境条件，造就更多国际一流的科技领军人才和创新团队。

第四，以改革释放创新红利。强化国家战略科技力量，深化改革创新是动力。开展以国家使命和创新绩效为导向的现代科研院所改革，完善科研项目和资金管理，切实减轻科研人员负担，赋予创新领军人才更大技术路线决定权和经费使用权，加快推进项目经费使用"包干制"试点，开展基于信任的科学家负责制试点。

完善激励机制和科技评价机制，落实"军令状"制度，落实好攻关任务"揭榜挂帅"等机制，做到任务可检验可核实，充分调动科研人员的积极性和创造性。探索面向世界科学前沿的原创性科学问题发现和提出机制，建立对非共识项目和颠覆性技术的支持和管理机制。营造良好氛围，引导科研人员专心致志、扎实进取，充分激发人才创新活力。加大科研单位改革力度，赋予高校、科研机构更大的自主权，坚决破除"唯论文、唯职称、唯学历、唯奖项"弊端，落实代表作评价制度。最大限度调动科研人员的积极性，提高科技产出效率。规范科技伦理，树立良好学风和作风。

五、提高企业科技创新能力

客观地说，我国企业技术创新能力不强，尤其是企业对基础研究重视不够，重大原创性成果缺乏，底层基础技术、基础工艺能力不足。必须紧跟新一轮科技革命和产业变革的步伐，充分用好新科技浪潮的"科技红利"，加快建立以企业为主体、市场为导向、产学研深度融合

的技术创新体系，围绕产业链供应链部署创新链，围绕创新链布局产业链供应链，把科技的力量转化为经济和产业竞争优势。

第一，促进各类创新要素向企业集聚。发挥企业在技术创新中的主体作用，按照创新发展规律、科技管理规律、市场经济规律办事，加强创新资源统筹，加大企业在创新资源配置中的主导权，充分发挥企业在技术创新决策、研发投入、科研组织和成果转化应用方面的主体作用。聚焦产业发展的关键环节、关键领域、关键产品，加大重大创新平台在企业布局力度，鼓励企业牵头组织实施国家重大科技任务。

第二，支持企业牵头组建创新联合体、承担国家重大科技项目。让企业既扮演科研项目的"出题人"，又成为合作项目的管理者，决定研究方向和参与成员，有效组织开展创新活动。支持领军企业牵头组建重大创新联合体，与大学科研机构建立产业联盟、联合实验室/研发中心、联合技术中心，打造统一开放、竞争有序的产学研协同创新网络。在功能定位上，创新联合体以完成国家重大关键核心技术攻关任务为导向，以国家战略需求为牵引，突破产业安全、国家安全的重大技术瓶颈制约。引导建立产学研深度融合的利益分配机制和风险控制机制，充分考虑创新联合体各方的贡献，有效应对成果转化风险、创新失败风险等，有效减少企业创新主体的损失。

第三，加强共性技术平台建设，推动产业链上中下游、大中小企业融通创新。聚焦国家重大科技战略领域，大力推进服务型共性技术平台建设，以关键共性技术研发应用及公共设施共享为重点，重点增强公共服务平台在研究开发、工业设计、检验检测、试验验证、科技成果转化、设施共享、知识产权服务、信息服务等方面对企业的服务支撑能力。鼓励大中小企业上中下游协作，鼓励采取研发众包、"互联网＋平台"、大企业内部创业和构建企业生态圈等模式，促进大中小企业之间的业务协作、资源共享和系统集成，通过大中小企业协同、上下游协作联动，形成良好的产业链互动机制。

第四，发挥企业家在技术创新中的重要作用。企业家要做创新发展的探索者、组织者、引领者，勇于推动生产组织创新、技术创新、市场创新，重视技术研发和人力资本投入，有效调动员工创造力，努力把企业打造成为强大的创新主体。培养富有创新精神、冒险精神、科学头脑和国际化视野的优秀企业家队伍，锻造新时代构建新发展格局、建设现代化经济体系、推动高质量发展的生力军。发挥企业家精神在全面创新中的重要作用，以全球视野和宽广胸怀谋划企业发展，鼓励和引导企业家开展基础性前沿性创新研究，重视颠覆性和变革性技术创新。鼓励企业家与科学家深度合作，加快科技成果从实验室走向市场，形成鼓励创新、宽容失败的激励机制，激发企业家创新活力，降低企业家创新活动风险。

第七章

增强产业链供应链自主可控能力

　　党的十九届五中全会提出："坚持自主可控、安全高效，分行业做好供应链战略设计和精准施策，推动全产业链优化升级。"为此，2020 年中央经济工作会议明确要求，"增强产业链供应链自主可控能力"。产业链供应链自主可控能力的建设，是新发展阶段统筹中华民族伟大复兴战略全局和世界百年未有之大变局，加快推动经济高质量发展，全面建设社会主义现代化国家新征程中最关键而又亟待建设的重大战略性环节之一。

第一节　增强产业链供应链自主可控能力的重大意义

经过改革开放 40 多年的发展，我国以"建成门类齐全、独立完整的现代工业体系，工业经济规模跃居全球首位"[1]，实现了在全球产业链供应链中占有一席之地和拥有一定的话语权。对此，我国新冠肺炎疫情防控医用物资供应链的安全稳定运行给予了深刻证明。不过，总的来看，产业链供应链的自主可控能力建设仍然是未来较长时期我国发展的重中之重。

一、产业链供应链安全稳定是构建新发展格局的基础

加快形成以国内大循环为主体、国内国际双循环相互促进的新发展格局，是新发展阶段的战略抉择。作为国内大循环的重要方面，以及连接国内循环和国际循环的枢纽，没有产业链供应链的循环畅通和安全稳定，就没有供给侧结构性改革的有效推进，新发展格局也难以最终形成。上下游、产供销有效衔接，农业、制造业、服务业、能源

---

[1] 祝君壁：《我国已建成门类齐全现代工业体系》，《经济日报》2019 年 9 月 22 日。

资源等产业门类关系协调，生产、分配、流通、消费各环节之间有效贯通等，构成了产业链供应链的"循环畅通"和"安全稳定"的核心要件，更成为深化供给侧结构性改革、构建新发展格局的基础性要求。

二、增强产业链供应链自主可控能力是统筹发展和安全的重要内容

任何一个国家的现代化进程都不是一帆风顺的。防范和化解各种重大风险，筑牢国家安全屏障，是全面建设社会主义现代化国家的前提。当前，美国对我国的遏制呈长期化趋势，另一方面，新冠肺炎疫情正在推动全球产业链供应链格局加速向区域化、多元化演变。在复杂多变的国际经济政治格局下，统筹发展和安全的内容是方方面面的，但全面增强产业链供应链自主可控能力是最重要的组成部分之一，尤其是如何对一系列重要产业如粮食、能源和战略性矿产资源、重大产业科技等存在的"卡脖子"问题实现自主可控，成为确保经济稳定安全的最核心内容，亦是实现经济可持续发展的最重要基石。

三、增强产业链供应链自主可控能力是实现产业高质量发展的前提

推动产业转型升级，不断提升产业核心竞争力，是"坚持把发展经济着力点放在实体经济上"的重要体现。其前提是我国必须具有自主可控的产业链供应链。大量的国际教训表明，不仅那些丧失产业链供应链控制权的国家和地区，即便产业链供应链自主控制能力较弱的国家和地区，都只能被动、被迫地接受相关国家的高额要价或盘剥，比如，对于原油、铁矿石等战略性能源资源，我国长期受到相关供应国家的打压而缺乏议价权。因此，只有坚持顶层设计和系统观念，不

断增强产业链供应链的自主可控能力，持续推进产业转型升级，真正打造产业核心竞争力，才能实现我国产业和实体经济的高质量发展，夯实全面建成社会主义现代化强国的基础。

第二节　增强产业链供应链自主可控能力的重要任务

国民经济产业门类的复杂性决定了产业链供应链自主可控能力的建设是一个系统工程，不可能一蹴而就。要着眼新发展阶段，有计划、有组织、分步骤地实施一系列重大任务，形成产业链供应链自主可控能力提升的内生动力。

一、锻造产业链供应链长板

全世界唯一拥有联合国产业分类中所列全部工业门类国家的地位，使我国具备了建设有国际竞争力的各类产业链供应链的物质基础。但也要看到，随着新一轮科技革命和产业变革深入发展，大量的基于新技术、新产品、新业态、新模式的全新产业链供应链，以及基于跨界"深度融合"的"协同创新"型产业链供应链不断涌现，这些领域亟待挖掘和建设，从而锻造出独具竞争力的长板产业链供应链。

第一，继续发挥我国产业规模优势、配套优势等，为锻造长板产业链供应链提供雄厚的沃土。2008 年国际金融危机以来的全球发展实践证明，我国由产业规模优势、配套优势、基础设施优势和劳动力素质优势等有机形成的产业综合优势，在相当长时期内是其他国家都无法替代的。受成本上升、中美经贸摩擦等因素的影响，近年来，一些产业出现了部分企业的外迁，但总的来看，规模不大，并不构成主流。同时，我国产业综合优势还会随着新产业不断形成、新企业不断成长、新型基础设施建设步伐不断加快、人才规模不断扩大，这些产业综合优势得以累积、强化。继续发挥上述优势，必将创造出大量具有更强竞争力的长板产业链供应链。

第二，立足部分领域的先发优势，打造新兴产业链。近年来，我国已经在高铁、电力装备、新能源、通信设备等领域形成了全产业链优势，这对于拉紧国际产业链对我国的依存关系，形成对外方人为断供的强有力反制和威慑能力具有重大意义。长期以来，我国形成了优势明显的数字经济优势，在抗击新冠肺炎疫情的斗争中，数字经济的积极作用不可替代，成为推动我国经济社会发展的新引擎。发展数字经济，推进数字产业化和产业数字化，打造具有国际竞争力的数字产业链和数字产业集群势在必行。一些领域如量子科技、脑科学、合成生物学、空间科学、深海科学等凸显的科技"领跑"先发优势及其产业化，正在引领全新产业链供应链的"从0到1"的创造过程。今后，我国要努力搞出更多独门绝技，发展一批动态演进、各具特色的新兴产业链集群。

第三，推动传统产业高端化、智能化、绿色化。对于一个人口规模巨大的国家而言，产业合理存在的范围会更广，纵深化程度需求会更深，对大量的传统产业来说尤其如此，一方面，经济社会发展不断内生出推动其高端化、智能化、绿色化的需求；另一方面，应通过精耕细作，锻造一些"撒手锏"技术，强化传统产业优势，努力追赶并占据国际领先地位。当前，应大力促进数字经济和传统实体经济深度融合，特别是实施制造业数字化转型行动，培育数据驱动型企业，鼓励企业以数字化、网络化、智能化转型加快组织变革和业务创新，建设工业互联网平台，强化5G、人工智能在智能制造中的广泛应用，加快培育制造业新模式新业态，建设世界级先进制造业产业集群。

第四，发展服务型制造。在全球产业链供应链中，制造业是核心。现阶段，服务型制造已成为全球发展潮流，对于拓展我国传统制造业的内涵和形式、提升传统制造业盈利空间、重塑国际竞争优势等均具有重要意义。为此，创新生态系统，探索基于"制造＋服务"的产业链供应链正在成为推进制造业强国建设的关键途径。

二、补齐产业链供应链短板

从近期看，产业链供应链短板使深化供给侧结构性改革、提高经济安全水平面临更为紧迫的挑战。补齐产业链供应链短板成为"十四五"时期增强产业链供应链自主可控能力的重点。

第一，实施产业基础再造工程。与世界工业强国相比，我国的产业基础仍面临巨大挑战。尤其是核心基础零部件（元器件）、先进基础工艺、关键基础材料、产业技术基础（简称"四基"）等方面，对发达国家仍有较大的依赖度，大量产业面临"缺芯""少核""弱基"等困境。实施产业基础再造工程，补齐上述短板成为增强产业链供应链自主可控能力的重要支撑。

第二，加大重要产品和关键核心技术攻关力度。要以新一代信息技术、生物技术、新能源、新材料、高端装备、新能源汽车、绿色环保以及航空航天、海洋装备等战略性新兴产业为重心，推动重要产品和关键核心技术突破。

第三，发展先进适用技术。应该看到，虽然我国出现了一些与发达国家"领跑"和"并跑"的科技领域，但"跟跑"特征仍为主体，大部分领域技术水平滞后依然是我国产业链供应链不可忽视的短板。所以，"十四五"时期，以先进适用技术的发展全面提升科技总体水平和产业链供应链自主可控能力，是我国努力的方向。

第四，推动产业链供应链多元化。尽管高度专业化分工和市场细分，使大量的产业链供应链相互交织，日趋复杂，基于国家安全战略意义进行分行业供应链战略设计和精准施策仍然非常必要。"十四五"时期，以行业划分为重点，从市场主体、可控环节、要素禀赋等多维度推动产业链供应链多元化，进而增强产业链供应链的韧性，提高其安全稳定性和竞争力极为重要。

三、保持制造业比重基本稳定

制造业是实体经济的中心。到新中国成立 100 年时，我国制造业大国地位更加巩固，综合实力进入世界制造强国前列是我们的一个目标。国际经验表明，如果制造业不能稳定保持一定的比重，就不可能建成世界制造强国。如表 1 所示，世界制造业强国日本、德国、韩国等，其制造业增加值占 GDP 比重均保持了一定水平。需要强调的是，虽然 2019 年美国制造业增加值占 GDP 比重偏低，达到 11%，甚至低于越南、印度、俄罗斯，但这并不意味着其制造业的衰落，美国仍然继续占据全球高端制造业的"头部"，如航空航天、汽车制造、电子专业设备制造以及医疗产业，继续保持着世界第一制造业强国地位。当然，美国在一般性制造业方面出现了"产业空心化"现象，这对于满足社会基础物质生产和就业拉动产生了负面效应。

表 1　2019 年部分国家制造业增加值占 GDP 比重

国家	制造业增加值占 GDP 比重
中国	27.2%
韩国	25.3%
新加坡	19.8%
日本	19.5%
德国	19.1%

国家	制造业增加值占 GDP 比重
越南	16.5%
意大利	14.9%
欧盟地区	14.5%
印度	13.7%
俄罗斯	13%
美国	11%
法国	9.8%
英国	8.8%

根据相关数据整理计算。

十余年来，我国制造业增加值占 GDP 比重总体呈下降态势。2006 年该比重达到 2000 年以来的峰值 32.5%，2012 年为 31.4%，2019 年下降至 27.2%。中国制造业劳动生产率约为发达国家的 20%—30%，科技水平与劳动生产率亟待提升、庞大人口规模的内生需求等因素决定了我国制造业至少应保持现有比重，或者有所回升，这是切实增强制造业产业链供应链自主可控能力的最基本要求。国内不同区域应采取差异化的指导原则，中西部地区以承接产业转移为主，东部地区特别是北上广深应主动凭借其相对雄厚的科技优势，承担发展高端制造业的重任。

四、深入开展质量提升行动

产品和服务质量是产业链供应链现代化水平的生命线，是增强产业链供应链自主可控能力的重要支撑。"十四五"时期，一要继续深入开展工业产品质量提升行动，通过扩品种、提品质、创品牌，引导企业发展个性化定制、网络化协同研发制造等增值服务。二要通过顶层设计，强化应用牵引和整机带动，建设一批产业技术基础类、试验检测类、大数据类公共服务平台和共性技术平台，加强基础领域高端技术、产业共性技术、前瞻性技术的联合攻关，支持专业机构组织质量共性技术攻关，推广可靠性设计、试验与验证、可制造性设计等质量工程技术，提升质量高线。三要加强标准、计量、专利、认证认可、检验检疫等体系和能力建设，大力提升国家质量基础设施水平。四要引导企业加强全面质量管理，学习先进的质量管理方法，积极开展群众性质量活动。严格履行质量法律责任，积极履行社会责任。五要健全农产品质量标准体系，实施农业标准化生产和良好农业规范，完善进口食品农产品安全治理体系，提升出口食品农产品质量，推动食品药品质量安全标准与国际对接。

第三节　增强产业链供应链自主可控能力的重要举措

选择并实施相应的举措是完成前述重要任务，进而增强产业链供应链自主可控能力，实现产业链供应链安全稳定的基本保障。

一、充分发挥新型举国体制和市场决定性作用的双重效应

无论是锻造长板，还是补齐短板，关键核心技术的突破是增强产业链供应链自主可控能力的首要内容。科技与产业演进的客观规律表明，科技创新及其产业转化具有风险性、长期性特征。在新发展阶段实现关键核心技术迈向世界先进水平，必须充分发挥社会主义制度集

中力量办大事的优势，以新型举国攻坚体制为重大科技创新提供强大外源动力。同时，利润导向下市场配置资源机制对增强产业链供应链自主可控能力方面具有决定性作用，构成其最重要的内源动力，进而实现有效市场和有为政府的更好结合。

大力完善新型举国攻坚体制。实践证明，发达国家事关国家安全、发展全局的重大科技创新，都采取了各具特点的举国体制。例如，第二次世界大战后，美国采用的是相对分散的网络型举国体制，它具有三个明显的特点：任务导向型、市场化项目运作制、发挥尖端技术对民用技术的引领作用。新发展阶段，我国应面向国家重大需求，在充分尊重科学规律、经济规律和市场规律的基础上，努力打造政府力量和市场力量协同发力，既要实现部门之间协同、产学研协同，也要实现中央和地方协同、军民协同，有机集成各类资源联合攻关关键核心技术和产业链供应链重大难题的新型组织模式和运行机制。

强化企业在增强产业链供应链自主可控能力中的主体地位。产业链供应链的运行主体是企业。企业根据自身发展目标，通过科技创新、管理创新、商业模式创新、文化和品牌创新等构建参与市场竞争的产业链供应链。不同企业的创新能力和水平不同，其创建的产业链供应链在市场竞争中的影响力也就不同。我国要积极支持大企业做优做强，培育一批世界一流企业，使其成为具有相关行业、领域生态主导力和较强国际竞争力的本土跨国产业链供应链"链主"企业，从而建立多渠道、多层次的全球产业链供应链体系，促进国内、国际产业链供应链的有机对接。要支持中小企业做专做精，培育一批专精特新"小巨人"企业、单项或隐形冠军企业，使其在全球产业链供应链的重要节点发挥引领和带动效应。要构建促进大中小企业融通发展的新型产业链供应链合作体系。

二、破除增强产业链供应链自主可控能力的体制机制障碍

党的十八大以来，为促进产业链供应链成长壮大，我国推进了一批"壮士断腕"式的改革措施，取得了良好的效果。不过，一系列深层次的体制机制藩篱仍然存在，制约着产业链供应链自主可控能力的提升。在影响关键核心技术突破和产品创新的人才评价与流动、收益分配以及企业研发投入，科技成果产业化应用和商业化推广，构建高效规范、公平竞争国内统一市场，产权执法司法保护，市场准入和公平竞争审查，金融支持产业链供应链创新，优化区域产业链布局，企业"走出去"，需求侧管理等领域的体制机制都需要更为有效的改革措施的深入实施。改革由问题倒逼而生，又在解决问题中不断深化，要从点的突破到整体协同，继续用足用好改革这个关键一招，为增强产业链供应链自主可控能力提供制度张力和强大动力，大力提升产业链供应链现代化水平。

三、强化增强产业链供应链自主可控能力的要素支撑

产业链供应链自主可控能力的最终水平表现内生于技术、资本、劳动力、数据等要素的发展态势。因此，强化要素支撑成为增强产业链供应链自主可控能力的必然选择。要发挥企业家精神，支持企业牵头组建产业链供应链创新联合体，完善科技创新资源配置方式，健全职务科技成果知识产权制度，支持自主知识产权市场化运营，加强国际科技创新合作。推进资本市场基础制度建设，增加有效金融服务供给，降低企业尤其是实体经济企业和中小微企业的综合融资成本，为产业链供应链发展构筑更为优裕的金融环境。实施知识更新工程和技能提升行动，加强创新型、应用型、技能型人才培养，壮大高水平工

程师和高技能人才队伍，完善技术技能评价制度；加快农业转移人口市民化进程；健全统一规范的人力资源市场体系，实行更加开放的人才政策，畅通人才和劳动力社会性流动渠道。大力培育数据要素市场，建立数据资源产权、交易流通、跨境传输和安全保护等基础制度和标准规范；建设国家数据统一共享开放平台，扩大基础公共信息数据有序开放，鼓励互联网平台公司、大型研究机构等各类社会数据的开放共享，提升其资源价值；加强数据资源整合和安全保护。健全要素市场运行机制，完善要素交易规则、服务体系和评价分配机制，重点是市场决定要素价格机制、规范的社会信用体系、统一的交易平台和交易规则、有效的要素交易监管机制，以及由市场评价贡献、按贡献决定报酬的收入分配机制。

四、创新营商环境，厚植产业链供应链发展土壤

营商环境是产业链供应链发展的土壤。营商环境好不好，直接决定企业参与产业链供应链构建的积极性。党的十八大以来，我国持续推进"放管服"改革，加快政府职能转变，营商环境的市场化、法治化、国际化水平不断提升。2020年1月1日起，我国开始施行《优化营商环境条例》。根据世界银行发布的《2020年全球营商环境报告》，全球190个经济体的营商环境排名中，2019年度中国排名为第31位，比2017年度的第78位和2018年度的第46位有了大幅度跃升，连续两年跻身全球营商环境改善最快的前十个经济体之列。当然，与发达国家相比还存在较大差距。虽然排名位次有了较大提升，但我国营商环境总体得分只达到全球最佳水平的77.9%，相关指标如纳税、跨境贸易、办理建筑许可、办理破产、保护中小投资者、开办企业等的具体排名仍待提升。因此，要进一步优化市场化、法治化、国际化营商环境，以职责明确、依法行政的政府治理体系畅通政企双向沟通渠道，

切实激发包括国有经济、民营经济和外资经济在内的各类市场主体参与构建面向全球化的产业链供应链的活力，为增强产业链供应链自主可控能力厚植更为牢固的根基。

五、加强国际产业安全合作，打造具有更强创新力、更高附加值、更安全可靠的产业链供应链

现实生活中，大量风险和挑战具有全球性特征。没有国际合作，任何一个国家都无法有效应对产业链供应链面临的危机。作为全球化和多边主义的积极倡导者和坚定维护者，我国应从国家总体安全观和世界百年未有之大变局的战略高度，看待国际产业链供应链的总体安全稳定对于解决我国产业链供应链不稳、不强、不安全问题的重要作用，认识到加强国际产业安全合作对于增强产业链供应链自主可控能力的重要意义。截至目前，在区域经济合作方面，区域全面经济伙伴关系协定（RCEP）和中欧投资协定的签署具有标志性意义。在与相关国家战略对接方面，哈萨克斯坦"光明大道"新经济计划、"欧亚经济联盟"、"容克投资计划"、越南"两廊一圈"等具有重要前景；在产业链供应链合作方面，中国已经与"一带一路"沿线相关国家签署了40多个产能合作文件，与东盟、非盟、拉美和加勒比国家共同体等区域组织开展机制化产能合作；在第三方合作机制方面，中国已与法国、日本、意大利、英国等14个国家签署了第三方市场合作文件。

在加强国际产业合作的过程中，要把我国对产业链供应链的主动布局和国际合作有机结合，形成国内外产业链供应链相互"扭抱缠绕"的格局，增强产业链供应链的韧性。要深入探索科技、市场等更深层次的国际合作，努力把基础性产业、关键性环节和核心企业留在国内，以更强的创新力、更高的附加值优势强化我国对国际产业链供应链的

影响力。要充分利用自由贸易试验区布局、自由贸易港等对外开放新高地，以及不断扩容、面向全球的高标准自由贸易区网络，扩大制造业、战略性新兴产业、现代服务业、农业等领域的对外开放，加大规则等制度型开放，吸引更多的国际产业资本进入中国，使其成为产业链供应链创新的新主体。要以"一带一路"为依托，进一步加大与相关国家之间的战略、规划、机制的对接以及政策、规则、标准的联通，积极建设包容普惠、互利共赢的产业链供应链合作体系，深化国际产能合作，完善第三方合作机制，加强境外经贸合作区建设，在合作中创造机遇，让各国人民共享经济全球化和世界经济增长成果。要与各国深入开展技术、标准、知识产权、认证认可、检验检测等领域的合作与交流，努力提升产业链供应链的国际话语权。高度重视全球产业链供应链突发事件的发生，在国际范围内搭建多渠道、多层次的替代方案和应急协调机制，最大限度地防止出现供应中断风险，降低供应中断所引致的损失。

第八章

大力发展数字经济

　　当今世界，数字经济蓬勃发展，深刻改变着人类生产和生活方式。数字经济已成为各国驱动经济发展的重要力量，也是大国竞争的重要领域。近年来，习近平总书记高度重视发展数字经济，仅2020年以来，就多次强调数字经济在疫情防控、复工复产、乡村振兴和经济社会发展中的重要作用。党的十九届五中全会和2020年中央经济工作会议，都对发展数字经济作出重要战略部署。"十四五"时期，我国将进入实现高质量发展阶段，基于科技创新、信息技术和数据要素发展起来的数字经济，由于具有流动性、融合性、连接性强等特点，能够有效提高经济质量和效率，成为"十四五"时期经济社会发展的重要内容。打造"十四五"时期数字经济新优势，关键是准确把握形势，精准施策发力。

第一节　从多维视角把握数字经济面临的机遇与挑战

　　人类文明的发展历史既是一部社会史，也是一部科技史、经济史、疫情抗击史。用历史的视角和现实的眼光来看待一个国家和地区的中长期发展更具穿透力，也更具说服力。推动"十四五"时期数字经济发展，要着眼历史多维视角、遵从历史发展逻辑、把握社会发展规律、认清疫情防控现实，从人类社会发展、科学技术发展、经济社会发展、新冠肺炎疫情影响等几个维度，来解析数字经济面临的发展机遇和突出挑战。

一、从人类社会发展看，数据要素价值凸显的信用社会已经到来

　　每一个社会发展阶段总有其特定的活跃生产要素。在农业社会，土地和劳动力是活跃要素；在工业社会，劳动力和资产是活跃要素；在信息社会，资产和技术是活跃要素。随着数据的积累、大数据技术的发展和数据在各行各业的广泛应用，数据时代即将来临，人类社会也将步入以数据为活跃生产资料的信用社会。信用社会的主要特征是数据的价值空前凸显，技术和数据将成为关键生产要素。中国是人口

大国、互联网大国，数据要素资源丰富，在发展数字经济方面优势明显。公开数据显示，当前我国数据资源总量和数据资源中心数量分别占全球的 20% 和 23%，成为名副其实的数据资源大国和全球数据中心。可以说，中国具有大力发展数字经济得天独厚的条件。

信用社会的到来决定了未来的竞争是信息之争，数据要素成为关键要素，我国在数据要素市场化方面存在短板。2020 年 3 月，《中共中央、国务院关于构建更加完善的要素市场化配置体制机制的意见》发布，其中最大的亮点之一是数据被列为新型要素，参与生产、分配等经济活动。数据也从资产正式变为生产资料，成为影响和制约生产力发展的关键要素。将数据作为生产要素，事关市场资源配置，事关收入调节分配，事关生产力发展，也事关我国经济长期发展。当前，数据共享难、流通难问题依然突出，数据的权属问题、估值问题依然模糊，数据的定价机制、交易机制尚未建立，数据要素市场化、数据交易制度化问题亟待解决。

二、从科学技术发展看，基于信息技术发展起来的数字经济前景广阔

习近平总书记指出："即将出现的新一轮科技革命和产业变革与我国加快转变经济发展方式形成历史性交汇，为我们实施创新驱动发展战略提供了难得的重大机遇。"[1] 科技创新带动技术突破，技术突破带来动力变革，新技术新动力又赋能社会发展，带动社会整体向数字化方向转型。当前，5G、人工智能、产业互联网、物联网迎来发展风口，与之相关的新技术、新产品、新材料、新产业将成为今后重点突破领域。有关研究认为，未来 10 年有若干项关键数字技术将实现从

---

[1]《敏锐把握世界科技创新发展趋势　切实把创新驱动发展战略实施好》，《人民日报》2013 年 10 月 2 日。

量变到质变的改变，包括自动驾驶、机器翻译、生物计算、深度学习、数字城市运营、个人智能助手等，都将对经济社会发展产生深远影响。

科学技术的发展决定了未来的竞争是科技之争，数字技术成为必争之地。科技直接影响一个国家的产业结构和经济质量，对国家的发展和稳定至关重要。数字经济是现代信息技术发展的产物，蕴藏在信息技术中的关键技术、核心技术则是科技研发和科技创新的结果，也是科技竞争和科技突破的重点。当前，我国在一些关键领域的核心技术存在"卡脖子"现象，核心技术受制于人的问题较为突出，这在一定程度上将影响我国数字经济高质量发展，且这种状况短期内难以改变。比如，集成电路产业，如果离开国外的生产设备，高新技术产业发展所需的高精度芯片将无法生产；在操作系统方面，家用电脑和手机的操作系统几乎都被国外技术垄断，信息安全、产业安全和经济安全隐患突出。近年来，主要国家都在加大科技创新力度和数字经济布局，美国加紧对我国高科技技术、产业、企业进行制裁、打压和围剿，在某种程度上也是在与我国争夺数字技术制高点和话语权。

三、从经济转型发展看，数字经济有效助力建设现代化经济体系

建设现代化经济体系离不开数字经济的发展和信息技术的应用。"十四五"时期，我国进入构建新发展格局、催生新动能、激发新活力、打造新优势、拓展新局面的新发展阶段。新发展阶段的主要任务之一就是建设现代化经济体系。从助力畅通"双循环"角度看，数字经济在优化资源配置确保产业链供应链安全、促进资源流通提高经济社会运行效率、拉动生产消费助推经济高质量增长、联通内外循环促进经济深度融入世界经济体系等方面发挥着重要作用，为国民经济运行畅通提供有效支持。从助力培育新动能角度看，数字经济是技术创新、模式创新、产品创新的典型代表，是新发展动能的重要来源。从

助力释放新活力角度看，数字经济推动了资源配置市场化、供需匹配精准化、交易支付数字化、信息获取便利化，极大调动了市场主体创新的积极性。从助力形成新局面角度看，数字技术在舆论引导、社会治理、疫情防控等方面发挥着不可或缺的作用，是推动新时代形成共建共治共享社会治理格局的重要保障。

建设现代化经济体系决定了未来的竞争是产业之争，新业态新模式新产业新产品成为制胜砝码。我国在推进新业态发展、推动产业迈向中高端方面仍然落后。伴随着全球创新格局的深度调整，世界经济总体进入经济业态更为多元、产品性能更为优质的高质量发展新时代。新时代着力推动数字技术与传统产业深度融合、提升传统产业性能、培育新业态新产业是大势所趋。当前，我国产业互联网在部分领域发展比较缓慢，工业互联网尚没有形成规模效应，农业互联网总体效益尚不明显，服务业互联网发展程度参差不齐，数字技术的红利没有得到完全释放。新业态新模式发展迅猛，但流量效应尚未很好地转化为经济效应，鼓励新业态新模式新产业的法律法规和政策环境亟待完善。构建新发展格局决定了必须牢牢把握扩大内需这个战略基点，注重需求侧管理，通过大力发展数字经济带动消费提质升级。我国消费率一直偏低，消费呈现疲软态势。2019 年最终消费占 GDP 的比重为 55.4%，虽比几年前有所提高，但仍大幅低于发达国家平均 80% 的水平。2020 年以来，受疫情冲击，居民消费更加疲软，2020 年前三季度全国居民人均可支配收入实际仅增长 0.6%，而人均消费实际下降了 6.6%。发展数字经济，有利于促进供需精准对接，有利于为经济转型升级开辟新路径，也有利于开拓新的消费空间。

四、从疫情防控实际看，数字经济迎来"群体扩容"的发展良机

中国社会几千年的发展史，也是一部伟大的抗疫史。随着对疫情

防控认识的提高和防控手段的进步，人类预防和治疗疾病的手段越来越多样，也越来越先进。在有效应对疫情以及疫情给经济社会发展造成的影响时，解剖技术、生物技术、生物制造技术等得到广泛应用，推动科学技术取得突破性发展。新冠肺炎疫情对我国数字经济发展有冲击破坏作用，更有倒逼促进作用。但在疫情防控中，数字经济经受住了考验，也获得了新的发展机遇。一方面，新型互联网经济快速发展。新冠肺炎疫情防控期间，企业生产和居民出行受限，大量消费和生产需求持续从线下向线上转移，数字技术、数字经济表现出巨大发展潜力。从生产端看，企业推行在线协同办公，推动经营业务数字化、网络化、智能化，不断推出各种数字新产品新服务；从消费端看，居民主要通过线上方式满足购物、娱乐等日常所需，线上消费习惯逐渐养成，"宅经济"逐渐形成。另一方面，产业数字化加速发展。在疫情防控期间，大数据的重要性得到充分展现，人员地理流动识别应用显著增加，交通运输行业数字化转型加速，数据助力社区治理精细化，很多行业"触网"成功，推动新时代产业数字化发展条件更为成熟。

新冠肺炎疫情的冲击决定了数字经济未来的竞争是线上之争，过度依赖线下发展的行业受影响较大，部分传统行业亟待转型。新冠肺炎疫情对经济的影响好坏参半。一方面，在线教育、在线购物、在线办公、在线生产等发展较快，线上经济迎来新机遇；另一方面，旅游出行、餐饮娱乐等过度依赖线下消费的行业受损严重，相关市场主体受影响较大。较长时间的疫情防控状态使人们在心理上、习惯上开始追求健康消费、居家活动。随着疫情防控进入常态化，人群聚集、卫生难以保障的线下活动将面临长期发展困境，亟待通过技术手段培育行业运行新模式，推动线下消费加快向线上转移。

第二节　数字经济的发展基础与新的发展趋势

当前，数字技术与经济社会各个领域深度融合，数字经济因其具有培育经济新形态、构筑竞争新优势的重要作用，受到包括中国在内的世界各国的青睐。一方面，党的十八大以来，以习近平同志为核心的党中央高度重视数字经济发展，我国在数字技术领域从"跟跑"发展到"并跑"，在一些领域甚至实现了"领跑"，数字经济得到了迅速发展。另一方面，受内外部环境和新冠肺炎疫情影响，数字经济呈现新的发展趋势。

一、"十四五"时期数字经济发展具有良好基础

近年来，以习近平同志为核心的党中央抢抓新一轮科技革命蓬勃发展的历史机遇，围绕数字技术、数字经济、数据要素提出了一系列重大战略部署，推动数字中国建设取得历史性成就。就推动数字中国建设来看，主要从三个方面作了系统性部署。其一，提出了一系列重大战略部署。党的十八大之后，党中央提出网络强国战略，党的十九大提出要建设网络强国、数字中国、智慧社会，中央政治局围绕大数据战略、人工智能、区块链等数字技术及其应用多次进行集体学习，发展数字经济、建设数字中国成为国家重大发展战略。其二，出台了一系列战略规划。党中央、国务院围绕加快推动大数据、人工智能、平台经济、数据要素的发展印发了《促进大数据发展行动纲要》《关于促进人工智能和实体经济深度融合的指导意见》《关于促进平台经

济规范健康发展的指导意见》等一系列文件，为数字经济发展奠定了政策基石。其三，打造了一系列新型平台。倡导召开年度世界互联网大会、数字中国建设峰会、国家网络安全宣传周并制度化，举办世界人工智能大会，通过二十国集团（G20）杭州峰会发布《二十国集团数字经济发展与合作倡议》，开启中欧数字经济合作，数字中国战略影响力不断扩大，共同发展数字经济的合作机制不断完善。

中国数字经济加速发展，具备良好的发展基础。从经济总量来看，"十三五"时期中国数字经济占 GDP 比重始终在 1/3 以上，数字经济增速始终保持在两位数以上，数字经济总规模位居全国第二，成为名副其实的数字经济大国。2019 年，我国数字经济增加值规模达到 35.8 万亿元，占 GDP 比重达到 36.2%，占比同比提升 1.4 个百分点，按照可比口径计算，数字经济名义增长 15.6%，高于同期 GDP 名义增速约 7.85 个百分点，数字经济在国民经济中的地位进一步凸显。从覆盖规模来看，中国宽带覆盖率、移动网络覆盖率全球领先，宽带网络用户和移动网络用户数量世界第一。从创新发展来看，电子商务、移动支付、共享经济发展迅速，互联网新业态、新模式快速成长，消费互联网全球领先。既有成绩的取得，为"十四五"时期数字经济发展奠定了良好的基础。

数字经济正加快与各行业产业融合渗透。中国信息通信研究院发布的《中国数字经济发展白皮书（2020 年）》显示，2019 年，我国产业数字化增加值占 GDP 的比重为 29%，其中，服务业、工业、农业数字经济渗透率分别为 37.8%、19.5% 和 8.2%。数字经济蓬勃发展，以 5G 为代表的新一代信息通信技术，正在融入社会的千行百业，深刻改变着人类生产和生活方式。特别是新冠肺炎疫情期间催生了大量的线上消费需求，培育了人们新的生活、学习、办公、社交等习惯。互联网依托其特有的技术优势和平台属性，各种新业态正加速渗透千行百业，带活实体经济。诺贝尔经济学奖得主迈克尔·斯宾塞认为，中国经济之所以能够经受疫情考验，主要支撑力就来源于数字新兴产业。

二、"十四五"时期数字经济发展呈现新的趋势

数据成为重要资源。疫情防控过程中，大数据在疫情信息采集、疫情演变追踪、疫情数据分析以及溯源预警、医疗救助和资源配置中得到广泛应用。大数据是数字经济时代的"石油"，是信息科技的基础。一方面，对数据资源的掌控、运用能力已成为国家软实力和竞争力的重要标志。数据在应对疫情中发挥的重要作用再次证明，数据资源已经成为战略性基础性资源，充分利用好高价值数据资源，能进一步提升社会治理能力和公共服务水平，加快数字政府和智慧城市建设。另一方面，大数据及其解析能力已成为企业的核心竞争力，企业可以从消费端采集消费习惯、用户评价等数据用于改进生产端，从而把消费者牢牢地吸附到自身产业生态中。企业只有将核心业务数据牢牢掌握在自己手中，才能从中萃取更大的商业价值，进而优化产品，提高企业核心竞争力。

技术创新备受关注。数字经济本质上来说是"创新经济"。随着5G技术的发展和算力能力的提升，数字孪生、数字交互信任、边缘计算等各种颠覆性技术不断出现，技术创新的速度将越来越快，科技创新将日益成为企业市场角逐的核心竞争力，数字科技将引领下一波经济发展浪潮。培育创新经济的核心是实现科学技术与经济活动的贯通。疫情防控期间，快速测温器、手势或语音控制电梯、无人值守机器人等新产品快速推出，基于人工智能、大数据等技术的病毒检测和病理诊断技术取得突破性发展，技术创新、产品创新取得积极进展。未来很长时间，新算法、新技术、新产品等数字科技，将通过成果转移、创业孵化等方式向商品转化，形成由大数据、人工智能、区块链

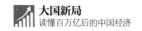
等关键核心技术构成的产业新体系。

数字化转型步伐加快。这次疫情造成的空间隔离，使传统经济活动很难开展，有些甚至处于停滞状态。但数字经济摆脱了对人力资源和物质资源的高度依赖，依托数据、算法和通信技术等要素资源即可实现运转，凸显出独特优势。如果说2003年"非典"推动了数字经济领域电商的崛起，那么这次新冠肺炎疫情将会全面推动我国经济的数字化转型升级，数字经济也将成为畅通国内大循环、促进国内国际双循环的重要支撑。这次疫情中，一些地方数字化建设起步较早，扫码登记、远程医疗、在线办公等得到广泛应用，在科学防疫、复工复产方面更加主动，显现出"得数字化者得先机"的趋势。未来，各地将加快数字化转型步伐，数字经济将迎来新一轮发展高潮。

经济社会深度线上化。疫情引发数字经济新一轮"消费下沉"。对企业而言，由于复工进度延迟，企业主动寻求突破，将工作场景向线上迁移，远程办公、智能生产逐渐成为常态。对个人而言，疫情限制了出行，人们开始被迫聚焦并逐渐熟悉通过线上渠道满足个人生活需求。对于公共服务机构而言，服务从线下转移到线上，不仅是应对疫情的短期举措，也是快速回应社会诉求的需要。疫情防控期间多地使用的"健康码"成为数字经济下公共治理的一个缩影，既让普通居民迅速了解了疫情变化，也方便了社区数据迅速上报，最大限度解决了社会治理中信息不对称的短板，提升了公共服务机构对疫情的精准判断和科学决策。可以说，数字经济正成为保障社会运转的重要支撑，经济社会深度线上化发展已成为新共识。

新基建迎来新机遇。新冠肺炎疫情发生以来，党中央把加强新基建作为有效应对疫情和构建内需体系的重要战略部署。从疫情防控实际情况看，受疫情影响和复工复产要求，线上经济活动需求高涨，产业互联网发展呼声强烈，对新基建的需求十分庞大。从需求侧来看，新基建有利于稳增长、稳投资和稳就业，也有利于消费升级，能够更好满足人民群众的美好生活需要。从供给侧来看，新基建有利于推动创新发展和绿色发展，是抢占全球科技创新制高点的基础要件。比如，最近一段时间，尽管有些国家极力阻挠华为公司进入本国市场，但还是有很多国家欢迎华为公司参与本国 5G 建设，其看重的也是以 5G 为代表的新基建的广阔应用前景。新基建还是智慧城市建设的重要组成部分，在升级智慧城市基础设施、赋能智慧城市治理方面发挥着不可替代的作用。

第三节　加快数字经济发展的战略举措与政策配合

构建新发展格局、畅通经济循环是"十四五"时期的重点任务，也是数字经济发展的发力点。在畅通数字经济循环方面，我国还存在不少问题。一方面，数字经济国内循环体系主要节点都存在堵点。在生产领域，很多核心数字技术和关键元器件、原材料不能实现自主可控，产业链存在断裂风险；在分配领域，数据参与分配的制度体系尚未建立，数据要素价值未充分挖掘；在流通领域，产品溯源和无人配送进展缓慢，数字基建亟待升级换代，数字流通体系尚未建立；在消费领域，"线上经济""无接触经济""定制消费"等新消费模式亟待激活，国内数字消费市场潜力未完全释放。另一方面，数字经济国际循环体系也有堵塞风险。从"引进来"看，一些发达国家一直限制向我国出口高科技技术，这种情况近年来有愈演愈烈之势，加之一些国家还在推动制造业回流和向第三国迁徙，数字经济发展的国际环境日趋严峻；从"走出去"看，近年来中国数字经济企业在国外投资发展屡屡受到一些国家的限制和排斥，数字经济产业融入世界经济的难度

越来越大。因此，从畅通数字经济国内国际循环体系的角度看，必须大力发展数字消费、数据要素、数字技术、数字基建、数字合作，优化数字经济发展营商环境。

一、围绕鼓励新消费打造"新业态"

从当前中国经济结构看，消费已成为经济发展的主要动力源。通过推动消费结构、消费需求偏好以及消费方式的转变，能够有效打造新业态，打造新的消费热点。一是通过发放新消费补贴巩固新业态。对在疫情期间表现突出的在线教育、在线医疗企业给予公共消费专项支持，通过发放消费券方式，鼓励学生或在职人员参加在线学习，鼓励患者进行远程问诊；探索对求职类网络平台给予补贴，以求职人员稳定入职达到一定期限为基本考核条件，采取事后补贴的方式对网络平台给予经费支持，以网络就业促进社会就业。二是通过引导新消费模式发展新业态。进一步提升社区商业网点标准化水平，强化社区商业与线上平台深度整合，使社区商业网点作为线上购物的自提点或配送点，拓宽社区商业商品供给渠道，提升社区消费能力；鼓励智能货柜经营企业与电商企业、快递企业等利益主体协调合作，建立合理的利益分配机制，有效盘活货柜资源，助力新业态健康发展。

二、围绕推动经济转型升级发展"新产业"

我国已进入高质量发展阶段，持续推动经济转型升级刻不容缓。随着数字技术发展和数据要素的应用，产业结构升级将更多地表现为技术进步和数据要素投入带来的边际效率改善。推动产业数字化转型，促进从研发设计、产品生产、仓储物流到销售服务全流程数字化，促进产业融合发展和供需精准对接，将为经济转型升级开辟新路径。一是加快推动产业数字化。加强数字技术与制造业、农业的深度融合，推动智能制造、智能生产、智慧农业尽快形成成熟的生产经营模式，尽快形成产业规模效应，实现数字技术对传统产业的深度赋能和提质增效；创新数字技术与服务业的融合发展，着力建设智慧交通、智慧物流、智慧金融等新型服务业；加快建设产业互联网，重点推动生产制造、商贸流通、教科文卫等领域与互联网、人工智能深度融合，在打造产业互联网示范平台的基础上，着力建立国家级产业互联网平台，通过数字化手段不断提升传统产业效能、催生新兴产业形态。二是大力发展产业互联网。产业互联网的本质是通过数据进行信息交换与传递、利用数据洞察行业企业运行规律、使用数据驱动全要素的网络化协同，产生新价值、新模式、新产品。比如，实时把消费端需求传递给生产侧，消费者的反馈又为研发生产下一代产品提供参考。探索建立"1+N"产业互联网平台体，即指培育一个跨行业、跨地域、国家级的产业互联网平台，在此基础上，培育一批行业级、区域级、企业级等多级产业互联网平台。三是加快发展数字新产品。随着大众消费习惯的改变，无接触经济、智能经济将更受欢迎，相关产品也将更有市场。着力发展基于新技术的无人经济，加强对生产、物流、配送、看护等领域机器人、无人机的研发，破除阻碍新产品落地的有关政策障碍。

三、围绕建设智慧城市推动"新基建"

近年来，党中央多次部署新基建，以 5G 网络、数据中心、工业互联网等为代表的新基建必将成为今后一段时期建设的重点。新基建与智慧城市有着天然的、密不可分的联系，新基建的主要应用场景是智慧城市，智慧城市是新基建的重要载体。一是智慧城市与新基建要同步规划、同步发展。要将新基建列入国民经济和社会发展"十四五"

规划建设任务，列入城市总体发展规划和专项发展规划，统筹协调好新基建在全国的部署，既要确保新基建对智慧城市建设的有效支撑，又要避免新基建在相邻城市间的重复投资和恶性竞争。二是智慧城市与新基建要互相拉动、互相支撑。一方面，要聚焦智慧城市需求，推动与新基建有关的新技术、新产品的研发。据估算，今后 5 年中国新基建将带动投资约 11 万亿元，平均增速约 10%。[1] 新基建、新技术的生命周期普遍在 6—10 年，如果没有智慧城市的持续消费支撑，很难实现盈亏平衡。另一方面，要依托智慧城市开展新技术、新产品协同研发和测试验证。依托重点企业、科研院校、产业联盟、产业园区等，建设面向新基建的公共服务平台、产学研示范平台，打造新技术、新产品的公共创新服务载体。

四、围绕数据资产市场化培育"新要素"

生产要素市场的培育和发展，是发挥市场在资源配置中起决定性作用的必要条件。要释放数据要素的价值和活力，关键是加快培育和建立数据要素市场，以市场化机制保障数据确权、交易、保护、利用的制度化和高效化。一是明确数据资源权属。明晰数据的权属是数据要素市场化的基本前提。一方面，明确可交易数据的范畴，赋予数据市场主体明确的权利义务，有效激发市场主体加工数据、经营数据的积极性。另一方面，推动数据使用权与所有权的剥离，明确数据所有权归数据生产者、数据使用权（经营权）归数据经营者的权利关系；遵循边际贡献原则合理确定数据处置权，适当向数据经营者倾斜收益分配，有效提高市场主体的积极性。二是规范数据资源交易。数据要素市场要求价格必须准确反应数据要素的实际价值。一方面，积极推

---

[1] 参见孟飞：《新基建带来巨大赛道升维增量机会》，《经济日报》2020 年 9 月 14 日。

动数据可交易化。推动数据要素资产化，实现数据从虚拟形态的资源管理向价值形态的资产管理转化；推动数据资产资本化和数据资本可交易化，通过市场化经营、交易实现数据增值。建立健全数据要素市场交易规则、交易平台和监管制度，确保数据交易规范、公开、透明。另一方面，根据数据的性质制定差异化定价机制。对原始数据，因为数据的密度和质量差异性较大，应根据市场需求，采用动态的综合定价法；对于集成数据，因为存在基础设施和人力资本的投入，采用成本定价法更为合理。三是加强数据保护利用。一方面，重点做好数据跨境传输和安全管理，加强数据跨境流动安全评估，建立数据保护能力认证、数据流通备份审查、跨境数据流动和交易风险评估等数据安全管理机制，鼓励在自贸区施行数据跨境流动安全管理。另一方面，推动数据的高效开放和有效利用，构建政府数据开放质量保障标准，加快完善政企数据资源共享合作制度，积极构建不同行业、领域数据开发利用场景，提升各行业数据资源利用效能。

五、围绕核心技术攻关打造"新动力"

核心技术是数字化发展的重要基础和核心支撑，是引领新一轮科技革命和产业变革的关键力量。数字经济核心技术包括集成电路、操作系统、5G、人工智能等，是构建数字经济产业体系的关键技术。当前，我国在数字核心技术方面取得了一定的突破，但与抢占全球技术制高点、实现完全自主可控还有一定差距。数字核心技术攻关对知识和资金密集程度要求较高，周期长、风险高，必须完善相关机制，确保尽快实现技术突围。一是建立有效发挥各方作用的制度体系。纵观数字技术领先的国家，其发展无一不体现着国家意志和国家支持，无一不体现着领军企业的深度参与。一方面，要发挥好国家在发展规划制定上的主导作用，特别是在产业链布局上，做好统筹协调；加大国家对"0到1"的重大技术突破的资金支持。另一方面，注重让领军企业深度参与政策制定，确保各方面资源得到充分利用。二是尽快建成完全自主可控的产业防线。准确把握我国数字技术"卡脖子"领域发展现状和国内市场需求，力争用较短时间尽快实现各领域全产业链的国产化。鼓励国内用户和终端生产厂商使用自主可控技术产品，避免在非关键应用场景方面对自主技术过于苛求，确保自主产业防线尽快发展壮大。三是完善产业高端人才汇聚的政策环境。数字技术涉及物理学、材料科学、工程科学、信息科学等，对高端人才需求较大。既要用市场化机制吸引国（境）外人才，又要针对美国对中国科技和工程人才实施出入境限制等歧视性政策，努力化危机为机遇，制定有关政策吸引这部分高端人才留在国内。

六、围绕畅通数字经济国际循环致力于"新合作"

从时间坐标看，数字经济的快速发展将重塑未来全球政治与经济格局，引领新一轮更高质量的、基于信息社会环境的全球化进程。从空间坐标看，数字技术超越了国家范畴和地理范围，各国只有紧密合作，才能发挥数字技术、数字经济的最大效力。一是强化数字经济国际治理合作。着力增强国家间互信关系，完善国际数字贸易规则，提升法律协调透明度，积极参加国际化技术标准体系建设。借助G20、共建"一带一路"倡议、中国－东盟论坛、金砖国家论坛等新型合作组织，探索推进区域层面数字经济合作发展。二是推动数字贸易、数字服务持续对外开放。推动"一带一路"沿线国家在技术交流、数据共享、市场贸易、信息消费等方面的合作，培育更多利益契合点和经济增长点，推动数字经济更好融入国际市场。抓好外商准入负面清单实施，鼓励有技术、有资金的外资企业来中国投资。三是协同有关国家积极探索建立数据跨境流动安全管理机制，特别是针对数字贸易中存在的交易跨境、消费跨境、数据流动跨境等行为，可以考虑在现有自贸区范围内，开展有关数据交换、保护和认证，着力破解影响数字贸易的数据安全和数据管理问题。

七、围绕优化数字经济营商环境实现"新治理"

数字经济作为一种新的经济形态，同其他经济形态一样，要走上蓬勃发展之路，就必须有适宜的市场环境、监管制度和法制保障等营商环境作支撑。一是加强数字经济法治保障。数字经济时代，技术集群的颠覆式创新与发展给现有法律体系带来很大挑战。要通过立法的形式赋予新技术发展与应用必要的法制保障。比如，要结合"零工经济"这一新就业形态的出现，完善劳动法及相关工伤保险制度，保障就业人员基本权益性。加快制定出台数据安全管理办法，严厉打击非法收集和利用国家数据、个人数据的违法活动。加强对数字内容、数字技术相关知识产权的保护，保障市场主体权益不受侵犯。二是制定对数字经济新业态包容审慎、创新容错监管实施细则。对数字经济新业态实施包容审慎监管，并非新内容，已是各方共识。要建立针对新业态的创新容错监管实施细则，明确新制定相关法规文件要给企业留出足够的调整期，明确对创新性企业、创新性技术的容错范围。针对数字经济企业创新活动，给予政策和市场环境的支持，为企业创新从"实验室到市场"提供便利和扶持，优先发挥市场机制调节作用，减少新技术、新业务、新应用上线门槛，增强企业创新动力，增强数字经济发展活力。三是创新对数字经济企业的金融支持。数字经济企业区别于以物为生产要素的企业，很难得到间接融资。要加大科创板对数字经济企业支持力度，降低投资门槛，增加投资者数量。扩宽政府引导基金出资人范畴，研究将市场化投融资机构、家族财富基金和高净值个人等多元主体列入募资对象，做大基金资金池。制定针对部分

行业企业的"金融稳压政策",对受疫情影响较大的住宿餐饮、物流运输、文化旅游等行业,以及有发展前景但暂时受困的初创数字经济企业,给予更多融资支持。

第九章

坚持扩大内需这个战略基点

　　回顾世界各国经济发展历史实践，超大规模经济体在发展中面临的诸多变量具有内生性和不可预设性，这也决定了其在进入中高收入阶段后，必须转向以内需为主的发展。外需的不可持续性和波动性不足以支撑超大规模经济体实现从中高收入阶段向高收入阶段的成功跨越。从中长期来看，我国经济将更多地强调通过扩大内需来稳定增长。坚持扩大内需这个战略基点，便是以习近平同志为核心的党中央在新发展阶段作出的重大科学判断和战略部署。

第一节　坚持扩大内需战略基点的背景和内涵

习近平总书记指出，当今世界正经历百年未有之大变局。世界进入动荡变革期，国际经济、贸易、科技等格局都在发生深刻调整，加之新冠肺炎疫情全球大流行，为全球经济带来更多的不确定性，大国博弈日趋激烈，当前和今后一个时期，我国经济将面临更多逆风逆水的外部环境和改革攻坚处于关键时期的内部环境。

一、坚持扩大内需这个战略基点部署的形成

1998 年中央经济工作会议指出，扩大国内需求、开拓国内市场，是我国经济发展的基本立足点和长期战略方针。2010 年的"十二五"规划更是将"扩大内需"首次独立成篇进行阐述，对"两头在外"出口导向型发展战略实施调整，提出"坚持扩大内需特别是消费需求的战略，必须充分挖掘我国内需的巨大潜力，着力破解制约扩大内需的体制机制障碍，加快形成消费、投资、出口协调拉动经济增长新局面"。党的十八大以来，习近平总书记高度重视扩大内需的重要性，从"统筹中华民族伟大复兴战略全局和世界百年未有之大变局"两个

大局出发，多次就扩大内需发表重要讲话，提出了一系列新观点、新论断、新要求。

2020年4月17日，习近平总书记在中共中央政治局会议上强调，坚定实施扩大内需战略，维护经济发展和社会稳定大局。2020年5月23日，习近平总书记在看望参加全国政协十三届三次会议的经济界委员并参加联组会时指出："面向未来，我们要把满足国内需求作为发展的出发点和落脚点，加快构建完整的内需体系……逐步形成以国内大循环为主体、国内国际双循环相互促进的新发展格局。"[①]深刻阐释了坚持扩大内需战略对于构建新发展格局的基础性和根本性地位。新发展格局形成的关键在于充分发挥国内超大规模市场优势，加快培育完整内需体系。党的十九届五中全会进一步厘清了扩大内需与供给侧结构性改革的关系，两者不是非此即彼的对立关系，而是要有机结合、相互促进并在此基础上明确了扩大内需的具体要求，提出："坚持扩大内需这个战略基点，加快培育完整内需体系，把实施扩大内需战略同深化供给侧结构性改革有机结合起来，以创新驱动、高质量供给引领和创造新需求。"要畅通国内大循环，促进国内国际双循环，全面促进消费，拓展投资空间。2020年12月16日召开的中央经济工作会议更是明确将"坚持扩大内需这个战略基点"作为2021年深化改革、增强发展内生动力的重点任务之一。党的十九届五中全会和中央经济工作会议都把"坚持扩大内需"提到了"战略基点"的高度。2021年1月11日，习近平总书记在省部级主要领导干部学习贯彻党的十九届五中全会精神专题研讨班开班式上指出，"构建新发展格局的关键在于经济循环的畅通无阻"，在提出"坚持深化供给侧结构性改革这条主线"后，接着在制度层面和时间层面对扩大内需提出明确要求，"要建立起扩大内需的有效制度，释放内需潜力，加快培育完整内需体系，

[①]《坚持用全面辩证长远眼光分析经济形势　努力在危机中育新机于变局中开新局》，《人民日报》2020年5月24日。

加强需求侧管理，扩大居民消费，提升消费层次，使建设超大规模的
国内市场成为一个可持续的历史过程"，从而将"扩大内需"这一重
点任务制度化、长期化。

这些重要论断科学地回应了社会各界关于如何坚持扩大内需这个
战略基点的关切，有力地诠释了我国应对国际体系发生深刻调整、全
球治理体系发生深刻变革、国际力量对比发生深刻变化的中国智慧和
中国方案，是习近平新时代中国特色社会主义经济思想的理论创新与
生动实践，为当前和今后一个时期我国经济发展提供了行动指南和根
本遵循。我们应立足新发展阶段，贯彻新发展理念，准确理解扩大内
需这个战略基点的时代背景及其深刻内涵，始终把扩大内需战略同深
化供给侧结构性改革有机结合起来，坚持以供给侧结构性改革为主线，
提高供给质量和水平。高度重视需求侧管理，努力形成需求牵引供给、
供给创造需求的更高水平动态平衡，增强消费对经济发展的基础性作
用，全面促进消费，优化投资结构，拓展投资空间，带动经济提质增
效，加快构建以国内大循环为主体，国际国内双循环相互促进的新发
展格局。

二、经济全球化遭遇逆流下的全球贸易模式变化

2008 年国际金融危机后，以美国为首的西方发达国家因全球化利
益的国内分配不均导致反对声音压倒了拥护全球化的力量，反全球化
和逆全球化势力纷纷抬头，美国特朗普政府的"退群"、英国政府的
"脱欧"成为逆全球化的典型案例。在此背景下，贸易保护主义和单
边主义盛行，美国挑起的大国贸易摩擦严重扰乱了全球经济秩序，使
原来基于以 WTO 为代表的多边贸易体制的全球经济治理受困。由于
贸易保护主义的日渐兴起给世界贸易带来了严重影响，国际货币基金
组织报告指出，从 1960 年到 2015 年，按实际值计量，世界贸易平均

增长率达 6.6%；而 2008 年至 2015 年，这一数字仅为 3.4%。2016 年以来，"黑天鹅事件""灰犀牛事件"频频出现，世界范围内的逆全球化思潮汹涌，全球贸易保护主义继续发酵。以美、日、德等为代表的诸多发达国家对制造业回流本国采取了鼓励措施，针对发展中国家的贸易保护、贸易壁垒大幅增加，科技封锁、产品围剿日趋严重，造成对外贸易发展的巨大障碍。

虽然逆全球化思潮正在发酵，但全球贸易模式的转变，也为我国充分挖掘内需市场潜力，逐渐转变过去长期依托出口导向型经济带动国内经济的发展模式奠定了基础。全球贸易模式的变化主要体现在，传统的以产品贸易为主的世界贸易模式，逐渐转变为以价值链贸易为主的全球分工新格局。这一新发展趋势为不同发展阶段的国家、不同规模的企业进入资本密集型价值链，更大程度地参与全球分工提供了契机。我国作为世界唯一拥有联合国产业分类中全部工业门类的国家，凭借工业结构的完整性在全球价值链中从高到低各个环节进行了部署，形成了新的比较优势和规模优势，我国产业深度参与全球分工，要素配置对其他国家必然产生巨大和正面的外溢效应。在我国 14 多亿人口的超大规模内需市场的拉动下，国内大循环越顺畅，这一外溢效应也将越来越明显，不仅有助于增强我国国内市场对全球的吸引力，提升我国在世界经济中的地位，而且为其他国家的企业进入全球潜力最大市场利用更多的国际商品和要素资源提供了更广阔的市场机会。总的来看，我国坚持扩大内需不仅有助于形成强大的国内需求，也为逆全球化背景下的世界经济注入更多的稳定性、确定性与持续性。

三、各国争夺技术和产业制高点日趋激烈

从工业革命发展的历史演化来看，人类社会已经经历了三次工业革命浪潮，第一次工业革命于 18 世纪 60 年代起始于英国，以蒸汽机

的改良和广泛应用为标志，极大地提高了生产力；以电气技术为主的第二次工业革命让电力成为新的能源动力；以计算机技术为主的第三次工业革命中，计算机控制下的自动化设备大大提升了工业生产效率。当前，我们正经历着以智能化、数字化、大数据和物联网技术为主的新一轮工业革命。工业 4.0 时代的到来为基于信息物联融合系统的人、机、网连接提供了技术基础，为减少企业生产成本、降低工业程序复杂性提供了新方案。信息技术、制造技术、生物技术等领域的技术不断取得重大突破，人工智能、大数据、云计算、物联网等新兴技术的广泛应用不仅使传统产业得到革命性重塑，产业更新换代速度不断加快，也催生了更多的产业新形态、网络新业态，孕育出以智能化、数字化、绿色化为主要特征的投资消费需求。新一轮科技革命和产业变革是世界百年未有之大变局的推动力量，在调整国家间力量对比、重塑世界政治经济格局中发挥的作用愈加明显，也为中国传统生产方式和生活方式的改进及提升提供了重要契机。个性化、多样化消费渐成主流，由此引发的国内新需求的扩大，将为投资提供广阔空间，为畅通国内循环提供新的重大机遇。

从世界经济史的演进和经济中心的转移可以看出，科技创新一直是支撑经济中心地位的一个强大力量，科技制高点伴随着先进的技术和顶端人才的流动而变化。进入 21 世纪以来，尤其是国际金融危机爆发以来，科技创新的重要性更加凸显，发达国家纷纷出台一系列政策推动技术创新、发展新型产业，如美国商务部下辖的国家标准与科技协会发起的"美国制造"项目确定 3D 打印、数字化制造与设计、智能制造、物联网、再生医学、机器人等为未来 5 年内美国优先发展领域；日本政府制定了"科技立国"战略方针，大力开放高校的科研机构，推进前沿科技项目联合研究，最终形成"政府—企业—大学"联合创新生产格局。韩国政府从法律、政策、管理体制等多个方面促进企业自主创新。各国也高度重视科技人才的培养，美国长久以来大力扶持、推进 STEM（Science，Technology，Engineering，Mathematics）教育体系。瑞士十分重视科技创新人才的培养，政府每年对教育的投入占联邦支出的 10% 左右。在全球范围内看，瑞士的教育投入比重位于世界前列，凭借高额的教育投入构建了多元化的教育机制，完善的职业培训体系，源源不断地为瑞士提供高素质的科技创新型人才。

我国政府在制定相关政策、统筹规划的同时，也要注重激发企业的自主创新能力，发挥市场主体作用。习近平总书记深刻指出："我国同发达国家的科技经济实力差距主要体现在创新能力上。"[①]据中国科学技术发展战略研究院发布的《国家创新指数 2018》，中国综合创新能力国际排名第 17 位，远远落后于其他主要经济体。对此，我国高度重视科技创新在现代化建设中的重要作用，党的十九届五中全会通过的《中共中央关于制定国民经济和社会发展第十四个五年规划和二〇三五年远景目标的建议》中提出，"坚持创新在我国现代化建设全局中的核心地位，把科技自立自强作为国家发展的战略支撑"。这是我们党制定规划建议历史上第一次把坚持创新驱动发展放在规划任务的首位进行专门部署，第一次把创新放到前所未有的战略高度。这一战略方针为我国积极抢占科技创新制高点提供了重要的制度保障。我国必须充分利用不断扩张的本土中高端需求市场这个战略资源优势，支持本土企业进行巨额创新研发投入，构建本土市场需求升级与本土企业自主创新能力提升的相互促进式的循环上升机制，重点围绕"卡脖子"的关键核心技术创新，构建战略性新兴产业体系，实现自主可控的国内市场布局，不断向新技术、新知识制高点迈进，向全球产业链高端迈进，为强大的内需市场提供坚实的基础。

---

① 习近平：《关于〈中共中央关于制定国民经济和社会发展第十三个五年规划的建议〉的说明》，《人民日报》2015 年 11 月 4 日。

四、新冠肺炎疫情全球大流行给经济运行带来不确定性

2020 年初，一场突如其来的新冠肺炎疫情全球蔓延，造成全球经济"停摆"。20 亿—30 亿人口"封城"或禁足导致全球经济陷入 20 世纪以来范围最广、第二次世界大战以来程度最深的大衰退，对并不牢固的全球复苏基础形成冲击。有研究指出，疫情对经济的影响将超过 2008 年国际金融危机，甚至超过 1929—1933 年全球经济"大萧条"的影响。2020 年 10 月，国际货币基金组织预测 2020 年全球 GDP 将萎缩 4.4%。本次疫情是一次重大非传统安全事件，当前疫情全球扩散形势仍不容乐观，未来疫情蔓延的最终规模与影响至今仍难以确定。具体来看，疫情对全球经济造成的不确定性主要包括以下几个方面。

第一，供给中断，跨国公司位于疫情发生国家的工厂出现停工停产现象，导致依赖这些跨国公司产品的上游企业和下游企业的生产经营活动受到干扰；因疫情蔓延造成的关键性原材料供给短缺，导致全球相关产品生产和流通的全球产业链的局部性破坏，产品创造的价值不能够充分实现，抑制了企业的价值创造能力和价值实现能力；对特定城市、特定区域的人员流动和物资流通采取的限制措施以及因安全防疫等级上升而造成的货物清关时间变长，造成物流效率大幅下降，物流成本剧增。航运、海运、航空等相关企业经营严重受挫，加剧了产业链供需风险，尽管自 2020 年 5 月起取消了一些对市场、劳动力的限制，情况有所改善，但除中国外，大多数受疫情影响的国家尚未恢复正常。

第二，需求收缩，隔离措施使居民消费受到直接冲击，由于担心公共场合交叉传染，消费者多采用线上方式，减少了面对面的接触，导致航空、住宿、餐饮、娱乐等行业受到沉重打击。疫情冲击使居民对未来就业和收入出现悲观预期，各国消费者信心指数均出现明显下降，下降幅度直逼 2008 年国际金融危机时的水平。各国经贸活动均受到疫情严重冲击，对于国内企业来说，要想依靠产能稳定国际市场份额仍存在不小的困难。为了有效控制疫情对外贸需求的影响，将部分外贸产能转向国内市场，将为企业提供更多保障。

第三，投资受抑制，疫情导致了强烈的经济衰退预期，面对未来的不确定性，企业不敢贸然增加投资，终端消费需求降低又导致企业进行投资的必要性降低，因全球需求下滑引发的石油价格战、金融市场动荡带来的融资成本上升进一步降低了企业的投资意愿。2020 年 3 月，联合国贸发会预计 2020 年全球国际直接投资将下降 30%—40%。2020 年 4 月，世界贸易组织预计 2020 年全球贸易额将下降 13%—32%。以中美两国为例：2020 年 1—2 月，中国固定资产投资完成额累计同比下降 24.5%，一季度累计同比增速下降 16.1%；美国资本支出预期指数中，费城联储制造业指数和堪萨斯联储制造业指数均出现大幅下滑，反映在疫情冲击下投资疲软的态势。疫情给各国经济、政治带来的不确定性，可能会动摇一些国家支持经济全球化的信心，激化国家与国家之间合作的矛盾和分歧，导致依靠外需推动自身经济发展的模式可能面临新挑战。各国出台的"去全球化"政策措施推动着我国从依靠外需的经济全球化向依靠内需的经济全球化转变。疫情暴发以来，我国政府采取超常有力举措，有效遏制疫情发展，率先实现全面复工复产，经济运行呈现趋稳向好的走势。随着全球疫情呈现常态化趋势，外部环境的不确定性因素增多，我国超大规模的内需市场是实施扩大内需战略的重要条件和基础，也是抵御外部环境不确定性风险的重要保障，将为世界各国提供广泛的投资、贸易和出口机会，为世界经济恢复性增长贡献中国力量。

第二节　当前坚持扩大内需存在的问题

进入新发展阶段，新一轮科技革命和产业变革的加速调整，逆全球化趋势日益明显，新冠肺炎疫情大流行导致外部环境日益复杂，为坚持扩大内需战略提供了重要契机。同时我们也要看到，一系列问题和挑战仍然突出，如供需结构性矛盾，收入分配差距拉大，市场机制不完善等。

一、供需存在结构性矛盾，内需结构不均衡

习近平总书记指出，当前我国"结构性问题最突出，矛盾的主要方面在供给侧"[①]。所谓结构性问题，主要体现在供给结构和需求结构之间不匹配、不平衡和不协调。党的十九大报告首次提出，社会主要矛盾已转变为人民日益增长的美好生活需要和不平衡不充分的发展之间的矛盾。其中，人民日益增长的美好生活需要表明居民的消费结构在不断升级，不平衡不充分的发展则指出了供给侧结构和布局上的不均衡与规模和总量上的不充分问题。随着改革开放的持续深入，我国居民人均收入水平不断提高，以满足温饱型消费需求为主、以生产中低档工业制成品为最终产品的供给模式，难以适应和满足人民群众消费升级的需要，即中低端供给过剩与高端供给不足并存，供给结构未能及时根据需求变化进行相应调整，例如，钢铁并不是需求不足而导

---

① 《坚定不移推进供给侧结构性改革　在发展中不断扩大中等收入群体》，《人民日报》2016 年 5 月 17 日。

致的总量性产能过剩，而是低端钢材供给过多，一些特殊的高端钢材却供给不足，仍需依赖大量进口而产生的结构性产能过剩。又如，从必需品与非必需品的角度看，我国必需品供给相对过剩，非必需品供给相对不足。一方面，食品、服装等必需品支出占可支配收入的比例在不断缩减，供给端却未表现出相应的结构化调整，仍然在原有较高基数的基础上扩大生产；另一方面，非必需品的需求在迅速增长，供给却相对不足，如反映人民日益增长的美好生活需要的教育、旅游等重要领域的有效供给不足而引起的"需求外溢"现象。根据相关数据，2006—2015 年，我国出国留学人数从 4.2 万人次上升至 52.37 万人次，年均增长率高达 32.55%。2019 年，我国居民出境人数达到 1.69 亿人次，比 20 年前增长了 17 倍。另据世界银行的统计，2018 年，我国居民国际旅游支出达到 2773 亿美元，占世界旅游总支出的 18%。近年兴起的"海淘"购物某种程度上也是这种供需不匹配的表现。消费者"购买的商品已从珠宝首饰、名包名表、名牌服饰、化妆品等奢侈品向电饭煲、马桶盖、奶粉、奶瓶等普通日用品延伸"[1]。事实证明，我国不是需求不足或者缺乏需求，而是居民消费目标已从"有没有"转向"好不好"，也就是高质量的产品和服务供给。然而，供给的产品和服务没有与之相匹配，由供给侧有效供给能力滞后于需求侧升级换代引起的供需结构性矛盾造成了消费能力不断外流的现象，解决这一矛盾的关键在于推进供给侧结构性改革。内需结构不均衡主要体现在两个方面：一方面来源于最终需求比例低于世界平均数。根据世界银行的数据，2018 年我国最终消费支出占 GDP 的比重即消费率为55.1%，仍然属于较低的水平，比高收入国家平均水平低 17.9 个百分点，比中等偏上收入国家的平均水平低 9.2 个百分点。另一方面是最终需求中政府支出的比例高，国有企业占的比例高，民众的比例比较

---

[1]《习近平谈治国理政》第二卷，外文出版社 2017 年版，第 253 页。

低。政府对国有企业的补贴，特别是对低端国有制造业企业大量补贴，导致一些低效率仅依靠政府补贴生存的国有"僵尸企业"无法及时退出市场，造成国内产业结构升级缓慢。这也是阻碍供给侧的本土企业提升自主创新能力，开发关键核心技术，向产业链高端迈进的制约因素，进而无法满足消费者的中高端需求。

二、收入分配差距日益拉大，消费升级面临阻碍

改革开放以来，我国经济保持了较快的增长速度，居民收入水平持续增长，但面临着收入分配差距不断扩大的问题，特别是第四次工业革命的兴起，有可能扩大资本回报与劳动力回报之间的差距，进一步加剧收入不平等现象。当前，国民收入分配在不同收入群体之间存在不合理因素。据统计，2018 年我国的基尼系数为 0.468，较 2017 年呈上升态势，收入分配差距在警戒线以上。2020 年，全国居民人均可支配收入中位数是 27540 元，比平均数（32189）低 16.8%；城镇居民人均可支配收入中位数 40378 元，是农村居民人均可支配收入中位数 15204 元的 2.66 倍。按照五等份划分的收入群体，高收入组人均可支配收入为 80294 元，是低收入组人均可支配收入 7869 元的 10.20 倍。当前，我国收入分配两极化问题还比较严重，农村居民收入明显低于城镇居民收入，这可能会制约农村市场开拓和消费投资需求的扩大。收入差距的拉大，还可能影响劳动积极性，加剧对分配不公的不满情绪。虽然我国经济持续不断增长，但由于低收入群体消费不振，高收入群体边际消费倾向递减，短期内难以依靠低收入群体带动消费升级，所以有必要形成中等收入群体占据绝对比重的收入分配结构。实践证明，这种"橄榄型"结构是一种最有利于扩大内需的制度结构安排，也是最优的社会结构。我国现有中等收入群体 4 亿人，如果经过 15 年左右的努力，中等收入群体达到 8 亿人，我国的消费能力和消费

水平将有一个质的提升。

三、有效投资仍显不足，投资结构有待优化升级

党的十九届五中全会指出："优化投资结构，保持投资合理增长，发挥投资对优化供给结构的关键作用。"2020 年中央经济工作会议在部署 2021 年经济工作时继续强调："形成强大国内市场是构建新发展格局的重要支撑，必须在合理引导消费、储蓄、投资等方面进行有效制度安排。""要增强投资增长后劲，继续发挥关键作用。"改革开放以来，我国各类基础设施和公共服务设施已有长足发展，但我国是世界上最大的发展中国家，仍处于并将长期处于社会主义初级阶段，投资领域仍存在不少短板弱项，主要表现为与高质量发展相关领域的投资不足。以发展数字经济为主要方向的新兴产业形态，对新型基础设施建设提出了更高的要求，不仅表现为数量上的扩大，更体现为科技含量和质量上的提高，而现有投资无法提供具有更好体验的高端供给需求；以人为中心的新型城镇化建设的推进面临均等公共服务建设不足，与人口规模不匹配等问题；实施区域发展战略带来的区域基础设施建设短板问题以及新冠肺炎疫情暴露出的公共卫生服务与应急设施领域短板，都体现了缺乏高质量投资以及引导机制对产业高质量发展的制约。此外，养老、家政等生活服务供给也出现因投资信心不足、投资回报不确定性增加等因素面临投资困境，从而难以满足养老服务消费需求的增加。这些短板弱项都需要通过有效投资加以补足，不断提高投资的经济和社会效益，更好满足人民日益增长的美好生活需要。

四、社会主义市场经济体制需加快完善、持续深化

经过改革开放 40 多年的发展，我国社会主义市场经济体制逐步确

立和不断完善。随着我国经济发展进入新常态，社会主要矛盾发生深刻变化，经济发展由高速增长迈向高质量增长，进一步完善社会主义市场经济体制突出表现为处理好政府和市场的关系，其中关键在于充分发挥市场在资源配置中的决定性作用，更好发挥政府作用。无论是从市场层面还是政府层面来看，都存在不少束缚市场主体活力、阻碍市场和价值规律充分发挥作用的因素。

从市场层面来看，建设统一开放、竞争有序的市场体系，是使市场在资源配置中起决定性作用的基础和条件。当前，我国商品和服务市场快速发展，97%的商品和服务已由市场定价，但要素市场发育明显滞后，要素价格形成机制不健全，要素自由流动存在体制机制障碍，资源配置效率不高。从各类生产要素来看，土地市场化水平不高，市场机制对城乡土地配置的作用发挥不够充分；劳动力市场供需不匹配，结构性矛盾依然存在，户籍制度对外来人员就业、就医、教育等方面保障力度依然不够，高校毕业生就业市场严峻与企业生产性工人不足现象普遍存在；金融市场体制机制不完善导致金融服务实体经济的功能未能充分发挥；技术要素的市场化配置存在多种问题，技术创新成果产权模糊、知识产权评估不规范、科技成果与市场需求结合不紧密、技术交易市场不完善等严重阻碍科技创新和科技成果的转化，抑制资本对科技创新的支持；数据伴随信息经济发展成为一种新型生产要素，但涉及数据的产权界定、管理制度、公开共享范围和安全保护等系统的规则尚未建立，相应的法律规范依然缺失，数据资源配置市场的价格体系也未形成，无法进行交易市场化。

从政府层面来看，在实践中突出表现为部分领域和环节存在政府越位、错位、缺位等问题。一是政府过多使用行政权力和手段，过度干预，该放给市场的权力没有放足、放到位，限制了市场配置资源作用的发挥。习近平总书记指出："更好发挥政府作用，不是要更多发挥政府作用，而是要在保证市场发挥决定性作用的前提下，管好那些市场管不了或管不好的事情。"由于政府部门利用行政资源过度干预市场运转，导致市场正常运行节奏被打乱了，市场资源配置效率降低。二是政府该管的地方没有管到位。政府在宏观经济治理中的职责和作用主要体现为"立规矩""定标准""守底线"，但部分领域仍存在法治规范不完善，政策标准不清晰、行业标准不明确、市场监管体系不健全、公共服务不充分等问题，影响统一高效公平市场环境的建设，比如，良好法治环境的缺失，无法保障企业合法利益。产权制度不健全对科技创新的激励不足，也无法依法保护企业家的各类权利。又如，政府在垄断、外部影响、非对称信息、收入差距拉大以及公共产品不足等市场失灵领域的作用还未充分发挥。从公共产品来看，基础教育、医疗、养老、保障性住房等民生领域的公共产品和服务投入不足，直接导致居民生活成本增加，对未来预期产生不确定性，制约了消费潜力的释放。

第三节　坚持扩大内需的实施路径

坚持扩大内需这个战略基点，是构建新发展格局的核心要求，是我国实现经济高质量发展、增强发展稳定性的迫切需要，是适应我国经济发展阶段变化、提升经济韧性的支撑力量，也是满足人民群众对美好生活需要、增强获得感幸福感的必然选择。进入新发展阶段，需要坚持扩大内需这个战略基点，充分利用我国超大规模市场优势，加快构建以国内大循环为主体、国内国际双循环相互促进的新发展格局，推动我国由经济大国向现代化经济强国迈进。

一、继续推进供给侧结构性改革，增强供需适配性和灵活性

第一，坚持扩大内需这个战略基点，加快培育完整内需体系，把实施扩大内需战略同深化供给侧结构性改革有机结合起来，不能将扩大内需与供给侧结构性改革对立起来，应重点从供给侧发力扩大内需，总的原则是用消费带动投资、用下游投资带动上游投资、用进口带动出口。中国国内市场消费潜力巨大，必须从供给端发力，深化供给侧结构性改革，不断提升供给质量和产品质量，更有效、更灵活地适应需求结构的变化。

第二，推进供给侧结构性改革必须以科技创新为核心驱动力。要抓住科技革命的机遇，提高企业创新能力和市场竞争力，提升产业链供应链现代化水平，加快核心技术攻关，不断提高国产品牌的影响力和市场占有率，不断适应新模式、新业态。企业应通过加大科技创新力度，积极调整现有供给结构，适应不断扩大的消费需求。在此次疫情中，一些传统企业借助互联网信息技术改造转型升级，催生了直播带货、生鲜电商、无人配送、在线教育、远程问诊等新型消费业态；"云会议""云办公""云面试"等新型工作方式，突破空间界限，化解了疫情防控与线下工作的矛盾，成为应对疫情冲击的重要力量。疫情催生的新消费形态在未来也可能成为常态化消费，因此要积极培育和扩大这些新型消费，使其成为新的消费拉动力量，加快释放消费潜力。

第三，推进供给侧结构性改革要以满足人民对美好生活的需求为最终目标。习近平总书记指出："人民对美好生活的向往，就是我们的奋斗目标。"[1]人民群众的需要是动态的、发展的、上升的。经过 40 多年的高速增长，我国经济实力、人民收入水平有了大幅提高。2019

---

[1]《十八大以来重要文献选编》（上），中央文献出版社 2014 版，第 69 页。

年，我国人均国民总收入首次突破 1 万美元大关，带来的是不断增强的购买力，人民群众个性化、多样化的消费需求越来越多，对消费质量和消费品质要求越来越高。所以，供给侧结构性改革应该坚持以人民为中心的价值导向，以人民的需求为努力方向，不断改善消费环境、提高产品和服务质量。一是不断扩大优质文化产品供给，着力提升公共文化服务水平，不断满足人民日益增长的精神文化生活需求。增加农村公共文化服务总量供给，提升城乡公共服务质量。二是满足人民群众多层次多样化健康需求，加快提高卫生健康供给质量和服务水平，大力发展养老、托幼服务以及大健康产业，解决人民群众关心的重大民生福祉问题。积极应对人口老龄化，开发新的消费领域和经济增长点，满足人民群众更高的美好生活需要。三是推动体育产业高质量发展，不断满足体育消费需求。四是不断提高供需适配性，既要关照中高端人群消费转型升级的需求，也要满足庞大的消费"长尾"部分，即收入偏低人群的基本生活需求。

二、深度挖掘农村市场潜力，加快城乡一体化进程

要积极构建新发展格局。农村具有巨大的发展空间，是可以大有作为的广阔天地，也是坚持扩大内需战略的重要领域。根据《中华人民共和国 2019 年国民经济和社会发展统计公报》，2019 年，我国常住人口城镇化率达到 60.60%（户籍人口城镇化率为 44.38%），仍有 5.5 亿多人常年生活在农村。即使将来城镇化率达到 70%，我国仍有 4 亿多人生活在农村。可见，农村市场本身也是一个非常大的市场，是我国超大规模市场的重要组成部分。没有农村市场的启动和发展，超大规模市场的优势就难以得到有效发挥，扩大内需的效果就不能充分显现。从消费结构上看，城乡居民消费水平差距较大且农村居民边际消费倾向更高，农村居民消费支出基数较低，增长更快，潜力更大，因

此要重视农村市场的开发和培育。

要加快农村基础设施和公共服务建设，积极引领社会资本投资乡村，将扩大投资与改善民生结合起来，不断改善农村消费环境，提高农村人口的消费能力，大力推进城乡一体化建设，实现乡村振兴目标。农村居民是内需消费市场的强大动力，仅仅依靠现有农村居民又无法充分挖掘其市场潜力，因此必须鼓励全社会共同参与，发挥政府投资的撬动作用，激发民间投资活力，引导优质资源向农村流动，比如，农村公共设施的人均投资远低于城市，如果促进城乡基础设施和基本公共服务一体化发展，将会开辟巨大投资空间。要始终坚持"工业反哺农业，城市支持农村"的方针，促进城乡要素双向流动，促进市民与农民合作发展，达到城乡一体化的发展格局。逐渐改变目前劳动力单向流动、企业向大城市聚集的状况，更多地引导社会资本参与乡村建设，鼓励更多的农业企业、农产品加工业设在农村。

在推进城乡一体化建设中，县域经济发挥着重要作用。县域经济是城市之尾、乡村之首，是城乡融合发展的关键连接点，是实现现代公共服务城乡均等化的枢纽，是新型城镇化的着力点和新增长点。要通过推动县域经济发展，释放巨大的市场投资潜力。现阶段我国县域建设总体滞后，对医疗、教育等公共服务供给总量不足、质量不高，人居环境与实际民生需求之间仍存在一定的缺口，通过补齐县域经济短板强化弱项建设，建立县域建设消费中心，完善县域产业平台配套设施，推动县域适应新一轮产业转型要求，进一步满足"小镇青年"等的消费需求，将激发对内需的巨大拉动作用，不断催生有效投资和消费。

三、完善收入分配制度，提高中低收入群体的消费能力

扩大消费市场的潜力在于中低收入人群，在于把收入分配的差距

限制在合理范围内。

第一，完善收入分配体系，进一步提高居民收入水平。持续增加居民收入是把消费需求转化为消费能力的根本方法，是形成稳定持久消费行为的动力源泉。国民经济的总体增长是保证居民收入提高的前提，要想将高额的收入转化为超大规模的消费潜力，就必须坚定实施按劳分配为主体、多种分配方式并存的基本分配制度，尤其要注意通过增加低收入人群收入、扩大中等收入群体规模和调节过高收入人群的收入缩小收入差距。由于中低收入人群在数量和规模上明显大于高收入人群，而且边际消费倾向明显超过高收入人群，应重点通过提高中低收入人群的收入来扩大消费市场，提高"一次分配"权重，继续推进"二次分配""三次分配"改革，如通过税收、转移支付等方式持续完善收入分配体系，逐渐形成中等收入群体为主的"橄榄型"收入分配结构。

第二，完善统筹城乡民生保障制度，推进住房、户籍、医疗等方面的改革。根据相关统计，我国城镇居民家庭资产中，住房资产占比为 7 成，房贷占家庭总负债的 75.9%，造成家庭资产配置失衡，这在一定程度上抑制了居民的消费能力。必须坚持"房住不炒，因城施策"的思路和原则，通过扩大租赁房和安居房等保障性住房供给，积极引导居民合理配置家庭资产，促进房地产市场稳定健康发展。

第三，促进充分就业，提升就业质量。当前，农民工、低技能失业者和低收入者就业问题仍然突出，必须通过稳就业促民生。为进一步增加劳动力供给，提振农民工的消费能力，在已推出的放松大城市落户政策的基础上继续推进户籍制度改革，构建更完善的社保体系，创造更多更好的就业机会和发展环境。要加大职业技能培训力度，提高人力资本质量，提升就业质量，充分发挥政府职能，推动岗位创造，扩大招生规模，扩大就业容量，用好失业保险基金结余，综合施策保就业。针对低收入人群和困难生活群体，要通过完善最低生活保障机

制，合理增加教育、医疗等公共服务保障其正常生产生活，进一步夯实居民消费能力。

四、深化社会主义市场经济体制改革，建设高标准市场体系

党的十九届五中全会提出："完善宏观经济治理，建立现代财税金融体制，建设高标准市场体系，加快转变政府职能。"其中，市场是产品和服务流通以及要素配置的基础性中介，市场结构和价格形成机制的发育水平，也决定着商品和服务消费以及要素配置的效率。当前，我国已经在国企改革、农村集体经营性建设用地入市等方面陆续出台了一系列政策。为了进一步推动高标准市场建设，必须做好以下几点。

第一，在土地、资金、科技、数据等重点领域健全要素市场制度规则，以市场化改革为方向，打破限制要素流通的各类障碍和壁垒，实现要素的市场化自由流动，增强资源的有效配置水平。

第二，完善产权制度建设，加强知识产权保护工作顶层设计。加快知识产权保护法治建设，加大知识产权保护力度，特别是人工智能、生物技术等新产业新领域的产权保护制度，让创新成果更好地惠及人民群众。加强以保护消费者权益、反不正当竞争、惩罚知识产权侵权等为重点的市场监管，加强企业商业秘密保护，增强各类市场主体投资信心，充分发挥知识产权对科技创新的激励作用，推动实现知识产权高质量创造、高效益运用、高标准保护、高水平治理。

第三，完善宏观经济治理，建立现代财税金融制度。财政政策和货币政策是各国政府最重要的宏观经济政策。如果只肯定其中一种政策的作用，而否定或忽视另一种政策的作用，则会贻误宏观调控的良机。内需体现为消费和投资，为充分激发各类市场主体活力，释放市场需求潜力，要建立现代财税金融制度，更加强调、注重财政与金融

的政策配合和制度协调。就财税政策而言，进一步改革企业所得税制，实施更加精准的加计扣除优惠政策，优化研发支出范围的界定，挖掘具有潜在创新力的企业；通过打造具有国际竞争力的个人所得税制，吸引科技创新人才，激发更多更高级的科技创新成果，满足需求端结构的变化；创新政府预算管理制度，根据当期的社会消费和投资情况灵活施策，有针对性地扩大对特定项目、特定领域的投资和支出，使财政支出合理有效。就金融政策而言，完善包括优化的货币政策目标体系、创新的货币政策工具体系和畅通的货币政策传导机制在内的现代货币政策框架；健全宏观审慎监管制度，构建系统性金融风险预警、防控和处置体系；按照市场化、法治化、国际化原则，健全具有高度适应性、竞争力、普惠性的现代金融机构体系，增强金融服务实体经济、支持国家战略的能力。

第十章

全面推进改革开放

"改革开放是党和人民大踏步赶上时代的重要法宝，是坚持和发展中国特色社会主义的必由之路，是决定当代中国命运的关键一招，也是决定实现'两个一百年'奋斗目标、实现中华民族伟大复兴的关键一招。"①40多年来，在党的领导下，改革开放开启了中国社会主义现代化的伟大征程，确立了中国特色社会主义道路的前进方向，奠定了中国特色社会主义制度的各项内容，深刻地改变了中国的面貌，乃至影响了世界历史的进程。全面建设社会主义现代化国家新征程和第二个百年奋斗目标对全面推进改革开放提出了更高要求。

---

① 习近平：《在庆祝改革开放 40 周年大会上的讲话》，人民出版社 2018 年版，第 21 页。

第一节　新发展格局对全面推进改革开放提出新要求

2020 年以来，着眼我国发展阶段、环境、条件变化，习近平总书记多次在重要讲话中提出，要推动形成以国内大循环为主体、国内国际双循环相互促进的新发展格局。党的十九届五中全会强调，依托强大的国内市场，贯通生产、分配、流通、消费各环节，畅通国内大循环；立足国内大循环，发挥比较优势，促进国内国际双循环，从而实现加快构建以国内大循环为主体、国内国际双循环相互促进的新发展格局。新发展格局是事关全局的系统性深层次变革，与我国进入高质量发展阶段的要求相适应，是实现高水平对外开放发展的需要。为构建新发展格局，必须着力全面推进改革开放，从改革和开放两个方面入手，在二者相互促进中"开新局"，全面推进改革开放也就成为构建新发展格局的必然要求。

一、不断改革是解放和发展社会生产力的根本动力

对社会生产力的关注是马克思主义的中心问题，也是中国特色社会主义政治经济学的核心主题。马克思和恩格斯在《共产党宣言》中

指出："资产阶级在它的不到一百年的阶级统治中所创造的生产力，比过去一切世代创造的全部生产力还要多，还要大。"① 但是，马克思主义政治经济学并非单纯关注生产力的自然属性，而是强调生产力的社会属性。在《资本论》第一卷德文第一版序言中，马克思指出："我要在本书研究的，是资本主义生产方式以及和它相适应的生产关系和交换关系。"② 在这里，马克思关注的是生产方式，即生产力的社会运动形式，重点考察与生产方式相对应的在生产过程中形成的生产关系和交换关系，由此确立了政治经济学的研究对象。随着生产力的发展，生产方式与生产关系必然发生变化，探讨生产关系的变革对生产力的影响成为马克思主义的重要课题。可以看出，政治经济学由研究对象所确立的规定性对于生产关系的变革提出了各项要求。

中国特色社会主义建设理论与历程证明了改革对于解放和发展生产力的重要作用。邓小平指出："革命是解放生产力，改革也是解放生产力……过去，只讲在社会主义条件下发展生产力，没有讲还要通过改革解放生产力，不完全。应该把解放生产力和发展生产力两个讲全了。"③ 邓小平将改革提到了重要高度，特别将改革与生产力的解放，也就是生产关系的调整连接在一起，强调通过改革"解放"生产力发展桎梏的方式推动生产力发展。江泽民在党的十五大上提出："建设有中国特色社会主义的经济，就是在社会主义条件下发展市场经济，不断解放和发展生产力。"④ 将社会主义市场经济纳入改革重点，以此解放和发展生产力。胡锦涛在党的十七大上提出："改革开放是党在新的时代条件下带领人民进行的新的伟大革命，目的就是要解放和发

---

① 《马克思恩格斯文集》第二卷，人民出版社 2009 年版，第 36 页。

② 《马克思恩格斯文集》第五卷，人民出版社 2009 年版，第 8 页。

③ 《邓小平文选》第三卷，人民出版社 1993 年版，第 370 页。

④ 《中国共产党第十五次全国代表大会文件汇编》，人民出版社 1997 年版，第 19 页。

展社会生产力。"① 党提出的关于改革的重要理论发展了马克思主义理论，构筑了中国特色社会主义政治经济学的重要内容。这一重要理论正是来源于改革开放的伟大历程，也证明了改革开放是坚持和发展中国特色社会主义的必由之路。

党的十八大以来，我国改革开放和社会主义现代化建设事业站到了新的历史起点上。中国特色社会主义进入新时代，社会主要矛盾已经转化为人民日益增长的美好生活需要和不平衡不充分的发展之间的矛盾。社会主要矛盾的变化对党和国家的工作提出了许多新要求，对改革开放提出了新要求。为适应新时代新要求，党的十八届三中全会审议通过了《中共中央关于全面深化改革若干重大问题的决定》，提出了全面深化改革的指导思想，就如何深化改革提出了系统全面的指导思想、总体思路、主要任务、重大举措。

历史已经证明，改革是解放和发展社会生产力的根本动力。改革没有止境，改革一直在路上，以习近平同志为核心的党中央正领导全党全国各族人民进行一场深刻的改革事业。尤其是在进入新发展阶段、贯彻新发展理念、构建新发展格局时，必须坚持改革是解放和发展社会生产力的重要原则，将改革推向深化，以此实现中国特色社会主义制度的伟大革新。

二、对外开放是打造和开拓合作共赢新局面的必由之路

马克思和恩格斯早在《德意志意识形态》中就已经提出了从民族历史向世界历史的转变历程，指出："各民族的原始封闭状态由于日益完善的生产方式、交往以及因交往而自然形成的不同民族之间的分

---

① 《中国共产党第十七次全国代表大会文件汇编》，人民出版社 2007 年版，第 7 页。

工消灭得越是彻底,历史也就越是成为世界历史。"① 不仅如此,在《资本论》中,通过对资本逻辑的阐释,马克思揭示了世界历史形成的重要推动力正在于资本的扩张,在于资本在世界范围内生产发展和市场扩大的需要。马克思的预言得到了充分验证,尤其自 20 世纪 70 年代,信息技术革命推动了经济全球化的历史进程,人类生活在同一个地球村,各国之间越来越相互依存、命运与共。虽然全球化与世界历史在近年来遭遇了些许挫折与波动,逆全球化、单边主义与民粹主义给世界的全球化发展造成了一些阻碍,但席卷全球的新冠肺炎疫情证明了在面对全球性的重大的风险和困难时,单一国家不可能完全置身事外,各国只有在开放互助中才能携起手来,共克时艰。

习近平总书记指出:"改革开放 40 年的实践启示我们:开放带来进步,封闭必然落后。中国的发展离不开世界,世界的繁荣也需要中国。"② 中国的现代化历程已经证明了这一点,封闭的国家必然导致停滞不前,开放则兴,封闭则衰,文明只有在与世界的交流之中才能延续自身乃至不断革新。中国特色社会主义建设历程更是突出了这一经验的重要性。40 多年来,我们在坚持不断的对外开放中,不仅重塑了中国与世界各国的关系,更推动了中国特色社会主义事业在世界比较意义上的进步,这也说明只有在开放互动中才能推动社会发展,只有在与世界的交流之中才能推动世界历史向前发展。

在新发展阶段,打造新型对外关系有了内涵变化。从新发展格局的角度而言,国际循环对于提升国内大循环的效率和水平,改善我国生产要素质量和配置水平,推动我国产业转型升级具有重要意义。也要看到,构建新发展格局,实行高水平对外开放,必须具备强大的国内经济循环体系和稳固的基本盘。只有立足自身,把国内大循环畅通

---

① 《马克思恩格斯文集》第一卷,人民出版社 2009 年版,第 540—541 页。

② 习近平:《在庆祝改革开放 40 周年大会上的讲话》,人民出版社 2018 年版,第 33 页。

起来，才能更好地参与国际循环。因此，构建新型对外关系必须统筹国内和国际两个大局，始终将国内发展状况视为出发点和落脚点。不仅如此，"一带一路"倡议高质量发展、人类命运共同体的构建以及全球经济治理体系等一系列新举措、新方向为对外开放注入了新的活力，也为世界的发展作出重要贡献。在"十四五"和今后更长的时间里，我们要坚持对外开放的基本国策，全面提高对外开放水平，建设更高水平开放型经济体制，通过对外开放开拓合作共赢新局面，为构建人类命运共同体贡献中国智慧、中国方案。

新发展格局的提出适应了我国社会主要矛盾的发展变化，为高质量发展的主题注入源头活水。改革和开放一体两面、相互促进：只有坚持不断改革，才能确立更加优化的对外开放体制，才能更加从容地应对对外开放的风向与挑战；只有坚持不断扩大开放，才能打造国际合作和竞争新优势，从而促进改革的持续深入。推动高质量发展，贯彻新发展理念，构建新发展格局，开创"十四五"时期和全面建设社会主义现代化国家新征程的新局面，离不开改革开放的良性互动与齐头并进，只有在推动改革和开放相互促进中才能开好局、起好步。

第二节　构建高水平社会主义市场经济体制的改革任务

党的十九届五中全会强调，"全面深化改革，构建高水平社会主义市场经济体制"。全面深化改革的实质在于追求制度现代化，进而通过制度建设推进国家治理体系和治理能力现代化，从而为现代化国家建设提供坚实的制度保障，以制度优势助力中国发展。其中，经济体制改革正是全面深化改革的重中之重，这正是立足我国国情，为实现高质量发展，推动经济转型升级的必然选择。2020 年中央经济工作会议提出，以深化供给侧结构性改革为主线，以改革创新为根本动力，以满足人民日益增长的美好生活需要为根本目的。

一、激发各类市场主体活力，增强社会经济发展动能

《中共中央关于制定国民经济和社会发展第十四个五年规划和二〇三五年远景目标的建议》明确提出："毫不动摇巩固和发展公有制经济，毫不动摇鼓励、支持、引导非公有制经济发展。"在社会主义市场经济体制条件下，基于不同的所有制前提产生了不同的市场主体。市场主体是社会主义市场经济的微观基础，是经济社会发展的力量载体。国家市场监督管理总局登记注册局数据显示，截至 2020 年 9 月末，全国登记在册市场主体 1.34 亿户，较 2019 年底增长 9.0%。其中，企业 4200 万户，增长 8.9%；个体工商户 9021.6 万户，增长 9.2%。针对不同的市场主体，2020 年中央工作会议提出了各项改革的方向。

针对公有制领域的国有企业，2020 年中央经济工作会议提出，要深入实施国企改革三年行动。2020 年 6 月 30 日，中央全面深化改革委员会第十四次会议审议通过的《国企改革三年行动方案（2020—2022 年）》从深化国企改革的出发点和落脚点、改革的原则、改革的标准、改革的前提、改革的政治保证等方面，明确了八个方面的重点任务：一是完善中国特色现代企业制度，形成科学有效的公司治理机制；二是推进国有资本布局优化和结构调整，聚焦主责主业，提升国有资本配置效率；三是积极稳妥地推进混合所有制改革，促进各类所有制企业取长补短、共同发展；四是激发国有企业活力，健全市场化经营机制；五是形成以管资本为主的国有资产监管体制，进一步提高国资监管的系统性、针对性、有效性；六是推动国有企业公平参与市场竞争，强化国有企业的市场主体地位；七是推动一系列国企改革专

项行动落实落地；八是推动党建工作与企业生产经营深度融合。实施国企改革三年行动是当前及今后一段时期深化国资国企改革的中心任务，也是国企改革抓重点、补短板、强弱项的重要抓手。

针对非公有制领域的民营企业，2020年中央经济工作会议提出，要优化民营经济发展环境。习近平总书记在民营企业座谈会上的讲话中指出："民营经济是社会主义市场经济发展的重要成果，是推动社会主义市场经济发展的重要力量，是推进供给侧结构性改革、推动高质量发展、建设现代化经济体系的重要主体。"[①]同时，习近平总书记指出，民营企业在近年来的发展中遇到了不少困难和问题，如"三座大山"：市场的冰山、融资的高山、转型的火山。良好的发展环境，能够让民营企业专心创业、放心经营、安心发展。为此，必须从多方面着手优化民营经济环境：针对市场门槛限制、投资限制，要进一步放宽市场准入，拓宽民间资本的投资领域；针对中小企业融资难、融资成本过高等问题，要完善金融服务体系，努力改善中小企业融资环境；针对复杂的政商关系和营商环境，要持续推进"放管服"改革，构建亲清政商关系。

在此基础上，坚持公有制为主体、多种所有制经济共同发展，还要推进国有经济布局优化和结构调整，推动国有资本更多投向国计民生的重要领域和关系国家经济命脉、科技、国防、安全等领域；积极稳妥推进国有企业混合所有制改革，规范有序发展混合所有制经济，探索建立有别于国有独资、全资公司的治理机制和监管制度；稳步推进自然垄断行业改革，提高自然垄断行业基础设施供给质量；营造支持非公有制经济高质量发展的制度环境，进一步激发活力和创造力。

二、建设高标准市场体系，构筑经济循环的市场基石

形成国内大循环为主体、国内国际双循环相互促进的新发展格局，

---

① 习近平：《在民营企业座谈会上的讲话》，人民出版社2018年版，第7页。

必然要立足国内市场，畅通生产、分配、流通、消费各个环节，通过发挥内需潜力，使生产、分配、流通、消费更多依托国内市场。新发展格局的构建对强大的国内市场、先进的市场基础设施、统一规范的市场规则以及法治化、国际化、便利化的营商环境提出了更高要求，高标准市场体系成为全面深化改革的重点内容。高标准市场体系的建设毫无疑问是社会主义市场经济体制建设的内在要求，并为高质量发展提供重要动力与制度支撑。建设高标准市场体系需要从多方面着手。

建立健全市场体系制度建设，筑牢社会主义市场经济有效运行的体制。产权制度、市场准入制度、公平竞争审查制度是市场经济基础性制度的重要内容。市场准入、公平竞争与知识产权的保护都离不开长效的制度和机制。针对市场上存在的各类有形无形的门槛，要放宽市场准入，健全市场准入负面清单制度，适时根据市场上出现的新技术、新产品、新业态、新商业模式等作出准入清单的动态调整。针对市场中不当竞争以及不正常的秩序，要健全公平竞争制度建设，加强反垄断和反不正当竞争执法司法。针对知识产权界定问题，要健全产权保护制度，加大产权执法司法保护制度，通过制度与司法为知识产权保驾护航。

深化要素市场化改革，推进要素市场制度建设。统一的大市场需要以市场要素的充分流通为前提。改革开放以来，我国已经建立了较为丰富的要素市场，劳动力、土地等因素的自由流动充分迸发活力，为经济社会发展提供了重要动力，也为融入世界市场奠定了坚实基础。我们也要看到，市场决定资源配置仍然有所限制，部分要素流动存在一定障碍。解决相关问题，必须完善要素市场化配置，推动要素在市场上的自由流动，使土地、劳动力、资本、技术、信息等要素能够充分地由市场配置，从而实现要素价格市场决定、要素流动自主有序、要素资源高效配置等多重目标，最终建立健全统一开放的要素市场。

高标准的市场体系绝对不是自说自话、故步自封，而是要促进国

内市场与国外市场的统一融合，构建世界一流的市场体系。为此，建设高标准市场体系还要从外资企业平等地位的保障、国际化营商环境的构建出发，丰富市场对外开放的层次和内容，打造与新型对外开放相适应的国内市场，从而积极融入国际市场体系，在世界市场中谋求和捍卫自身利益，并为世界经济治理贡献中国智慧、中国方案。

三、完善宏观经济治理，加强国际宏观政策协调

党的十九届五中全会通过的《中共中央关于制定国民经济和社会发展第十四个五年规划和二〇三五年远景目标的建议》从全局和战略的高度提出要完善宏观经济治理，明确了完善宏观经济治理的战略方向和重点举措。2020年中央经济工作会议再次重申，要完善宏观经济治理，加强国际宏观政策协调。因此，完善宏观经济治理是经济体制改革的重点方向。

宏观经济治理是政府承担经济调节的重要职能。完善宏观经济治理目的在于服务高质量发展，以就业、产业、投资、消费、环保、区域等方面的制度和政策为重点，通过财政政策、货币政策等手段，贯彻国家发展规划战略，从而实现调控经济增长速度、逆周期调节等宏观调控目的。宏观经济治理的实现依托于宏观经济治理体系建设，必须从目标体系、政策体系、制定和执行机制以及治理能力等方面入手，以宏观经济治理体系提升宏观经济治理能力。其中，2021年经济工作的一项重点正是加强国际宏观经济政策协调。

习近平主席在二十国集团领导人应对新冠肺炎特别峰会上的重要讲话中提出，要加强国际宏观经济政策协调。当时全球正遭受疫情冲击，全球经济正遭受前所未有的冲击，大部分国家和地区的生产、消费均出现较大幅度萎缩。为应对冲击，世界各国政府和中央银行纷纷出台政策，试图通过经济刺激等宏观政策稳定经济状况。由于所面临

的状况不同，以及不同政策工具的效果差异，各国宏观政策的具体内容和效果等存在较大差异。在这种情况下，加强国际宏观经济政策协调有着重要意义。一是有利于各国财税、货币政策平衡协调，防止世界经济陷入衰退。世界经济正面临普遍下行趋势，只有加强合作，在世界范围内通过政策协调，才能更好地抵御疫情冲击，防止世界经济陷入衰退。二是有利于维护全球产业链稳定。全球化的产业链供应链遭受新冠肺炎疫情的重大打击，全球性的生产面临系列危机，如"芯片荒"的加剧严重影响汽车产业，甚至逼得部分车企停产。在这种情况下，宏观政策的协调对于稳定各国产业链供应链的意义更加凸显。三是有利于维护国际金融稳定。在资本全球化的背景下，各国金融市场相互联动，个别国家的金融政策甚至影响全球市场波动。此次疫情中，美国采取几乎无限制的量化宽松政策，通过资本的全球传导提高了金融市场的风险。因此，加强国际宏观政策的协调对于国际金融市场稳定具有重要意义。

四、推动金融业高质量发展，规范发展第三支柱养老保险

习近平总书记指出："经济是肌体，金融是血脉，两者共生共荣。"[1] 高质量发展离不开金融体系的重要支撑，但金融领域的无序发展会对经济发展造成重大风险。自 2017 年第五次全国金融工作会议提出"防风险、去杠杆"的要求以来，影子银行、地方政府隐性债务、国有企业高杠杆以及民间非法集资等问题得到极大改善，金融领域存在的空转、脱虚向实等问题切实好转。以影子银行为例，中国银保监会 2020 年 12 月发布的《中国影子银行报告》显示，经过三年专项治理，影子银行野蛮生长的态势得到有效遏制。截至 2019 年末，广义

---

[1]《深化金融供给侧结构性改革　增强金融服务实体经济能力》，《人民日报》2019 年 2 月 24 日。

影子银行规模降至 84.80 万亿元，较 2017 年初 100.4 万亿元的历史峰值缩减近 16 万亿元。风险较高的狭义影子银行规模降至 39.14 万亿元，较历史峰值缩减了 12 万亿元。

推动金融业高质量发展，必须从完善金融服务、防范金融风险这两件大事着手。根据 2020 年中央经济工作会议的精神，必须从多方面具体落实改革任务。一是健全金融机构治理，强化金融机构主体责任，健全激励约束机制，完善现代金融监管体系，加强法制化建设，防止资本无序扩张，通过推动更高水平金融开放促进资本市场健康发展，提高上市公司质量。二是抓好各种存量风险化解和增量风险防范工作。打击各种逃废债行为。存量风险化解工作主要针对影子银行、地方政府隐性债务、高危中小金融机构以及不良资产的处理等。增量风险防范则对巩固成果、拓展监管范围提出了新的要求。

2020 年中央经济工作会议特别提出，要规范发展第三支柱养老保险，将第三支柱养老保险列为改革的重点任务。随着中国老龄化程度的加深，人口老龄化已成为中国社会越来越突出的一大问题。养老保险与每位国民息息相关，我国养老保险制度是一个"三支柱"体系。第一支柱是由国家统筹的养老制度构成，在我国为基本养老保险。截至 2019 年底，国内第一支柱基本养老保险参保人数为 9.68 亿人，基本养老保险基金累计结存 6.29 万亿元，是世界上最大规模的养老保险体系。第二支柱是由用人单位和职工共同缴纳的职业年金和企业年金。截至 2019 年底，共有 9.6 万户企业建立企业年金，参加职工 2548 万人。第三支柱指的是个人直接购买的储蓄型养老保险和商业养老保险。2018 年 5 月，第三支柱养老保险即个人税收递延型商业养老保险试点开始实施，是个人利用金融手段增加养老保障渠道的重要形式。根据银保监会的数据，截至 2020 年 4 月底，个人税收递延型商业养老保险参保人数 4.76 万人，累计实现保费收入 3 亿元。作为第三支柱的商业养老保险发展相对滞后，不仅产品和服务供给不足，覆盖面也只占很小一部分。为此，政府应通过制度设计保障第三支柱的商业养老保险有序健康发展；监管机构可以通过加快发展专业经营的市场主体、扩大商业养老保险领域的对外开放加快第三支柱产品发展；金融机构应发挥能动作用，提供优质的第三支柱养老保险产品，以此实现社会参与方的协同，共同推进第三支柱养老保险规范发展。

第三节　实行高水平对外开放的重要方向

党的十九届五中全会强调，坚持实施更大范围、更宽领域、更深层次对外开放，依托我国大市场优势，促进国际合作，实现互利共赢。对外开放是我国的基本国策，也是实现现代化的必由之路。以开放促改革、促发展，是我国现代化建设不断取得新成就的重要法宝。进一步深化对外开放是立足我国国情和国际形势所作出的主动选择。经过改革开放，我国已经成为世界第二大经济体、第一大货物贸易国、第二大消费国，利用外资、对外投资均居世界第二。这些发展成就离不开对外开放，未来实现高质量发展也必须在更加开放的环境下进行。全面建设社会现代化国家新征程的开启必须坚持对外开放的基本国策，通过高水平对外开放打造合作共赢的新局面，以新局面促进新发展。

一、健全贸易服务体系，完善开放政策保障机制

实现高水平开放离不开制度化建设，党的十九届五中全会提出，建设更高水平开放型经济新体制，通过体制建设助力更大范围与更深层次的对外开放。打造高水平开放型经济新体制意味着通过体制和机

制的改革与完善，协调发展内需和外需、进口和出口、引进来和走出去，从内与外两个方面稳外贸、推动外贸创新发展。

推动贸易体制改革，以制度型开放增强对外贸易综合竞争力。对外贸易是我国拉动经济增长的"三驾马车"之一，是国民经济和社会发展的重要推动力量。2020年以来，新冠肺炎疫情对国际贸易造成巨大冲击，我国外贸面临前所未有的风险和挑战。基于强大的制造能力与完备的产业链，2020年我国对外贸易仍然实现了正增长，货物进出口总额321557亿元，比2019年增长1.9%。其中，出口179326亿元，增长4.0%；进口142231亿元，下降0.7%。进出口相抵，顺差为37095亿元。国际市场份额大幅跃升，货物贸易第一大国地位更加稳固，贸易规模和国际市场份额双双创下历史新高。我国对外贸易结构持续优化，东盟首次成为我国第一大贸易伙伴；国内区域布局更加均衡，中西部地区承接加工贸易梯度转移取得积极成效。对外贸易的发展持续带动国内产业不断优化，推动出口产品不断向价值链上游攀升，增强了国内的产业自主发展能力。

习近平总书记强调："统筹考虑短期应对和中长期发展，既要在战略上布好局，也要在关键处落好子。"[①]因此，贸易体制改革必须放眼长远，适应国际国内形势深刻变化，着眼构建以国内大循环为主体、国内国际双循环相互促进的新发展格局，抓好对外贸易具体工作的落实和部署，在国际经贸规则、规制、管理、标准等方面加强开放合作。一要加快推进国际市场布局、国内区域布局、经营主体、商品结构、贸易方式等"五个优化"和外贸转型升级基地、贸易促进平台、国际营销体系等"三项建设"，培育新形势下参与国际合作和竞争新优势，实现对外贸易创新发展。二要深化外经贸体制改革，加强事中事后监管，推动世界贸易组织贸易便利化协定实施，进一步优化通关、退税、

---

①《推动更深层次改革实行更高水平开放　为构建新发展格局提供强大动力》，《人民日报》2020年9月2日。

外汇等管理方式，推进国际贸易"单一窗口"建设和应用，落实减税降费政策，创建国际一流营商环境。三要不断完善涉外经贸法律及相关领域国内立法，促进与国际通行的经贸规则有机衔接、良性互动，完善对外贸易调查制度，健全产业损害预警体系，妥善应对贸易摩擦，提升运用贸易救济规则的能力和水平。积极参与多边贸易规则谈判，建设性参与全球经济治理，推动建设开放型世界经济。

二、构建对外开放新格局，加快对外开放高地建设

党的十八大以来，以习近平同志为核心的党中央总揽全局，以"一带一路"建设为重点，构建陆海内外联动、东西双向互济的开放格局，推动各项对外开放高地落地建设。开放格局与开放高地构成了对外开放的"面"与"点"，二者紧密相连，互促互补，形成了全面深入、重点突出的新型对外开放局面。

对外开放新格局逐渐确立，"一带一路"建设不断取得新进展，国内开放格局持续向好。"一带一路"倡议提出以来，越来越多的国家和国际组织积极响应。尤其是在新冠肺炎疫情冲击下，"一带一路"合作并未止步，2020 年我国对"一带一路"沿线国家进出口 9.37 万亿元，增长 1%，健康丝绸之路、数字丝绸之路、绿色丝绸之路成为新的合作亮点。国内开放格局不断优化，全方位、多层次、宽领域的对外开放格局逐渐形成，逐渐确立了沿海和内陆相互协作的分工体系。对外开放高地建设有力推进，自由贸易试验区建设取得显著成就，海南自由贸易港方兴未艾。建设自由贸易试验区是党中央、国务院在新时代推进改革开放的一项战略举措，肩负着为全面深化改革和扩大开放探索新途径、积累新经验的重大使命。设立自由贸易试验区以来，取得了显著的成就，仅 2019 年一年，18 个自贸区落地外资企业 6242 家、利用外资 1436 亿元。"十四五"时期，在明确中央和地方权力责

任、风险的基础上，中央进一步加大了对自由贸易试验区的授权力度，支持自由贸易试验区进一步扩大开放和创新发展。建设海南自由贸易港，是习近平总书记谋划、部署、推动的改革开放重大举措，是党中央着眼国内国际两个大局，深入研究、统筹考虑、科学谋划作出的战略决策。2020 年 6 月，中共中央、国务院印发的《海南自由贸易港建设总体方案》，是将海南自由贸易港打造成为我国面向太平洋、印度洋的重要开放门户的国家重大战略部署。构建对外开放新格局，加快对外开放高地建设应从多方面着手。一是加强与相关国家发展战略以及市场、产业、项目有效对接，打造全方位互联互通新格局，聚焦重点国家和重点项目深耕细作。稳步提高跨境贸易和投资人民币结算比例，扩大经常项目人民币跨境使用，拓宽人民币跨境投融资渠道，稳步推进人民币国际化。二是实施更大范围、更宽领域、更深层次的全面开放，优化对外开放的空间格局，深化和拓展资金、人才、科技等领域的国际合作，完善要素市场化国际化配置，借鉴和对标国际先进经验，完善我国涉外经贸法律和规则体系，推动规则、规制、管理、标准等制度型开放，营造更加市场化、法治化、国际化的营商环境。三是加快自由贸易试验区建设，进一步加大对自由贸易试验区的授权力度，支持自由贸易试验区进一步扩大开放和创新发展，在建设好已有试验区的同时，推动中西部地区增设更多自由贸易试验区，加强对当地扩大开放的引领带动作用。四是加快海南自由贸易港建设，从贸易投资自由化、社会治理体系、法治体系、政策制度体系等多方面入手，逐步建立与高水平自由贸易港相适应的制度和法律体系，全面落实建设海南自由贸易港的重大战略。

三、高度重视区域经济合作，积极参与国际经济治理

新中国成立 70 多年来，中国积极推动区域经济合作，支持多个地

区合作组织、积极参与二十国集团、推动东盟与中日韩的区域经济合作等取得了一系列成果。2020年，面对贸易保护主义的形势，中国顶住压力在区域经济合作方面取得重要成果。11月正式签署区域全面经济伙伴关系协定（RCEP），12月达成中欧投资协定。RCEP是全球最大的自贸协定，成员国包括东盟10国与中国、日本、韩国、澳大利亚、新西兰，这15个成员国的总人口、经济体量、贸易总额均占全球总量约30%。RCEP顺利签署促进了亚太地区的经济合作，对加快各国疫后经济恢复、促进长期繁荣发展具有极为重要的推动作用。对中国而言，有利于保障外部市场，深化与其他成员国的经贸关系，以此促进双循环建设，更好地构建新发展格局。历经7年35轮谈判的中欧投资协定达成。中欧经贸关系是世界上最重要的双边经贸关系之一，中欧投资协定是中国与发达经济体签订的重要协议，覆盖了全球约18亿人群。这份协定将为中欧相互投资提供更大的市场准入、更高水平的营商环境、更有力的制度保障、更光明的合作前景。无论是RCEP的签署，还是中欧投资协定的达成，中国都通过自身行动展现出具有世界影响力的大国担当，为世界经贸关系的稳定送上"定心丸"，为构建人类命运共同体贡献了中国方案。

站在已有区域经济合作基础之上，2020年中央经济工作会议提出积极考虑加入全面与进步跨太平洋伙伴关系协定。全面与进步跨太平洋伙伴关系协定（CPTPP）前身为跨太平洋伙伴关系协定（TPP），最初由亚太经合组织（APEC）成员国发起，签署国包括澳大利亚、文莱、加拿大、智利、日本、马来西亚、墨西哥、新西兰、秘鲁、新加坡和越南，总人口规模达到5.05亿人，GDP总量达10.57万亿美元，占世界经济总量的13.1%。美国于2017年退出后，该协定就于2018年12月生效。根据这份协定，签署国将撤销或削减工业品和农产品的关税，在贸易和投资领域提供便利措施。积极考虑加入CPTPP有重要考量。习近平主席在亚太经合组织第二十七次领导人非正式会议上的讲话中指出："当前，世界和亚太正在经历深刻变革，新冠肺炎疫情加速了这一趋势。亚太合作未来的路怎么走，关乎地区发展，关乎人民福祉，关乎世界未来。"[①]共创共享亚太和平繁荣美好未来，向构建人类命运共同体目标不断迈进正是中国积极考虑加入 CPTPP 的重要出发点。中国已经具备了加入 CPTPP 的多重优势，一旦加入将扩大经济合作空间，把握经济合作的主动性，增强中国在国际贸易规则制定方面的影响力。

中国是区域经济合作的积极参与者，是多边贸易体制的支持者，也是重要的建设者和主要受益者。区域经济合作的方式是我国积极参与国际经济治理的重要路径，对于实现高水平对外开放具有重要意义。在今后的各项工作中，必须坚决贯彻 2020 年中央经济工作会议有关对外开放的精神，在推动区域经济合作的过程中积极参与国际经济治理。

四、筹划做好防控风险部署，切实维护国家安全

在经济全球化的历史进程之中，中国抓住机遇实施的对外开放为现代化发展带来了重要动力，通过吸收和借鉴世界各国的资本、先进经验和管理经验，极大地推动了经济发展与社会进步。对外开放意味着"你中有我，我中有你"，在分享发展机遇的同时，各国也共同承担了各类风险危机。其中，外商投资安全成为国家安全的重要环节。2020 年 12 月底，商务部数据显示，2016—2019 年，我国实际使用外资 5496 亿美元，2017—2019 年连续三年成为全球第二大引资国；预计 2020 年实际使用外资将超过 1400 亿美元，再创历史新高。商务部初步测算，"十三五"期间我国利用外资总规模将达 6900 亿美元左右，超过"十二五"时期 600 亿美元。在此背景下，2020 年中央经济工作

---

①《习近平出席亚太经合组织第二十七次领导人非正式会议并发表重要讲话》，《人民日报》2020 年 11 月 21 日。

会议提出，要大力提升国内监管能力和水平，完善安全审查机制，重视运用国际通行规则维护国家安全。外商投资的安全审查在中国的重要性尤为凸显。

为了巩固国家安全，要切实做好安全工作部署，2020 年 12 月 19 日，商务部发布《外商投资安全审查办法》（以下简称《办法》）。《办法》是我国处理对外开放与国家安全关系的积极应对。一方面，《办法》是对国际通行规则的吸收与运用。世界主要国家和地区对外商投资进行安全审查是普遍的做法，美国出台的《外国投资风险审查现代化法案》、欧盟出台的《外国直接投资框架条例》、澳大利亚出台的《外商投资改革法》都是外资管理制度的典型法条。美国在外商投资方面的审查尤为严苛，不仅起步早，在 20 世纪早期便启动了外资监管，而且不断根据经济发展需要和国家安全情况调整外资政策，形成了当今以各项法律为依托，通过外国投资委员会（CFIUS）进行具体审查的制度体系。《办法》的出台正是吸收外国外资审查经验，根据中国实际情况，利用国际通行规则维护自身利益的体现。另一方面，《办法》的出台表明中国在迈向更高水平的开放时，更加注重开放中的风险防控。扩大高水平对外开放，但同时应重视运用国际通行规则维护国家安全。《办法》为中国的对外开放建立坚实的屏障和可靠的安全保障，为进一步迈向更大范围、更宽领域、更深层次的对外开放奠定基础。

对外开放的持续扩大在推动发展的同时，客观上放大了各类风险，增加了经济与社会发展的不稳定性，为国家安全的维护带来了一定的挑战，这也是扩大开放带来的必然结果。为此，必须做好国家安全工作的相关部署，未雨绸缪、及时筹划，在重要领域通过制度化、法制化建设为对外开放提供坚实的制度支撑。一要强化底线思维。通过守住底线红线，坚决维护国家主权、安全和发展利益。二要健全对外开放国家经济安全保障体系，健全外商投资国家安全审查、反垄断审查、国家技术安全清单管理、不可靠实体清单管理等制度，切实维护我国主权、安全和发展利益。学习和运用国际通行规则是对外开放倒逼国内改革的一种体现，在深化国内改革的同时，有助于提升对外开放水平，实现加快构建开放型经济新体制的重要目标。

习近平总书记指出："实践充分证明，党的十一届三中全会以来形成的党的基本理论、基本路线、基本方略是完全正确的；改革开放是坚持和发展中国特色社会主义、实现中华民族伟大复兴的必由之路；改革发展必须坚持以人民为中心，把人民对美好生活的向往作为我们的奋斗目标，依靠人民创造历史伟业！"[①] 改革开放创造了发展奇迹，推动了中国现代化的快速发展，造就了中国奇迹。今后必须坚持扩大高水平开放和深化国内改革互促共进，以更大气魄深化改革、扩大开放，续写更多"春天的故事"。

---

① 习近平：《在浦东开发开放 30 周年庆祝大会上的讲话》，人民出版社 2020 年版，第 4 页。

第十一章

解决好种子和耕地问题，确保粮食安全

农为邦本，本固邦宁。从世界百年未有之大变局看，稳住农业基本盘、守好"三农"基础是应变局、开新局的"压舱石"。解决好14亿中国人的吃饭问题，是我国"三农"工作的首要任务。粮食安全是国家经济安全中排在首位的安全问题，保障国家粮食安全是一个永恒课题。种子是粮食产业的"芯片"，耕地是粮食生产的"命根子"，只有把这两个要害抓住了，才能从根本上确保国家粮食安全。

第一节　粮食安全是统筹安全和发展的底线

2020 年中央经济工作会议指出，"疫情变化和外部环境存在诸多不确定性，我国经济恢复基础尚不牢固。明年世界经济形势仍然复杂严峻，复苏不稳定不平衡，疫情冲击导致的各类衍生风险不容忽视"。粮食安全面临风险是新冠肺炎疫情冲击导致的重大衍生性风险之一。从总体国家安全观角度看，统筹安全和发展，经济安全是基础，粮食安全则是经济安全的底线。

一、保障国家粮食安全的历史方位与时代要求

民以食为天，食以安为先，粮稳则民安。在"十四五"开局之年，将粮食安全作为经济工作的一项重大任务，是具体贯彻落实党的十九届五中全会关于粮食安全部署的举措，体现了粮食安全在国家经济安全中的基础地位。

新发展阶段，面对复杂多变的国内外环境，我国粮食安全受资源环境约束及国际粮食市场影响更为凸显。对 14 亿多人口的大国来说，农业的基础地位任何时候都不能忽视和削弱，"手中有粮、心中不慌"

在任何时候都是真理。我国地少人多的基本国情，决定了粮食安全的极端重要性，只有从政治安全高度、全球战略维度看待粮食安全这个治国理政的头等大事，才能更好地把握保障粮食安全的历史方位和时代要求。

粮食安全始终是治国安邦的重要基础。"洪范八政、食为政首。"自古以来，我国就是崇尚农业、以粮为本的国家，粮食安全始终是治国安邦的首要之务。党的十八大以来，以习近平同志为核心的党中央明确提出了"确保谷物基本自给、口粮绝对安全"的新粮食安全观，确立了"以我为主、立足国内、确保产能、适度进口、科技支撑"的国家粮食安全战略，为"中国人的饭碗任何时候都要牢牢端在自己手上，我们的饭碗应该主要装中国粮"奠定了坚实的思想基础。

在2013年中央农村工作会议上，习近平总书记首次对新时代粮食安全战略进行了系统阐述。他强调粮食安全的极端重要性，"我国13亿多张嘴要吃饭，不吃饭就不能生存，悠悠万事，吃饭为大"。他告诫，"要牢记历史，在吃饭问题上不能得健忘症，不能好了伤疤忘了疼"。历史告诉我们，如果粮食不足，国家的发展就会受到延滞，甚至会受制于人；世界上真正强大的国家，都是能确保自己粮食安全的国家。只要粮食不出大问题，中国的事就稳得住。粮食安全既是经济问题，也是政治问题，是国家发展的"定海神针"。[1]

近年来，我国依靠自身力量实现了粮食基本自给，口粮绝对安全，粮食生产能力跨上新台阶。截至2020年，全国粮食生产实现了"十七连丰"，连续6年保持在1.3万亿斤以上，为维护国家粮食安全及农业安全作出了卓越贡献。尤其在新冠肺炎疫情期间，我国粮食及其他重要农产品连年丰收、储备充足、市场供应充分、价格平稳可预期，成为有效应对疫情风险挑战的重要基础和大灾面前稳定经济社会基本面

---

[1] 参见瞿长福、乔金亮：《把饭碗牢牢端在自己手上——党的十八大以来全面实施国家粮食安全战略综述》，《人民日报》2016年3月1日。

的可靠保障，再次验证了维护国家粮食安全的重大战略意义。

我国不仅成功解决了吃饭这一关系政治和社会稳定、保障经济繁荣发展的根本性问题，而且人民生活质量和营养水平显著提升，正在从"吃得饱"向"吃得好""吃得健康"转变，粮食工作取得了举世瞩目的巨大成就，走出了一条中国特色粮食安全之路，为世界贡献了中国智慧和中国方案。

百年未有之大变局中我国粮食安全面临新形势。一方面，国际环境风云变幻，针对全球粮食安全的四根支柱，即粮食可供应量、获取渠道、利用程度和稳定供应，不确定不稳定性因素明显增加，全球粮食产业链供应链的脆弱性突显，粮食安全风险加大。

联合国粮农组织（FAO）等机构联合发布的《2020年全球粮食危机报告》显示，截至2019年末，全球55个国家和地区有逾1.35亿人处于重度粮食不安全状况，即因无法摄入足够的食物而使生命或生计面临直接危险的状况。这是自2017年全球粮食危机应对网络第一期报告发布以来所记录的重度粮食不安全状况的最严重水平。《2020年世界粮食安全和营养状况报告》[1]提到，2019年，全球近6.9亿人处于饥饿状态，与2018年相比增加了1000万人，与5年前相比增加了近6000万人。2020年，全球预计将至少新增约8300万饥饿人口，甚至可能超过1.3亿，至少25个国家将面临严重饥荒风险，全球面临50年来最严重的粮食危机。

特别是在新冠肺炎疫情冲击下，国际粮食贸易形势突变，世界主要粮食出口国减少粮食出口量，部分国家甚至禁止出口，对国际粮食流通和价格产生巨大影响。加之蝗虫灾害、极端天气等因素影响，全球粮食安全形势愈发严峻。疫情期间，有18个国家限制粮食和农产品出口，全球供应链遭受冲击，一度引发恐慌。据联合国世界粮食计

---

[1]《联合国发布〈世界粮食安全和营养状况〉报告》，《人民日报》2020年7月15日。

划署预计，受疫情、灾情等因素影响，2020 年全球粮食严重不安全的人口数量将由 1.35 亿增至 2.65 亿。

另一方面，我国已进入新发展阶段，机遇和挑战都有新的变化，各种可以预见和难以预见的风险明显增多。尤其是粮食安全风险具有基础性、跨界性传导的特点，容易与其他风险叠加而引发连锁反应，进而影响大局稳定。面向粮食安全新形势，我们必须清醒地认识到，我国粮食安全的主动权必须牢牢地抓在自己手中。只有综合施策确保粮食安全，才能从根本上增强应对各种风险挑战的战略底气。

我国粮食安全面临的新问题与新挑战。进入新发展阶段，我国粮食安全具有多方面优势和条件，但实现国内粮食大循环也面临不少新情况。习近平总书记指出："过去我们强调保全部、保所有品种，这是当时历史条件下的唯一选择，而我们基本也做到了。现在，国内粮食需求增长很快，粮食安全要靠自己保全部，地不够，水不够，生态环境也承载不了。"[①] 我们用不足全球 9% 的耕地养活了全球 18% 的人口。在我国迈向全面建设社会主义现代化国家的新征程中，人民群众对美好生活的向往必然使得"9%"和"18%"之间的矛盾更为突显。

第一，粮食供需仍处于紧平衡格局。从供给看，我国粮食生产已连续六年稳定在 6.5 亿吨以上，口粮能确保自给，但粮食生产面临成本攀升、土地等资源要素制约，产量进一步提升的空间有限。从需求看，近年来，随着我国饲料用粮和工业用粮消费量的持续增加，粮食需求从 2016 年约 6.8 亿吨上升至 2019 年约 7.3 亿吨。口粮消费随着收入增长呈现出先升后降的变化规律，在温饱问题解决后，口粮消费随着收入增长而缓慢下降。但肉蛋奶等动物蛋白和油脂的消费需求随着收入增长而不断增加，从而带动大豆、玉米等饲料原料需求增加。目前我国已呈现出油料和油脂、谷物、肉类、乳制品等粮食相关，或与

[①]《习近平关于"三农"工作论述摘编》，中央文献出版社 2019 年版，第 73—74 页。

粮争地的食糖、棉花等农产品全面进口的格局。未来，粮食产需缺口将进一步扩大。

第二，粮食品种结构性矛盾突出。近年来，我国稻谷和小麦两个口粮品种国内产量略大于需求量，呈现年度内产需平衡且有结余；玉米产需关系已由几年前的阶段性过剩转为持续短缺，并有持续加大的趋势，玉米进口快速增加将成为常态；大豆因油脂及豆粕需求量快速上升而出现严重的产不足需，对外依存度高达85%左右。农业农村部数据显示，2019年我国各类农产品进口超过1.4亿吨。2020年预计将超过1.5亿吨，其中大豆达到1亿吨，这是中国大豆年进口量首次超过1亿吨。

第三，粮食产业链供应链亟待完善。伴随着我国经济社会发展，粮食商品率越来越高、流通量越来越大的趋势不可逆转，但粮食生产流通领域还存在短板弱项。粮食生产的组织化、规模化、社会化程度不够高，粮食加工和粮食流通主体多元且分散，粮食储备体制不够完善，一二三产业融合发展进程有待加快，"产购储加销"等环节衔接不够紧密，这些都制约了粮食产业链供应链的高效稳健运行。

二、新发展阶段对我国粮食安全的新要求

进入新发展阶段，党的十九届五中全会、中央经济工作会议、中央农村工作会议都对国家粮食安全问题提出了新的要求，表明以习近平同志为核心的党中央对粮食安全的高度重视。

实施藏粮于地、藏粮于技战略，保证粮食供给。党的十九届五中全会明确提出：提高农业质量效益和竞争力。适应确保国计民生要求，以保障国家粮食安全为底线，健全农业支持保护制度。坚持最严格的耕地保护制度，深入实施藏粮于地、藏粮于技战略，加大农业水利设施建设力度，实施高标准农田建设工程，强化农业科技和装备支撑，

提高农业良种化水平，健全动物防疫和农作物病虫害防治体系，建设智慧农业。强化绿色导向、标准引领和质量安全监管，建设农业现代化示范区。推动农业供给侧结构性改革，优化农业生产结构和区域布局，加强粮食生产功能区、重要农产品生产保护区和特色农产品优势区建设，推进优质粮食工程。完善粮食主产区利益补偿机制。保障粮、棉、油、糖、肉等重要农产品供给安全，提升收储调控能力。开展粮食节约行动。发展县域经济，推动农村一二三产业融合发展，丰富乡村经济业态，拓展农民增收空间。

解决好种子和耕地问题，筑牢粮食安全根基。2020年中央经济工作会议明确了2021年中国经济八大重点任务，其中解决好种子和耕地问题位列第五，令人瞩目。会议强调，保障粮食安全，关键在于落实藏粮于地、藏粮于技战略。要加强种质资源保护和利用，加强种子库建设。要尊重科学、严格监管，有序推进生物育种产业化应用。要开展种源"卡脖子"技术攻关，立志打一场种业翻身仗。要牢牢守住18亿亩耕地红线，坚决遏制耕地"非农化"、防止"非粮化"，规范耕地占补平衡。要建设国家粮食安全产业带，加强高标准农田建设，加强农田水利建设，实施国家黑土地保护工程。要提高粮食和重要农副产品供给保障能力。要加强农业面源污染治理。在解决种子和耕地问题上下功夫，表明国家实施藏粮于地、藏粮于技战略将采取切实行动，更好地保障国家粮食安全。

粮食安全"硬任务"：牢牢把住粮食安全主动权。在2020年中央农村工作会议上，习近平总书记强调，要牢牢把住粮食安全主动权，粮食生产年年要抓紧。要严防死守18亿亩耕地红线，采取"长牙齿"的硬措施，落实最严格的耕地保护制度。要建设高标准农田，真正实现旱涝保收、高产稳产。要把黑土地保护作为一件大事来抓，把黑土地用好养好。要坚持农业科技自立自强，加快推进农业关键核心技术攻关。要调动农民种粮积极性，稳定和加强种粮农民补贴，提升收储

调控能力，坚持完善最低收购价政策，扩大完全成本和收入保险范围。地方各级党委和政府要扛起粮食安全的政治责任，实行党政同责，"米袋子"省长要负责，书记也要负责。要深入推进农业供给侧结构性改革，推动品种培优、品质提升、品牌打造和标准化生产。要继续抓好生猪生产恢复，促进产业稳定发展。要支持企业走出去。要坚持不懈制止餐饮浪费。

我们要坚持正确的历史观、大局观和发展观，深刻认识保障粮食安全的历史方位和时代要求，系统理解树牢新粮食安全观、坚定国家粮食安全战略的根基意识，把粮食安全保障系数做大，确保把饭碗牢牢端在中国人手中，为我国经济社会平稳健康发展奠定坚实基础、把握住发展主动权。

第二节　种子安全是粮食安全的基础支撑

种子是现代农业的基石，就像芯片之于现代电子产品一样重要。过度依赖从国外进口种子，一旦断供断链将对粮食安全构成严重威胁。"十四五"时期，要认真落实新发展理念，着眼新发展格局，加快构建中国特色现代种业体系，不断提高农业良种化水平。

一、种子安全对保障粮食安全的重大意义

农安天下，种为基石。良种不仅承载着丰收的希望，更是奠定农业大国的基石。种子安全是保障粮食安全的源头。要把中国人的饭碗牢牢端在自己手上，中国碗主要装中国粮，靠的是中国自己的种子。

必须更加清醒地认识到种业（种子产业）的基础性、战略性意义。

我国是粮食生产大国，也是种子需求大国。粮食的优质高产，首先取决于种子。"世界杂交水稻之父"、中国工程院院士袁隆平对种子的重要性有两句广为人知的名言："关键时候，一粒小小的种子能够绊倒一个巨大的国家；种业的安全关系到粮食的安全，也关系到国家的安全。""种子、农药、化肥是确保粮食和农作物丰收必不可少的重要因素，种子好比发动机，农药、化肥好比两翼，三者缺一不可。"

党的十八大以来，我国农业科技取得巨大成就，粮食作物自主选育品种面积占比提高到 96% 以上，粮食单产达到 381.3 公斤，比 1978 年提高了 1.2 倍；农作物良种覆盖率在 96% 以上，自主选育品种面积占比超过 95%。良种对粮食增产、畜牧业发展的贡献率分别达到 45%、40%，为我国粮食连年丰收和重要农产品稳产保供提供了关键支撑。总体上，我国农业生产用种安全是有保障的，风险是可控的。

但从全球范围来看，世界绝大多数种子供应已被美、法、德等西方国家种业公司所垄断。国际种业巨头控制我国种业市场的企图明显，包括全球种业前十强在内的 70 多家公司进入中国，孟山都、先锋等跨国种业巨头对中国市场的控制力也在逐渐增大，对我国种子产业的整体竞争力和种子安全提出严峻挑战。

种子主要依赖进口，最直接的代价就是要支付昂贵的种子费用，就如我们每年为进口芯片而大量支付的费用一样。如果种子高度依赖进口，因为自然留种的不可预期性，就要年复一年地进口，从而失去种业的自主控制权乃至粮食安全的主动权。

"面对挑战，如何增强紧迫感，提高品种的科技含量及育种水平，不断发展壮大我国的民族种业，培育出更多可供农民选择的高产、优质、高稳定性的品种，从而使中国种业在激烈的竞争中立于不败之地，是摆在中国广大种业科技工作者面前的重大课题。"袁隆平说。

二、当前我国种子安全面临的主要问题

近年来，我国陆续出台了很多措施保障国家种业安全，但相对于国外，我国具有独立研发能力的"育繁推一体化"种子企业不多，自主知识产权少，"散、小、多、乱、劣"的局面没有根本改变。

第一，原创性种质相对稀缺。尽管我国物种资源丰富，但许多地方品种正在快速消失。据第三次全国农作物种质资源普查（实施期限为 2015 年 1 月 1 日至 2020 年 12 月 31 日）初步调查，在湖北、湖南、广西等六省份 375 个县，71.8% 的粮食作物地方品种消失，其中不乏优质、抗病、耐瘠薄的特性品种，种质资源保护面临新挑战。[①]

第二，政府和企业的科技投入不足。育种是一个长期的、需要大量投入的科研工作，但目前对育种项目支持的系统性、长期性、稳定性不够，部分项目存在长期低水平重复现象。就企业而言，我国前 50 强种业企业年研发投入为 15 亿元人民币，仅接近美国原跨国农业公司孟山都公司的 1/7。国内种业企业利润率普遍不高，研发投入明显不足。

第三，科研机构和企业缺乏有效协作，部分品种育种研发水平低甚至存在空白。国外种子研发多是在大公司，种子资源的收集源于百年积累，起步早、科研投入大。而我国商业化的农作物种业科研体制尚未建立，投入有限、基础薄弱，缺乏协同合作，难以形成合力。技术、资源、人才向企业流动不畅。

第四，人才支撑力度不够。科研育种人才主要集中在科研院所和高等院校，企业商业化育种人才紧缺。很多研究团队出现"70 后"断层现象，45 岁左右创新活力最旺盛的学科带头人少。受农业科研公益

---

① 王建、宋晓东、周楠：《洋种子会否成为农业"芯片"》，《瞭望》2020 年第 38 期。

属性所限，待遇普遍不高，高端领军人才引进比较困难，同时对现有人才培养不足。

三、以科技支撑打好种业翻身仗

耕地有限，技术进步无限，"藏粮于技"是保障国家粮食安全的必然选择。党的十九届五中全会提出，坚持创新在我国现代化建设全局中的核心地位，把科技自立自强作为国家发展的战略支撑。2020 年中央经济工作会议提出要立志打一场种业翻身仗，这是必须完成的硬任务。习近平总书记在 2020 年中央农村工作会议上强调，"要坚持农业科技自立自强，加快推进农业关键核心技术攻关"。

打好"种业翻身仗"有两个重要方面：一是将我国传统的种子资源基因保留下来，建设好种子库；二是提高育种技术，让好的种子实现增量商品化。两个方面都离不开农业科技支撑。

加大科技创新支持力度，实现种业高质量发展。2018 年，我国农业科技进步贡献率达到 58.5%，2019 年达到 59.2%，标志着我国农业从过去主要依靠资源要素投入迈向主要依靠科技进步的新时期。农业科技的每一次重大进步，都催生更多新产业、新业态、新模式，引领农业产业变革和迭代升级。实践证明，粮食增产的原因一多半是基于科技，尤其是种业科技创新，并非基于种植面积的扩大。

同国外先进的农业科技水平相比，我国在农业科技领域，尤其是种业科技创新和高质量发展方面还有较大差距。与我国资源禀赋不足相似的日本、荷兰，都是"寸土寸金"，但农业现代化水平都远超我国。日本设施农业发达，农业技术含量高，基于"超级智能社会 5.0"的农业科技创新有力保障了日本农业现代化水平。荷兰人均耕地不足 2 亩，却成为世界第二大农产品出口国，其背后同样是靠科技创新。

我国粮食生产必须坚持走依靠科技、提高单产的内涵式发展道路。统筹兼顾粮食安全和生态安全，提高农业科技进步对粮食增产提质的贡献率，推动农业绿色发展。加大对农业科技创新的支持力度，尤其是种业科技研发的资金投入，实现种业的高质量发展，为粮食安全提供强有力的支撑。

加强种质资源保护利用，建好种子库。围绕制约国家粮食安全的重大技术瓶颈，部署一批如生物育种、生物防治等重大科技项目抢占制高点，开展种源"卡脖子"技术攻关，打一场种业翻身仗，从源头上保障国家粮食安全。

进入 21 世纪以来，世界粮食安全形势日益严峻，推动了农业生物技术研究和产业化进程。在尊重科学和严格监管的条件下，有序推进生物育种的产业化是保障我国粮食安全和农产品长期有效供应的必然选择。生物育种作为高技术产业，还有不少"卡脖子"的技术环节需要持续攻坚。在战略规划上要做好中长期发展目标的设定。生物育种高技术产业化工程要做到与行业发展部门的协调和配合，做好相关规划的衔接和布局。

要持续提升生物育种企业自主创新能力，鼓励研究机构与企业紧密合作，引导农业育种相关科研院所与企业建立战略合作关系，推动产学研的深入合作。依托国家生物育种产业创新中心，打造国家级种业创新平台。加大对原种基地、研发平台、产业链重点环节和系统集成技术能力建设的资金支持力度。引导社会资金参与生物农业产业化项目的建设，以提升生物育种技术的规模化和产业化能力。

加强科技人才队伍建设。加强粮食生产科技人才队伍建设，是保障粮食安全的重要基础，也是落实"藏粮于技"战略的必然要求。打造一支"一懂两爱"的农业科技人才队伍，是实现"藏粮于技"战略的关键。对高层次人才，采取自主面试＋科研考核的方式，加大人才柔性引进。针对不同类型科研人员，实行人才分类评价。改革收入分配制度，向一线倾斜、向科技人员倾斜，在增强农业科技人员的"使命感"和"荣誉感"的同时，增强他们的"获得感"和"认同感"。

不断完善农业人才培养体系，强化农业知识体系中农业经营管理方面的培训，依托高校特色农业学科培养一批既具有扎实农业理论和实践经验，又熟知家庭农场及农业合作社管理经营模式的现代农业人才，为粮食的规模化经营与生产提供充足的人才储备。通过政府购买社会服务等方式实现科研人员、农业专家与种粮农户之间的精准对接。积极开展线上农业教育和远程农业指导，充分发挥高端人才对粮食生产的支撑作用。

加强农业科技成果转化。一是围绕市场和产业问题超前凝练科研项目并组织实施，使得成果具有很强的现实性和可用性，提高成果的商品价值。二是围绕企业所需推进协同创新，做到以市场、问题、效果为导向的创新。三是对成果进行第三方评价、集中推介推广，突破成果转化内部封闭的困境。四是鼓励科研院所建设一批成果转化示范基地，组织一批农业技术专家，带着一批科技成果扎根基地长年示范。五是按政策及时兑现成果转化收入，真正让科研人员得到"实惠"，调动科技人员积极性。

第三节　耕地保护是粮食安全的根本所在

耕地是粮食生产的根基，加强耕地资源的保护与利用，是扎实推进"藏粮于地"战略的必然要求。在双循环大背景下，更要做好耕地保护。党的十九届五中全会明确提出，坚持最严格的耕地保护制度，深入实施藏粮于地、藏粮于技战略，加大农业水利设施建设力度，实

施高标准农田建设工程。2020年中央经济工作会议进一步明确，要牢牢守住18亿亩耕地红线，并采取一系列措施保护耕地。

一、坚决防止耕地"非粮化"倾向

我国用世界9%的耕地养活18%的人口，耕地必须从数量和质量两方面长期提供双保证，要坚决防止耕地"非粮化"倾向。[①]

科学利用耕地资源，扛起粮食安全责任。我国耕地总量少，质量总体不高，后备资源不足，水热资源空间分布不匹配。确保国家粮食安全，必须处理好发展粮食生产和发挥比较效益的关系，不能单纯以经济效益决定耕地用途，必须将有限的耕地资源优先用于粮食生产。

习近平总书记在2020年中央农村工作会议上强调，"地方各级党委和政府要扛起粮食安全的政治责任，实行党政同责，'米袋子'省长要负责，书记也要负责"。这是牢牢把住粮食安全主动权的政治保障。按照党政同责的政治要求和制度安排，以完善"米袋子"省长负责制为抓手，细化各级党委和政府的权力，硬化各级党委和政府的责任，促进地方各级党委和政府的粮食安全政治责任落地、生根。

全国各地都有保障国家粮食安全的责任和义务，粮食主产区要努力发挥优势，巩固提升粮食综合生产能力，继续为全国作贡献；产销平衡区和主销区要保持应有的自给率，确保粮食种植面积不减少、产能有提升、产量不下降，共同维护好国家粮食安全。

明确耕地利用优先序。对耕地实行特殊保护和用途管制，严格控制耕地转为林地、园地等其他类型农用地。永久基本农田是依法划定的优质耕地，要重点用于发展粮食生产，特别是保障稻谷、小麦、玉米三大谷物的种植面积。一般耕地应主要用于粮食和棉、油、糖、蔬

---

① 参见《国办印发意见　防止耕地"非粮化"稳定粮食生产》，《人民日报》2020年11月18日。

菜等农产品及饲草饲料生产。耕地在优先满足粮食和食用农产品生产的基础上，适度用于非食用农产品生产。对市场明显过剩的非食用农产品，要加以引导，防止无序发展。

加强粮食种植面积监管。要把粮食生产功能区落实到地块，引导种植目标作物，保障粮食种植面积。不得擅自调整粮食生产功能区，不得违规在粮食生产功能区内建设种植和养殖设施，不得违规将粮食生产功能区纳入退耕还林还草范围，不得在粮食生产功能区内超标准建设农田林网。

粮食产销平衡区和主销区要按照重要农产品区域布局及分品种生产供给方案要求，制订具体实施方案并抓好落实，扭转粮食种植面积下滑势头。产销平衡区要着力建成一批旱涝保收、高产稳产的口粮田，保证粮食基本自给。主销区要明确粮食种植面积底线，稳定和提高粮食自给率。

有序引导工商资本下乡。鼓励和引导工商资本到农村从事良种繁育、粮食加工流通和粮食生产专业化社会化服务等。尽快修订农村土地经营权流转管理办法，督促各地区抓紧建立健全工商资本流转土地资格审查和项目审核制度，强化租赁农地监测监管，对工商资本违反相关产业发展规划大规模流转耕地不种粮的"非粮化"行为，一经发现要坚决予以纠正，并立即停止其享受相关扶持政策。

严禁违规占用永久基本农田。贯彻土地管理法、基本农田保护条例有关规定，落实耕地保护目标和永久基本农田保护任务。严格规范永久基本农田上农业生产经营活动，禁止占用永久基本农田从事林果业以及挖塘养鱼、非法取土等破坏耕作层的行为，禁止闲置、荒芜永久基本农田。推动制订和完善相关法律法规，明确对占用永久基本农田从事林果业、挖塘养鱼等的处罚措施。

二、强化激励约束，落实粮食生产责任

严格落实粮食安全省长责任制。省一级政府要切实承担起保障本地区粮食安全的主体责任，稳定粮食种植面积，将粮食生产目标任务分解到市县。要坚决遏制住耕地"非粮化"增量，同时对存量问题摸清情况，从实际出发，分类稳妥处置，不搞"一刀切"。要将防止耕地"非粮化"作为粮食安全省长责任制考核重要内容，提高粮食种植面积、产量和高标准农田建设等考核指标权重，细化对粮食主产区、产销平衡区和主销区的考核要求。

完善粮食生产支持政策。落实产粮大县奖励政策，健全粮食主产区利益补偿机制，着力保护和调动各级政府重农抓粮、农民务农种粮的积极性。将高标准农田建设产生的新增耕地指标调剂收益优先用于各地农田建设再投入和债券偿还、贴息等。加大粮食生产功能区政策支持力度，相关农业资金向粮食生产功能区倾斜，优先支持粮食生产功能区内目标作物种植，加快把粮食生产功能区建成"一季千斤、两季一吨"的高标准粮田。

加强对种粮主体的政策激励，支持家庭农场、农民合作社发展粮食适度规模经营，大力推进代耕代种、统防统治、土地托管等农业生产社会化服务，提高种粮规模效益。完善小麦、稻谷最低收购价政策，继续实施稻谷补贴和玉米、大豆生产者补贴，继续推进三大粮食作物完全成本保险和收入保险试点。

三、科学合理利用耕地，提高粮食生产率

第一，完善承包地"三权分置"制度，提高耕地规模化程度和生产效率。完善承包地"三权分置"制度，有利于落实农村集体的土地

所有权，推动土地资源的规范使用，保护国家整体耕地不受侵害；有利于保障承包农户的土地承包权，促进土地资源的优化配置，提高农民进行土地流转的积极性，提高土地利用率和农业劳动生产率；有利于保护经营主体的土地经营权，稳定经营预期，提高从事农业活动的积极性，促进农业生产"投入—收益—投入"的良性循环。"三权分置"制度的稳步推进，将促进农业经济效率的提高。

第二，优化耕地集约化利用和社会化服务，不断提高耕地质量。不断完善农村土地经营权流转管理办法，有效降低土地经营权流转的交易费用，打通土地经营权流转的制度性障碍，引导土地有序流转和适度规模化经营，为培育新型粮食生产经营主体，推动粮食生产规模化、现代化奠定制度基础，化肥减量提效和农药减量控害伴随耕地科学利用而成为现实，农业面源污染将日趋减少。

在不损害农民权益的前提下推广耕地休养制度，有效恢复、维持和提高耕地质量，切实保障粮食生产的物质资源基础。

第三，严格落实耕地保护责任。各级地方政府要承担起耕地保护责任，对本行政区域内耕地保有量和永久基本农田保护面积及年度计划执行情况负总责。要健全党委领导、政府负责、部门协同、公众参与、上下联动的共同责任机制，对履职不力、监管不严、失职渎职的领导干部，依纪依规追究责任。各地区要抓紧制定和调整完善相关政策措施，对违反规定的行为立即纠正，坚决遏制新增问题发生。各有关部门要按照职责分工，履行耕地保护责任。

第四节　通过深化改革牢牢把住粮食安全主动权

一、以新发展理念确保国家粮食安全

在新发展阶段，既需通过"藏粮于技""藏粮于地"并综合运用农业支持政策积极发展国内生产、提升收储调控能力，还需深入贯彻"开放"的新发展理念，在确保"谷物基本自给，口粮绝对安全"的基础上，充分利用国际国内两个市场两种资源，主动扩大进口，并积极走出去，建设全球粮食产业链供应链。

习近平总书记指出："对国内资源生产满足不了或为土地等资源休养生息不得不进口的短缺粮食品种，要掌握进口的稳定性和主动权，把握适当比例，积极利用国外资源。""为了减轻国内农业资源环境压力、弥补部分国内农产品供求缺口，适当增加进口和加快农业走出去步伐是必要的。"[1] 习近平总书记多次向国际社会宣示主动开放市场、主动扩大进口，"中国开放的大门只会越来越大""真诚希望扩大进口""中国主动扩大进口，不是权宜之计"。

全球资源和国际市场具有供给潜力，为我国贯彻"开放"理念提供了条件。单产提高是供给主要潜力所在，过去 60 年，单产提高对全球农产品增产贡献可达 60%—80%[2]。以我国大豆进口为例，2001 年全球大豆国际贸易总量约 5000 万吨，2020 年我国大豆进口接近 1 亿

---

[1]《习近平关于"三农"工作论述摘编》，中央文献出版社 2019 年版，第 68、第 80 页。

[2] 根据美国农业部全球供给与需求数据库数据计算。

吨，是 2001 年全球大豆贸易量的 2 倍，主要原因是我国稳定增长的需求激发了南北美大豆主产国的增长潜力，带动了当地大豆产业发展，实现了双赢。

二、供需两侧持续发力，实现粮食安全高水平动态平衡

当前影响我国粮食产能的不利因素仍较多，特别是一些短缺品种供需缺口呈扩大趋势，迫切需要在供需两侧持续发力，实现高水平供需动态平衡。

确保供给侧产能稳升，需求侧不断调整结构。既要解决好耕地问题，树牢耕地红线意识，严控土地非农化、非粮化、污染化，确保总产能不降；也要加大配套政策支持力度，促进优势粮食品种增产增收；更要解决好种子"芯片"卡脖子问题，加强良种培育技术开发和种子库建设，确保单产稳定提高，实现"以我为主"，全面提升国内供给保障水平。同时，充分利用国际国内两个市场两种资源，进一步拓宽进口来源，稳定重要短缺农产品常态化进口渠道，强化国际供给补充效力，防止短缺品种扩大化。

进一步加大宏观调控力度，增强政策的针对性、预见性和时效性，实现需求牵引供给，供给创造需求，全面提升需求与供给的适配性，尤其要合理控制短缺农产品如玉米的深加工产能，防范中间商投机炒作，切实维护市场稳定。

建设国家粮食安全产业带，提升保障能力。2020 年中央经济工作会议提出，要建设国家粮食安全产业带。这对于进一步增强粮食资源配置效率，促进粮食产业提质增效，提升粮食安全保障能力，意义深远。

在我国人多地少的国情粮情下，集聚资源要素发展粮食生产，是保障粮食安全的有效举措。国家粮食安全产业带，是在粮食主产区、

核心区、粮食生产功能区的基础上提出的一个新概念。如今，我国粮食生产集聚效应更加明显，13 个粮食主产区的粮食产量占全国总产量的 78% 以上，成为保障粮食安全的"大粮仓"。为了更好地保障粮食安全，国家在主产区基础上建设粮食生产核心区、粮食生产功能区，探索粮食生产稳定增长的长效机制。

建设国家粮食安全产业带，需要强化对主产省和主产县的政策支持力度，逐步建立健全对主产区的利益补偿机制。推动相关农业资金向国家粮食安全产业带倾斜，保障产粮大县重农抓粮既是履行政治责任，也能获得经济利益。

党的十八大以来，我国以"粮头食尾""农头工尾"为抓手，加快向农业现代化转型，全力推进粮食产业经济高质量发展，促进农村一二三产业融合发展，把粮食资源优势转化为产业优势和经济优势，形成粮食兴、产业旺、经济强的良性循环，为构建更高层次、更高质量、更有效率、更可持续的国家粮食安全保障体系提供强力支撑。

三、充分利用两种资源，构建我国粮食安全新格局

新发展格局应对的是"两头在外"这种不可持续的发展模式。发挥我国国内大市场的优势，以国内大循环吸引全球农产品资源，充分利用国内国际两个市场、两种资源，通过国内国际双循环相互促进来保障我国粮食安全，是新发展格局的题中应有之义。

守住底线，适时通过进口补足缺口。牢牢守住"谷物基本自给、口粮绝对安全"底线，依靠国内资源，"把饭碗牢牢端在自己手中"。对于其他国内供给能力不足的品种，该进口则进口，以满足人民对美好生活的向往，满足人民群众食物消费结构升级的需要，节约耕地，缓解国内资源和环境压力。在确保国内食品安全和生物安全基础上，优化完善检验检疫和税收等进口相关政策，减少农产品贸易的外部干

扰，消除影响进口的障碍因素，努力营造有利于扩大优质农产品进口的环境。

释放信息，稳定国际市场预期。全球土地资源配置不均衡，国际粮食供给尚有巨大潜力，但粮食输出国需要明确的信息以形成稳定的市场预期。我国粮食进口政策要保持一定的稳定性，要向国际市场主动传递长期稳定进口的粮食品种和数量信息，以稳定全球预期，激发粮食主产国和输出国的生产和出口潜力。

广交朋友，多元化分散风险。积极推进"一带一路"倡议，与农业资源丰富、与我国互补性高的农产品出口大国保持稳定的政治、经贸、外交关系，必要时考虑签署自由贸易协议，南半球与北半球、东半球与西半球同时发力，扩大朋友圈，使进口来源多元化，分散风险，提升全球供应链韧性。同时，可以考虑减少玉米、大豆等饲料粮的进口，直接增加畜禽类产品进口，通过粮食与肉类相互替代的多元化进口方案，破解国内饲料粮缺口问题，降低粮食安全风险。

企业主导，打造一流国际粮商。利用国际国内两个市场、两种资源的主体是企业，因此应充分发挥市场在资源配置中的决定性作用，由企业来主导粮食流通。更好发挥政府作用，推动打造世界一流跨国粮商。这些跨国粮商，应以服务国内粮食循环为主，在全球市场配置粮食资源，开展国际经营，聚焦国内紧缺品种、深耕主要农产品出口国、着力拓展国际贸易，为保障国内市场供应提供更大的缓冲和余地，逐步形成我国粮食产业新格局。

四、完善粮食储备体制，助力产业链供应链安全稳定

粮食储备体系是确保国家粮食安全的重要抓手。做好当前和今后一个时期的粮食储备工作，需以国家粮食安全战略为根本遵循，重点协调处理好安全与效益、政府与市场、政府与企业、企业与企业、国

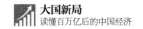

内与国际等方面的关系。

储备体系既是供给体系，也是流通体系，还是消费体系的关键环节。习近平总书记强调，"要管好用好储备粮，这是保百姓饭碗的粮食，不能平时老说库盈囤满，真到急用时却拿不出来"。在更加复杂形势和艰巨任务挑战下，实现储备体系调控供需两侧的杠杆功能，推动加快构筑高质量中央储备粮战略保障能力，对稳定产业链供应链、牢牢守住国家粮食安全底线具有重大意义。

加快构筑高质量中央储备粮战略保障能力，对整个粮食储备工作具有决定性作用。目前，我国粮食生产基础还不太稳固，构建自主可控、安全高效的粮食产业链供应链还面临诸多挑战，需要坚持系统观念，以高质量发展为主题，以服务农业供给侧结构性改革为主线，做实做优做强中央储备粮管理体系，提升储备调控和运营效能，加强与上下游市场需求对接，实现保量兴储、优质优储、科技强储。以此推动粮食产业链供应链优化升级，为粮食安全关键领域实现自主可控、安全高效提供重要支撑，从而在应对重大自然灾害、突发事件、保供稳市中发挥"定海神针"保底作用，在平衡供需、促进流通中发挥"蓄水池"调剂作用，在衔接产销、稳定价格、引导预期中发挥"四两拨千斤"带动作用。

全面创新完善粮食"产购储加销"体系，充分考虑重大突发事件对产业链供应链运行的冲击，在政策和制度上着力增强储备体系与上下游对接能力，确保产得出、收得进、储得好、调得动、用得上。

统筹用好国际国内两个市场两种资源。进一步建立完善稳定、灵活、高效的粮油进出口机制，积极拓宽进口来源地，分散进口来源地集中带来的风险。赋予中央储备企业国际贸易进出口经营权，探索建立大豆、玉米进口轮换新机制，保障供应链安全。

第十二章

强化反垄断和防止资本无序扩张

近年来，我国新型互联网平台企业迅速发展，对推动经济高质量发展、满足人民日益增长的美好生活需要发挥了重要作用，但一些不规范竞争行为逐渐出现，市场垄断、资本无序扩张等问题相伴而生。党中央、国务院高度重视以平台经济、共享经济为代表的数字经济的健康可持续发展，强调促进平台经济、共享经济健康发展。2020年中央经济工作会议将强化反垄断和防止资本无序扩张作为2021年重点任务之一，明确国家支持平台企业创新发展，强调依法规范发展，要求坚决反对垄断和不正当竞争行为。

第一节　强化反垄断和防止资本无序扩张面临的形势

平台经济是利用互联网等新一代信息技术，促进资源高效整合与配置利用的新型经济形态，为社会治理、公共服务、产业发展、创业创新等方面带来前所未有的变化。互联网平台企业作为新的生产力组织方式，对促进大众创业万众创新、推动产业升级、拓展消费市场、增强发展新动能具有重要作用。但是，一些新型互联网企业凭借数据、技术、资本等优势，迅速成长为平台巨型企业，形成"赢者通吃"的局面。有的企业从供需两端限制和排斥竞争、损害消费者的利益，还有的企业跨界渗透，向金融、传媒等领域扩张。而相关监管明显滞后甚至存在监管空白，很多领域没有规矩，很多业务未经审批，导致行业无序发展，野蛮生长。我国已进入新发展阶段，要高度重视平台经济领域市场垄断、资本无序扩张的新情况、新问题。

一、新型互联网平台企业的问题较为突出

从总体来看，新型互联网平台企业形成垄断、无序扩张的速度更快。一是规模经济特点明显，易形成"赢者通吃"局面。互联网平台

的规模经济特点使其在提供便捷服务时，很容易形成极强的用户黏性。大部分互联网产品初期投入成本较大，一旦产品完善后，后期维护成本很小，并且与使用人数关系不大，存在较为明显的边际成本趋向于零的特点。同时，由于网络产品的需求外部性，使用者的增加提高了产品的价值，存在需求曲线的边际效用递增的规律。所以，当活跃用户累积到动辄以亿计时，"赢者通吃"成为互联网平台发展的必然结果。二是市场垄断和资本无序扩张互为因果，形成明显的马太效应。马太效应强者愈强、弱者愈弱的现象，在互联网行业更为普遍。一方面，资本涌入是平台企业较快形成垄断的重要因素。一些互联网平台企业在资本支持下，提供免费服务或大量补贴，逐步形成庞大的用户群，最终形成封闭领地，开始追逐垄断利益与扩张优势，迅速形成垄断。另一方面，追求垄断带来的超额回报也是资本无序扩张的重要原因。一些成功的互联网公司给资本带来了丰厚回报，使这些资本有能力再挑选下一个"独角兽"，并形成了一种"经典套路"：通过烧钱以不正当竞争的方式争流量、冲规模，然后上市套现。比如，某长租公寓企业短期内高价收购房源，低价出租，迅速抢占市场，并成功上市。出现"高收低出"这种看似反经济、非理性的行为，原因是资本抱着垄断的"理想"，按照互联网"赢者通吃"的逻辑，通过快速扩张实现对整个市场或局部市场的垄断，然后抬高租金，获得垄断收益。

从策略手段上看，新型互联网平台企业形成垄断、无序扩张的手段更隐蔽更新颖。一是垄断协议。平台经济领域垄断协议是指排除、限制竞争的协议、决定或者其他协同行为。协议或者决定可以是书面、口头等形式。其他协同行为是指经营者之间虽未明确订立协议或者决定，但实质上存在协调一致的行为，隐蔽性很强。二是滥用市场支配地位。具有市场支配地位的平台经济领域经营者，可以滥用市场支配地位，以不公平的高价销售商品或者以不公平的低价购买商品、以低于成本的价格销售商品，无正当理由拒绝与交易相对人进行交易或进行限定交易，实施搭售或者附加不合理交易条件，对交易条件相同的交易相对人实施差别待遇等方式，以排除、限制市场竞争。滥用市场支配地位的一些典型表现，如"二选一"、数据垄断、大数据"杀熟"等，是社会广泛关注的热点问题。三是经营者集中。经营者集中是指相互独立的经营者之间产生关联关系或强化控制的市场行为。比如，国内一些互联网巨头通过并购和入股等方式，将行业内的一些小型创新创业企业揽入囊中，构建完整产业生态圈，构建庞大的"商业帝国"，业内舆论将这些互联网巨头企业归类为几个"派系"。四是滥用行政权力排除、限制竞争。行政机关和法律、法规授权的具有管理公共事务职能的组织排除、限制平台经济领域市场竞争，可能构成滥用行政权力排除、限制竞争行为。比如，一些地方政府为吸引互联网巨头落户本地，以规定、办法、决定、公告、通知、意见等形式，制定发布含有排除、限制竞争内容的政策，强化了互联网巨头的垄断能力。

二、互联网平台企业垄断市场和资本无序扩张带来一系列风险挑战

第一，抑制市场竞争机制。以"二选一"为例，消费者并非直接面对商家，中间还多了一个互联网平台企业。如果平台企业强制商家"二选一"，就会导致平台安排更多的交易机会给那些"听话"的商家；"不听话"的商家即使价格更低、服务更好，在算法、人工智能等方式干预下也无法被消费者所发现。以打车为例，当司机和车辆基本被平台控制，乘客已经很难在路上招到出租车，只能选择加价网约车，平台的垄断降低了市场效率。

第二，不利于中小企业发展和社会创新。与传统垄断不同，头部互联网企业通过强大的资本实力直接获取潜在竞争者的技术，如收购或复制中小企业创新成果。在这种创新生态下，新入局者要么站队、

背靠大树，要么被抄袭复制、被封杀。不少微型创新企业、中小企业陆陆续续退出不对等的市场博弈。国内有一些大型互联网平台企业，过多聚焦于流量变现而不注重原创性和基础性创新。据普华永道统计，2018年，全球企业研发支出最高的是亚马逊是226亿美元，而中国研发支出最高的阿里巴巴研发投入是36亿美元，差距较为明显。这种"路径依赖"式的垄断创新，大多靠的是人海和资金补贴战术，从长远看，难以对国家的科技进步和长远发展作出贡献。

第三，侵害消费者权益。平台企业起初以资本补贴等方式，让消费者以低价获得商品或服务，看似让消费者受益。一旦竞争对手被击溃，消费者只能被动接受单一平台或多平台协同价格，之前的资本补贴就会以几何倍数反噬消费者，出现抬高价格、诱导过度消费、大数据"杀熟"、绑定会员后加收费、捆绑销售、个人隐私被贩卖等问题。以抬高价格为例，从打车到共享单车再到外卖平台，都是靠补贴烧钱抢占市场，排挤削弱传统企业，形成垄断之后逐渐提高价格，甚至可以依靠垄断地位获取超额利润。以大数据"杀熟"为例，具有垄断行为的平台把"千人千面"的精准营销转化成"千人千价"的销售模式，消费者既无法选择，也无法辨别，更无市场竞争调节，最终变成"待宰羔羊"。

第四，潜藏系统性风险。部分领域互联网平台为迅速抢占市场、追求垄断利润，过度加杠杆，经营模式无序扩张，导致市场份额大增的同时，出现较大的流动性风险。如果外部监管失察，这种模式几乎"没法刹车"，一旦"跌落悬崖"，就会产生"火烧连营"的局面。比如，有的共享单车企业融资后购买大量共享单车投放市场并补贴客户，实现市场迅速扩张；有的长租公寓企业"高收低出"的模式迅速"传染"长租公寓市场。当市场出现波动时，这些互联网平台企业就会遇到资金链断裂问题；市场扩张步伐停滞，会导致融资受阻，信用风险加速暴露，形成恶性循环。最终，有的长租公寓给上百万客户与房东带来损失和纠纷，有的共享单车平台占用了1000多万用户共十几亿元的押金至今还未偿还，这相当于资本将部分投资风险转嫁给了社会。同时，资本无序扩张导致平台企业杠杆率过高，加上业务复杂关联，可能为局部系统性风险埋下隐患，"大而不能倒"也将增加未来的救助成本。

第五，影响国家安全。数字经济时代数据成为最重要的资源，数据垄断不仅会损害用户、中小企业利益，还危及国家安全。我国互联网巨头的股权结构均为VIE架构（"协议控制"），它们对大数据的储存、传输和利用都将涉及国家安全，国家的数据安全有赖于与它们展开合作。一些平台已经有了系统性影响，有的甚至操控媒体舆论，进而影响政治。

三、对互联网平台企业的监管明显滞后

第一，有关法律法规规章和制度需进一步完善。平台经济发展迅速，并已深入渗透到经济社会的方方面面，但对其相关竞争问题的法律规制以及对一些具体问题的阐释并不明晰，导致监管存在真空，造成很多领域没有规矩，很多业务未经审批。同时，实践中对一些问题的争议频发，不能给予互联网平台企业稳定的法律预期。

第二，执法与司法方面的具体实践面临一定困难。其一，由于平台企业一般都会基于核心业务展开多领域的布局，不同于此前传统经济中相对较为泾渭分明的市场，在平台企业相关市场的界定中面临更大的困难。其二，对于平台经济发展而言，很多显性壁垒并不存在，而背后生态支持等较为不显性的因素的重要性反而进一步突显，如何正确评估隐性的竞争壁垒也是实践中的难点。其三，平台行业相较于传统行业，产业更新变化速度更快，商业模式不可持续发展的经营者会被市场快速淘汰。如何准确把握市场的动态趋势，并在合适的时间

点通过《中华人民共和国反垄断法》的适用来调整市场的竞争态势，也成为实践中的难点。

第三，行业协会、行业联盟的作用还需进一步发挥。在平台经济中，合理的竞争行为和须规制的垄断行为间的界限，有时是模糊的。因此，通过了解行业发展特点与现状的行业协会、行业联盟等，就行业发展中出现的一些难点问题予以讨论厘清；凝聚行业共识，形成一些商业道德、行业标准、自律公约等，对于帮助平台经济良性竞争、给予执法与司法实践一定参考，具有重要意义。但目前行业协会、行业联盟的作用还未完全发挥出来，仍有进一步提升的空间。

第二节　强化反垄断和防止资本无序扩张的重要意义

党的十九届五中全会强调，将"公平竞争制度更加健全"作为"十四五"时期的重要发展目标任务。2020 年中央经济工作会议强调，反垄断、反不正当竞争，是完善社会主义市场经济体制、推动高质量发展的内在要求。我们要结合新发展阶段的国际国内形势和党中央的新要求新部署，深刻理解强化反垄断和防止资本无序扩张的重要意义。

一、完善社会主义市场经济体制的内在要求

党的十九届五中全会明确提出，"十四五"时期经济社会发展主要目标之一是："社会主义市场经济体制更加完善，高标准市场体系基本建成，市场主体更加充满活力，产权制度改革和要素市场化配置改革取得重大进展，公平竞争制度更加健全，更高水平开放型经济体

制基本形成。"公平竞争是市场经济的核心，高标准市场经济体系必然是市场竞争机制充分发挥作用的市场体系。我国改革开放以来建立与完善社会主义市场经济体制的历史，就是一部鼓励竞争的历史。强化反垄断和防止资本无序扩张，营造各类市场主体公平竞争的环境，推动有效市场和有为政府更好结合，有助于大力保护和激发市场主体的活力，进一步完善社会主义市场经济体制。

二、构建新发展格局的客观要求

党的十九届五中全会通过的《中共中央关于制定国民经济和社会发展第十四个五年规划和二〇三五年远景目标的建议》提出，要加快构建以国内大循环为主体、国内国际双循环相互促进的新发展格局。一方面，构建新发展格局，关键在于实现经济循环流转和产业关联畅通，贯通生产、分配、流通、消费各环节。这就要求强化反垄断和防止资本无序扩张，维护全国统一市场，畅通国民经济循环的基础。另一方面，构建新发展格局，要始终把实施扩大内需战略同深化供给侧结构性改革有机结合起来。工业和信息化部的数据显示，2019年，我国国内数字经济规模达到35.8万亿元，占GDP比重达到36.2%，预计未来还会有很大的发展空间。因此，要实现供需良性互动，必须规范数字经济发展，规范平台企业运行，实现其可持续发展。这就要求强化反垄断和防止资本无序扩张，促进形成强大的国内市场，实现国内国际双循环良性互动。

三、推动高质量发展的重要内容

我国已转向高质量发展阶段。要实现经济高质量发展，必须坚持新发展理念，进一步强化竞争政策基础地位，强化反垄断和反不正当竞争，使市场在资源配置中起决定性作用，以市场公平竞争促进发展方式转变，推动经济发展的质量变革、效率变革、动力变革。我国是公认的全球数字经济发展较为领先的国家之一，平台经济在更好满足消费者需求、促进新旧动能转换、推动经济高质量发展等方面作出了积极贡献，更需要通过强化反垄断和防止资本无序扩张促进行业健康发展，为推动经济高质量发展打下坚实基础。

四、贯彻以人民为中心的发展思想的必然选择

民生福祉达到新水平是"十四五"时期经济社会发展的主要目标之一。人民群众对美好生活有更多期待。维护好消费者的合法权益，就是维护广大人民群众的利益。强化反垄断和反不正当竞争，把维护消费者利益放在首要位置，将与民生密切相关的行业和领域作为强化反垄断和防止资本无序扩张的重点，使人民群众在数字经济发展中感受到公平正义和福祉改善，就是坚持以人民为中心的发展思想的生动体现。

五、对接国际高水平竞争规则的必由之路

平台经济的全球性，导致一国的制度规范会对他国产生明显的"规范溢出"效应，会影响到其他国家平台经济产业主体的切身利益。放眼全球，加强反垄断监管，维护公平竞争的市场秩序，激发市场活力，已成为国际惯例，是大势所趋、人心所向。面对互联网这个"超级平台"，世界各国和主要经济体反垄断执法机构均采取了严格的监管态度和制约措施。当前，我国正在建设更高水平开放型经济新体制，正处于制度型开放进程，不仅刚刚签署了 RCEP，还在考虑加入CPTPP，这就要求我国必须加快与国际接轨，强化反垄断和防止资本无序扩张，完善公平竞争的市场体制。

第三节　强化反垄断和防止资本无序扩张的总体定位

按照党的十九届五中全会和 2020 年中央经济工作会议精神，要找准强化反垄断和防止资本无序扩张工作的定位，努力开创强化反垄断和防止资本无序扩张工作的新局面，促进平台经济健康发展。

一、强化反垄断和防止资本无序扩张要坚持党的领导

坚持党的领导，是一切工作的前提，要把坚持党的领导和强化反垄断、防止资本无序扩张工作统一起来。一要进一步提高政治站位。深刻理解做好强化反垄断和防止资本无序扩张工作，对加快完善社会主义市场经济体制、建设更高水平开放型经济新体制、推动经济高质量发展等方面具有重要作用，找准强化反垄断和防止资本无序扩张工作在经济发展全局中的定位，为推进国家治理体系和治理能力现代化作出应有的贡献。二要牢牢把握正确的政治方向。强化反垄断和防止资本无序扩张工作涉及面广，在制定政策法规、执法监督、国际合作等各项工作中，要始终坚持以习近平新时代中国特色社会主义思想为指导，把准政治方向，强化反垄断和防止资本无序扩张工作服务国家战略和工作大局的作用。

二、强化反垄断和防止资本无序扩张要坚持问题导向

强化反垄断和防止资本无序扩张要坚持问题导向，一要提高发现

问题的能力。互联网行业的规律与传统行业有所不同，具有动态性、系统性和复杂性等特点，要科学把握规律，找出共性问题，有针对性地研究解决，提高强化反垄断和防止资本无序扩张的专业化、规范化水平。要走好群众路线，对社会公众和媒体进行辨识、判断垄断和无序扩张行为的"知识赋能"，提供向有关部门投诉、举报相关垄断行为与企业的"行动赋能"，让垄断和无序扩张陷入"人民战争的汪洋大海之中"。二要重点解决突出问题。针对各方面反映较为突出的平台经济领域竞争问题，研究明确强化反垄断和防止资本无序扩张的基本原则、具体思路和有效方式，探索构建符合平台经济发展规律和特点的反垄断、反不正当竞争监管。要围绕人民群众最为关心的民生问题加强执法，从大局出发，从小处入手，在"小切口"中解决大问题，切实保障消费者的选择权和公平交易权。

三、强化反垄断和防止资本无序扩张要平衡好规范和发展的关系

一方面，强化反垄断和防止资本无序扩张，不是不要发展。2020年中央经济工作会议明确指出，国家支持平台企业创新发展、增强国际竞争力。数字经济发展过程中出现了各式各样的新商业模式和产业形态，对社会经济发展作出了重要贡献。尤其是在新冠肺炎疫情期间，互联网平台为促进消费、改善民生作出了重要贡献。对于强化反垄断和防止资本无序扩张的工作部署，不应简单理解为打压，而应看作互联网平台进一步规范发展的新起点。另一方面，强化反垄断和防止资本无序扩张，当然不是任由平台企业和资本随意扩张。2020年中央经济工作会议强调，支持公有制经济和非公有制经济共同发展，同时要依法规范发展，健全数字规则。如果放任市场垄断、无序扩张、野蛮生长，终将使整个行业无法实现健康可持续发展。强化反垄断和防止资本无序扩张，正是为了更好规范和发展线上经济。因此，对于平台

企业的发展，仍然坚持鼓励创新发展的基调。要把保护市场公平竞争、促进平台企业创新发展，作为强化反垄断和防止资本无序扩张的出发点和立足点，运用法治工具，维护公平竞争市场秩序，充分激发市场主体创新活力和发展动力，提高我国数字经济的整体国际竞争力。

四、强化反垄断和防止资本无序扩张要坚持广采众长

在加速建构我国平台经济治理规则过程中，应全面动态研判国际反垄断相关规则的演进、各方博弈力量的对比变动，以便在借鉴有益经验的同时，能够及时调整国内规范、有效应对国际挑战。近年来，美国对平台经济的反垄断监管趋势由宽松转向审慎，重点关注互联网平台限制竞争、捆绑销售、流量分发倾斜、滥用大数据技术违规并购等。例如，美国众议院司法委员会近年来对谷歌、脸书、亚马逊和苹果等互联网平台企业展开反垄断调查。又如，美国联邦贸易委员会对脸书提出反垄断诉讼，指控其收购 Instagram 和 WhatsApp 两大竞争对手的并购操作阻碍了市场竞争。欧盟越来越重视对互联网平台反垄断的立法工作。例如，欧盟自 2017 年至 2019 年连续三年依法对谷歌进行反垄断处罚，累计金额超过 90 亿美元。又如，2020 年，欧盟公布《数字服务法》《数字市场法》，对一些互联网公司巨头在欧盟开展业务制定更加严格的规则。对欧美国家强化反垄断和防止资本无序扩张的实践做法和有益经验，我们要充分吸收借鉴。同时，要广泛听取有关部门、地方、企业和专家学者的意见，着力构建与我国平台经济发展阶段和特点相适应、与国际规则相对接的高水平竞争规则。

第四节　强化反垄断和防止资本无序扩张的重点任务

党的十九届五中全会提出，要健全公平竞争审查机制，加强反垄断和反不正当竞争执法司法，提升市场综合监管能力。2020年中央经济工作会议强调，要完善平台企业垄断认定、数据收集使用管理、消费者权益保护等方面的法律规范。要加强规制，提升监管能力，坚决反对垄断和不正当竞争行为。金融创新必须在审慎监管的前提下进行。这为我们做好强化反垄断和防止资本无序扩张工作指明了重点和方向。

一、完善相关立法

第一，研究出台针对互联网平台经济的反垄断执法指南。平台经济有其本身的发展特点与发展规律，在实践中一些行为引发的争议也较大。通过出台指南的方式，对执法理念、执法思路、具体行为的判定路径等予以明晰，帮助平台企业经营者更加明晰自身合理行为的边界，也为反垄断执法机构提供指引，最终促进平台经济的健康发展。

第二，完善其他部门法相关制度体系。一方面，完善隐私保护相关法律规则。加快《个人信息保护法》《数据安全法》等法律法规出台，明晰"个人信息"的定义和保护边界、建立个人信息全生命周期的监管规则、加强经营者对数据开展相关活动的风险监测与评估等，增强消费者隐私保护的制度供给。另一方面，完善促进企业间数据交易、流通、共享的相关制度体系。明确可流通数据范围及类型、数据

交易规则、数据交易安全分类标准等；构建数据交易平台、数据开放平台，加强数据交易主体资质、数据交易与开放平台能力的构建，关注现行大数据交易安全标准的可行性并及时修正，有效规制数据交易黑市等；探索构建数据可携带权的可行性，构建适用规则、补偿规则等，促进数据共享。

二、加强监管执法

第一，重点关注、动态跟踪重点领域互联网平台企业的发展。对平台经济的监管需坚持包容审慎的原则。可根据平台经济细分行业不同的发展现状与特点，确定经营者控制力相对较强、需重点关注的细分领域，并对细分领域的竞争态势予以持续的关注，包括观察市场结构、竞争态势、技术发展趋势等的变化。当出现严重损害市场竞争的行为发生时，结合个案案情与相关证据得出具体结论。要重点关注市场资源配置影响力较强的平台、消费者需求同质化程度较高的平台、在全国范围内经营的平台。

第二，区别应对不同类型的争议行为。对于一些新型的、正在探讨的垄断行为，可先慎用监管，先依靠市场机制解决。比如，针对自我学习型算法带来的垄断问题、数据是否构成必需设施等问题，可仍留待学术探讨和市场机制的解决。对于一些已然出现但现有法律适用存有难点的行为，可加强研究，为之后的执法奠定基础。对于一些平台企业相关行为已严重损害消费者权益并阻碍社会进步的案件，可发挥《中华人民共和国反垄断法》与其他法律法规的合力，综合对经营者的不当行为进行有效规制。比如，"二选一"、差别待遇、歧视性定价等，用《中华人民共和国反垄断法》进行规制有较大难度，可通过《中华人民共和国电子商务法》《中华人民共和国反不正当竞争法》等法律法规予以调整。对于平台企业依托于大数据与算法进行的动态定价行为，反垄断执法较难获取证据和进行竞争损害评估，可以通过行业主管部门，建立差异化定价机制，以及《中华人民共和国民法典》《中华人民共和国消费者权益保护法》等法律的适用综合来保护用户的相关权益。

第三，积极实施经营者承诺制度。由于平台经济很多行为都具有正反两方面效应，可能很多时候会处于"罪与非罪"的微妙界限。可以积极实施承诺制度，要求经营者承担一定的作为或者不作为义务，通过较为弹性的方式解决案件纠纷，帮助产业良性发展。

第四，统一监管标准，加强对滥用行政权力排除、限制竞争的反垄断执法力度。一方面，加强案件信息公开，统一执法监管标准。对查处的各类滥用行政权力排除、限制竞争案件原则上应予以详细披露，以此建立适应平台经济发展的统一的执法标准，为相关主体提供明确的守法与执法指引，同时提升监管执法效果、树立威慑力。另一方面，政策制定机关要逐步建立自我审查机制并结合现有的相关制度如立法程序中的合法性审查制度、规章和规范性文件的清理制度等，不断落实公平竞争审查制度。

第五，必须让互联网金融创新在审慎监管的前提下进行。一方面，坚决打破垄断，纠正、查处互联网金融资本的不正当竞争行为，维护公平竞争市场秩序。另一方面，坚持所有互联网金融活动必须依法依规纳入监管，坚持金融业务必须持牌经营，坚持对各类互联网平台的金融违法违规行为"零容忍"。

三、加强社会共治

第一，进一步发挥产业主体的自治规则与技术创新的作用。通过政策、规则和案例逐步明晰平台企业权利行使的边界，进一步发挥平台企业自治的良性作用。发展中出现的很多问题需要通过发展来解决，应鼓励帮助企业积极通过技术创新来解决相关问题。例如，积极发展关于数据隐私保护安全的相关技术，促进技术的流动，构建起以隐私保护技术为核心的数据安全体系，一定程度解决数据集中和隐私保护问题。

第二，发挥行业协会等的作用。平台经济中形成的商业道德、行业标准、自律公约、技术指南、最佳实践、伦理价值共识等，是维护产业生态健康发展的重要力量。鼓励行业协会、行业联盟等开展平台经济发展状况、新技术应用以及其他影响行业发展的重大问题研究，发布统计数据和调研报告，为政府执法、司法等提供相关信息与数据。

四、积极参与全球竞争规则治理体系建设

保护平台经济公平竞争的有效国际规范制度还未建立，发展中国家的利益可能会受到更多的损害。积极利用金砖国家、"一带一路"等沟通机制，参与全球竞争治理体系建设，加强在竞争相关事项的政策制定和执行方面的国际协调与合作，包括探索构建一致的执法理念，建立影响竞争的共享处理机制和标准，制定国家间的协调方案等。

第十三章

解决好大城市住房突出问题

　　构建新发展格局，一个重要方面就是强力补齐民生短板。住房问题关系民生福祉。当前最突出的住房问题是大城市住房问题，而大城市的发展与治理关乎我国经济发展的全局，因此，2020 年中央经济工作会议首次提出要解决好大城市住房突出问题。自始至终，住房问题的最大难点就集中在大城市。我国大城市存在房价过高、租赁市场供应结构不合理、土地市场化改革滞后、房地产稳定增长的长效机制远未建成等突出问题，导致不少中低收入家庭、新市民、青年人等群体既买不起房又租不起房，影响经济长期高质量发展。解决好大城市住房突出问题，既是谋民利、解民忧、实现更高水平民生福祉的必然选择，也是打通构建新发展格局重要堵点的关键举措。对此，我们要科学看待大城市住房突出问题，正确认识其形成机理，坚决执行中央住房政策部署，着力把大城市住房问题解决好，以确保党的十九大确定的"加快建立多主体供给、多渠道保障、租购并举的住房制度，让全体人民住有所居"目标的顺利实现。

第一节 大城市住房突出问题一直是我国住房问题的核心

1998 年开始住房市场化改革以来，我国住房建设明显加快，城镇家庭自有住房的比例和人均住房面积显著提高，广大人民群众的住房条件显著改善。但由于初期的住房政策定位模糊及住房制度设计存在缺陷，加上社会资金流动性一度出现过度充裕，导致房地产泡沫化快速发展。长期对保障性住房建设重视不够、租赁住房市场发育严重滞后等，使住房结构性问题日益突出，主要是大城市长期房价过高、住房保障体系不完善。一方面，大城市住房突出问题久拖不决，正在对实体经济发展造成越来越明显的"挤出效应"；另一方面，大城市居住与商务成本过高，既扭曲了住房市场，导致大量中低收入群体、新市民的住房负担过重和企业成本增加，也对大城市发展的效率与活力产生明显负面影响。

一、我国大城市住房问题突出

我国大城市住房突出问题主要表现为以下方面。

第一，大城市房价过高。从房价收入比上看，一般认为我国房价收入比保持在 3—6 倍属于合理区间，而自住房市场化改革以来，我国总体的房价收入比不断上升，2016 年为 7.5 倍，2019 年达到 8.8 倍。其中，一线城市多在 20 倍以上，二线城市多在 10 倍以上。相比较而言，三四线以下城市房价收入比多在合理区间，即住房价格合理、供给充足，住房问题不明显。从住房自有率及租赁比率看，我国城镇家庭住房自有率常年维持在 70% 以上的水平（2019 年达 96%），远高于西方发达国家 50%—70% 的水平（德国在 50% 以下，大部分人以租赁为主要的居住方式）；租房比例约为 20%，低于西方发达国家 20 个百分点左右。从住房空置率看，一般认为全国平均住房空置率超过了 10%，其中不少三四线城市住房空置率在 30% 以上。大城市的住房空置率也很高，主要是住房分配不匀，不少人为了投资增值，拥有多套住房，部分投机者甚至拥有几十几百套住房，而住房投资增值主要是靠房价上涨而不是靠长租来获得"常规收益"。从住房分配上看，当前城镇家庭住房拥有的不平衡程度较为严重，2018 年收入最低的（20%）城镇家庭户拥有约 6% 的住房，而收入最高的（20%）家庭户拥有约 40% 或更多的住房。问题是大城市自有住房分配不均程度最高，这与房价及其泡沫化成正比。也就是说，少数人大量购买住房严重破坏了住房市场的均衡，导致房价更快上涨，而房价上涨又会诱发更多的人"投资买房"，由此形成房价市场的越来越强的"正反馈"。

第二，大城市住房保障水平普遍偏低。大城市保障房需求大，但保障能力明显不足。自"十二五"规划以来，我国开始重视保障性住房建设，主要是增加保障性住房规模与比重，通过加强棚户区改造解决部分中低收入家庭的住房问题，在总量增加上取得了较大成绩，但也存在两个突出问题：一个是保障房建设从规划至建设存在保障房覆盖率 20% 的一刀切做法，不利于缓解大城市住房需求。从城市规模上看，大中小城市最后形成的租住结构是存在巨大差异的。大城市租房比重明显要更高，或者讲房价水平越高、城市规模越大，租房比例越高，这是普遍规律，但实际上我国大城市保障房比例普遍偏低，远不能满足居民的住房需求。一个是重保障房建设而忽视住房保障体系建设。住房保障体系既重建，更重管，特别是要在如何分配利用保障房、使保障房合理周转以及发展长租市场上，形成完整有效的保障制度。据了解，我国政策性住房错配问题较为严重，保障门槛的设定不合理，住房保障存在排外现象，通常都不把常住人口纳入保障体系管理。

第三，大城市租售结构失衡，长租市场发育严重滞后。近十年来，我国新开发的房产近九成是作为商品房、产权房进行买卖的，真正用于租赁的不到一成。特别是房屋租赁市场机制不完善，加剧了租售结构的失衡。租房者属于弱势群体，缺乏讨价还价的能力，而业主具有较大的自主权，可以随时调整租金，甚至随时收回租赁房，这使租赁市场缺乏稳定性和保障性。此外，租房者由于没有产权，无法享有与房屋所有者同等的公共服务权利，包括教育、医疗、户籍等。种种制度上的问题，进一步强化了居民重视房产所有的观念，仅将租房作为过渡性的选择甚至无奈之举，从而进一步扭曲了租售市场结构。尽管在 2015 年 1 月工作住房和城乡建设部就发布《关于加快培育和发展住房租赁市场的指导意见》，强调要建立"租购并举"的住房制度，重视外来人口的住房问题，将新建租赁住房纳入住房发展规划，鼓励发展租赁地产，但由于对房价上涨预期的固化以及许多现实难题无法解决，导致长租市场发展严重滞后问题迟迟得不到解决。

二、深入把握导致我国大城市住房问题突出的原因

导致我国大城市住房难、住房问题突出的原因是多方面的。

第一，房地产稳定发展的长效机制始终没有突破。具体来讲，主要是缺少房地产税这个关键"调节器""稳定器"。90% 以上的住房本

应用来满足消费功能，其投资功能是附属功能，应该被控制在合理范围内，但实际上由于房地产税这个关键机制的缺失导致住房投资功能被无限放大，致使我国住房发展出现严重的功能失调，即投资或投机属性过强。这是房地产泡沫不断放大的根本原因。虽然中央出台了多项房地产长效机制来抑制过度投机行为，内容涵盖土地供给、金融、房屋租赁等方面，但并未触动过度投资和投机者的根本利益。真正能够有效抑制过度投资、提高购房成本的工具是房地产税，它就像一个总阀门，能够使住房市场成为具有负反馈机制的有效市场，避免房地产泡沫不断强化。如果当买房投资获取的暴利多数成为税收、占有过量的住房要交更高税率的税收时，市场投机行为将会被内在地抑制。长效机制的核心是房地产税，从这一点看，我国房地产稳定发展的长效机制建设远未完成。

第二，两个体系建设，一头热一头冷。我国偏重于商品房体系建设，而长期忽视住房保障体系建设。自"十二五"开始我们加强了住房保障体系建设，但存在平均主义的倾向，要求所有城市都要建设20%的保障性住房，实际上中小城市5%的保障性住房就足够了，大城市、特大城市可能需要建30%，甚至40%—50%的保障房。近百年来，世界历史的发展轨迹已然证明，经济越发展，人口便越会向大城市集中。产业的集聚创造就业和收入，同时不断吸引人口，人口的集聚又会创造新服务业的就业。在集聚效应下，大城市和特大城市的人口会滚雪球般地增长。在大城市房价过高而人口不断流入的现实情况下，加强住房保障体系建设是必然选择，而在出台住房保障政策方面，我国要顺应人口迁移规律和城市化规律，按照人口规模考虑和安排保障性住房和各方面的公共品供给，而非人为设定一个均值。

第三，土地利用机制缺陷导致土地使用效率过低。一方面，土地市场化机制形成存在梗阻，缺乏二级市场，土地再开发利用效率低。我国住房供给的市场化是局部的市场化，房价销售全部实现市场化，但土地供给是非市场的垄断供给，"市场价格"远高于"市场均衡价格"。没有土地的二级市场再配置优化，土地市场便不可能高效率，特别是只有一级市场开发的房地产必然导致开发粗放、土地供给矛盾突出（城市"摊大饼"式扩张是由于存量土地不能有效再开发，而土地再开发主要依靠二级市场支持），就像股票市场一样，土地一二级市场都很重要。土地要素市场化改革刻不容缓，主要是要发展二级市场。另一方面，大城市住房土地供应紧张和住房供求不平衡与大城市对容积率管制有重大关系。提高容积率，就是提高土地集约化利用效率，这是解决大城市土地供应不足与住房供给不足的重要办法，但在我国越是大城市，容积率管制越严。

第四，货币金融问题。货币供应过多，加之金融资本的无序扩张，导致房地产业成为投机交易的"主战场"。土地是资本运作的关键媒介，是最好的信贷抵押品，强资本、强金融的介入使住房市场投机气氛过浓、投机收入过高，但缺乏抑制投机、实现有效监督的机制。2002年以来，我国便一直存在金融严重偏向于房地产的问题，这与居民投资的"住房偏好"相结合，是导致我国房地产泡沫越吹越大的重要原因。在总体资金有限的情况，这两大偏好的长期存在，必然对实体经济产生越来越大的"挤出效应"，必然出现经济发展"脱实向虚"。

三、大城市住房突出问题已经到了非解决不可的时候

大城市住房突出问题的核心是房价长期泡沫化。保障性住房体系的发展不充分以及难以形成有效的长租市场，主要就是因为房价长期过快增长这一"梗阻"。大城市房价长期过高，既不利于大城市形成完善的双重住房体系，还会给整体经济带来越来越明显的负效应，因此必须高度重视解决日益严重的大城市住房突出问题。

第一，高房价问题不仅仅会带来金融与经济风险，更会影响国民

经济循环，导致实体经济与金融间循环不畅。其负面效应的波及范围十分广泛，最终会抑制创新、实体经济和资本市场的发展，同时透支消费，不利于新发展格局的形成。一方面，从全球经济史看，房地产泡沫是导致经济与金融风险的重要根源。20世纪以来，世界上130多次金融危机中，有100多次都与房地产有关，所以有必要对房地产行业进行严格的风险防控和审慎管理。中国银保监会主席郭树清最近多次指出要坚决抑制房地产泡沫，他认为，"目前，我国房地产相关贷款占银行业贷款的39％，还有大量债券、股本、信托等资金进入房地产行业。可以说，房地产是现阶段我国金融风险方面最大的'灰犀牛'"。2021年1月4日召开的中国人民银行工作会议，再次强调要防范房地产金融风险，会议前（2020年12月31日）出台的"两道红线"政策（中国人民银行、中国银保监会联合发布的《关于建立银行业金融机构房地产贷款集中度管理制度的通知》为各大银行发放房地产贷款余额占比和个人住房贷款余额占比设置的两个上限）是防范房地产风险的重要举措。另一方面，大量稀缺资本追逐房产市场泡沫，必然导致其他行业资金供给严重不足，融资成本上升，从而阻碍实体经济发展。从金融结构优化来看，在股市与房市之间，如果社会资金长期过度投资于房地产，必然导致资本市场缺乏长期资本支撑和短期流动性，使对创新与产业结构调整起关键作用的资本市场长期萎靡不振，金融结构优化进程将受到巨大阻碍。

第二，房地产长期泡沫化正在对扩大消费形成明显的"挤出效应"。有证据表明，长期房价泡沫及其所产生的过度支出，正在使下中等收入家庭（准中等收入家庭）储蓄率大幅下降，并产生连带效应（使父母、祖父母储蓄减少），影响长期消费潜力的释放。当储蓄率出现断崖式下降时，即使收入、就业仍保持稳定，也会严重挫败消费者的信心，抑制消费增长，最终阻碍构建新发展格局的进程。

第三，大城市住房突出问题对现代产业体系的发展和区域增长极

的形成构成重大挑战。我国大城市发展面临重大机遇，但也面临巨大挑战，其中最大的挑战就是住房突出问题抑制大城市的人才集聚与有效利用。大城市中的高房价与户籍制度相结合，不利于各种丰富多样的人力资本向中心城市和城市群集聚，使产业升级与创新活动受到商务成本过高及人才集聚不足的约束，进而影响我国现代产业体系的形成和竞争力的提高。

第四，高房价高收益的示范效应正在伤害许多二三线城市的活力与竞争力。与其他城市相比，一线大城市拥有更优越的经济发展条件和环境，包括高素质人才、高水平创新能力和完备的产业链供应链体系等，具备较强的活力和竞争力。其经济发展的效益不仅得益于明显高估的房地产，更有赖于人才、产业的集聚而引致的创新力提高，这在一定程度上会抵消高房价的负面效应。反观许多二三线城市，本身经济发展活力、动力不足，却盲目效仿一线城市抬高房价，促进经济短期繁荣，最后难免会进一步加剧经济结构的失衡，阻碍产业的高级化和创新能力的提高。当前，我国经济出现的"南北差距扩大问题"在很大程度上反映出不同地区大城市的活力与动力差。在特大或超大城市高房价高收益的示范效应下，一些经济活力不足的二三线城市会更加依赖于房地产，最终形成恶性循环，影响城市整体高质量发展。

第二节　解决大城市住房突出问题的重要意义与主要思路

《中共中央关于制定国民经济和社会发展第十四个五年规划和二〇三五年远景目标的建议》在"优化国土空间布局，推进区域协调发展和新型城镇化"这一部分强调，要推进以人为核心的新型城镇化，坚持房子是用来住的、不是用来炒的定位，租购并举、因城施策，促进房地产市场平稳健康发展。鉴于解决大城市住房突出问题在促进重点区域协调发展和构建新发展格局中的重要作用，2020年中央经济工作会议首次把解决好大城市住房突出问题作为国家年度重大任务。这一举措意义重大，各地必须按中央的统一部署，积极探索解决大城市住房问题的思路和方法。

一、解决大城市住房突出问题有利于加快构建新发展格局

人才是建设社会主义现代化强国的第一资源，解决大城市住房突出问题有利于吸引和集聚更多优秀人才，加快人力资本强国的形成。2016年1月18日，习近平总书记在省部级主要领导干部学习贯彻党的十八届五中全会精神专题研讨班上的讲话中，就强调要"聚天下英才而用之"。加快构建新发展格局的关键一环是提高创新能力，而人力资本是创新的源泉，激发人才的创造活力，有利于促进创新发展和产业基础高级化、产业链现代化，加快发展方式的转变。

解决大城市突出住房问题能够加快人才、资源、资本等要素向中心城市和大城市群集聚，形成强大的集聚效应，有利于促进增长极及城市群的高效发展。增长极理论认为，国家是以非均衡发展的模式不断壮大的，经济增长通常是从一个或数个"增长中心"逐渐向其他部门或地区传导。大城市住房突出问题的解决，不仅会促进中心城市和城市群的高质量发展，还会大幅提高对周边地区的辐射能力，扩大腹地空间，产生强大的区域协调效应，从而促进区域高协调发展。

坚持房住不炒，使房子回归居住功能，能够释放巨大的居民消费潜能，发挥大城市在促进消费结构升级上的引领作用。家庭住房支出长期过高，会导致消费降级，从而阻碍消费升级进程，形成巨大的消

费升级梗阻。减少对房地产的过度投资，同时大力发展住房租赁市场、优化住房结构，使住房支出在消费支出比例中回复到合理水平，可在较大程度上提高居民的购买力，增强居民对未来的消费信心。在房住不炒的理念下，居民的深层次消费需求将进一步被挖掘，消费结构升级将会显著加快，并最终形成需求牵引供给、供给创造需求的更高水平的平衡。

二、解决大城市住房突出问题的重要原则

解决大城市住房突出问题，既要下决心，真抓实干，又要讲原则，抓关键。出台的政策如果与房地产行业长期可持续发展的要求不相一致，或者只是中央重视时保持一致，而大多数时候则敷衍了事，那么"大城市住房突出问题"这一梗阻就会扩大，影响大城市的长期高质量发展与活力。解决大城市住房突出问题首先就是要以人民为中心，坚持执行中央为房地产长期健康发展所确定的重要原则。这是打好"解决大城市住房突出问题"攻坚战的关键。

第一，坚持房住不炒。自2016年中央经济工作会议以来，中央反复强调要坚持"房子是用来住的，不是用来炒的"的定位，要求回归住房居住属性。这是一条促进房地产长期健康发展的最基本原则。实践证明，这一基本原则坚持得好的时候，房价就能保持稳定，实体经济就会得到更多的发展动能。相反，房价长期过快上涨，一定是这个基本原则坚持得不够，导致房地产投机需求过多。房地产调控和房地产长效机制的建立就是要按照这一基本原则的要求设计，使"房住不炒"的定位真正落实到位，深入人心。

第二，坚持不把房地产作为短期刺激经济的手段。在新冠肺炎疫情的冲击下，中央保持战略定力，确定不把房地产作为短期刺激经济的手段，这既稳定了经济长期发展的信心，也对房地产的短期稳定起了

关键性作用。坚持不把房地产作为短期刺激经济的手段，是以习近平同志为核心的党中央吸取以前的教训而确定的新的政策规则。应对短期经济下滑或强大的外力冲击，通过刺激房地产不仅不会真正解决发展的动力问题和需求问题，而且会导致更高的房价，为未来埋下更多的风险隐患。各地必须不折不扣地执行这个重要的宏观经济管理原则。

第三，坚持长效机制建设与短期有效调控相结合。房地产发展既要追求长期的持续稳定健康发展，又要保持短期的稳定，防止大起大落。要做到这一点，必须将长效机制建设与短期有效调控有机结合起来。长效机制建设并非一朝一夕之事，要以深化供给侧结构性改革为抓手，在建设长效机制上走好"改革"这步先手棋，主要是深化与房地产相关的土地、财税、金融等方面的改革，不失时机地出台管用的改革举措，加快长效机制的建设。与此同时，要注重财政与货币等短期调控手段的合理运用，着力稳定房地产市场。

第四，坚持以民生为本，把"住有所居"落到实处。在大城市房价居高不下、人口大量净流入导致住房紧张的现实状况下，各项政策的出台、实施和监督都要以民生为导向，真正解决困难群体和新市民的住房问题，将"住有所居"落到实处。

三、解决大城市住房突出问题的主要思路

第一，要标本兼治，重在建设长效的住房制度。大城市住房突出问题的治理，事关大城市的高质量发展与长治久安，要着力找出导致大城市房价长期过快增长的内在原因，对症下药，精准施策，以求从根本上解决大城市住房问题。若只是出台一些浮于表面的政策和手段，则只能起到暂时的缓解作用，无法解决根本问题。就全国整体来讲，这个治本之策就是构建与新发展格局相适应的长效住房制度，也就是党的十九大报告提出的战略部署："坚持房子是用来住的、不是用来

炒的定位，加快建立多主体供给、多渠道保障、租购并举的住房制度，让全体人民住有所居。"

第二，以改革创新促进长效机制建设。大城市住房突出问题的重要表征之一是"高房价"，而消除高房价背后的深层次因素，如房地产的过度投机行为、金融与实体经济的"梗阻"、土地二级市场缺失等，都要通过改革创新的方式建立长效机制来实现。因此，与住房相关的土地制度与政策要作重大改革调整，加快房地产税改革，在住房金融制度与政策方面要作长效安排。

第三，短期调控确保"三稳"目标实现。要继续坚持实现"稳地价、稳房价、稳预期"的目标，在短期调控方面要保持房地产金融政策的连续性、一致性、稳定性，坚持问题导向，时刻绷紧房地产调控这根弦。

四、解决大城市住房突出问题要着力处理好"三大关系"

2020 年 12 月 3 日，中共中央政治局常委、国务院副总理韩正在住房和城乡建设部召开的座谈会上强调，要以保障性租赁住房为着力点，完善基础性制度和支持政策，加强住房保障体系建设。会上提出要着力解决好"三大关系"：要处理好基本保障和非基本保障的关系，尽力而为、量力而行，着力解决困难群体和新市民住房问题；要处理好政府和市场的关系，既强化政府保障作用，也要积极运用市场化手段；要处理好中央和地方的关系，坚持不搞"一刀切"，鼓励和指导城市政府因地制宜，完善住房保障方式，落实好城市主体责任。审慎处理好"三大关系"，有助于解决重点人群的住房问题。要灵活运用多种住房保障手段，因地制宜推进和落实住房保障政策，确保"硬政策"的"软着陆"，真正实现"让全体人民住有所居"的目标。

第三节　以强化基本民生保障为导向解决大城市住房
　　　　突出问题

2020 年中央经济工作会议指出，解决好大城市住房突出问题，要高度重视保障性租赁住房建设，加快完善长租房政策，逐步使租购住房在享受公共服务上具有同等权利，规范发展长租房市场。

一、加快改革和建立房地产长效机制，坚决抑制房价过快增长

第一，加快建立房地产税制度。征收房地产税可以带来诸多正效应，其中最重要的作用就是能增加住房所有者的成本，抑制房价过快上涨，减少空置率、提高住房发展的整体效率，增加全社会的福祉。同时，还能防止财富收入的过度非均衡问题的出现，抑制居民财富收入差距扩大。特别重要的是，房地产税还能充实地方财政收入，健全地方税体系，使地方政府有更多的资金为当地居民提供更高质量的公共服务。当前，房地产税的缺失导致房地产长效机制不健全，造成治标不治本的结果。因此，应将房地产税立法尽快提上日程，按照"立法先行、充分授权、分步推进"原则，推进房地产税立法和实施。对工商业房地产和个人住房按照评估值征收房地产税，适当降低建设、交易环节税费负担，逐步建立完善的现代房地产税制度。

第二，完善住房金融的长效机制。现代住房金融制度是保障房地产市场稳健发展的重要基础，也是解决大城市住房问题的有效手段。不同于一般的工商业或消费金融服务，住房金融的特点是由住宅的双

重属性（既是必需性消费品又是资产性投资品）决定的，它需要长期、大额、稳定的投资性资金支持，但又比较容易受到短期投机性资金的扰动，而且，对于缺乏足够支付能力的低收入群体，也必须予以最基本的住房保障安排。①基于住房金融的双重特性，需要进一步完善其长效机制：一是继续深化住房公积金制度改革，赋予公积金管理中心更多的自主权，扩大公积金的覆盖范围，改善公积金的运营监督管理体制；二是考虑建立新的住房政策银行，可以同时服务住房的供需两端，为保障房建设融资，给中下等收入家庭购买保障性住房提供低利率贷款等业务；三是发展住房抵押贷款证券化市场，健全商业性住房金融机制，提升金融市场的深度与广度。

第三，改革住房土地制度。土地供给不足、拍卖用地成本高、住房二级市场的缺位等使得土地价格失衡，进而抬高附着在土地上的住房价格，因此应加快改革住房土地制度与政策，盘活存量用地。一要完善土地出让分配机制，以住房需求为导向配置土地资源，增加住房建设用地供给，优化住房供应结构。二要深化土地供给侧结构性改革，完善土地计划管理体制，增强土地管理灵活性，使土地计划指标更加合理化，推动建立以需求定供给、以效益定供给的城市建设用地供应机制，提高土地利用效益。

第四，规范住房租赁市场。当前，在住房租赁市场领域存在诸多乱象，租房者长期处于弱势地位，基本住房需求无法得到有效保障。针对种种不规范现象，2021年初住房和城乡建设部党组书记、部长王蒙徽作出回应，强调要推动出台《住房租赁条例》，加快完善长租房政策，需整顿规范租赁市场秩序，加大对"高进低出""长收短付"以及违规建立资金池等的整治力度，防止"爆雷"风险；降低租赁住房税费负担，对租金水平进行合理调控。

---

① 参见董裕平：《加快建立现代住房金融制度》，《中国金融》2016年第16期。

第五，继续强化住房保障体系建设。大城市房价高、租赁市场供应结构不合理和秩序不规范等问题，使新市民和青年人的住房困难问题更加突出，亟须加强住房保障体系建设，并将其纳入城市规划。在具体实施方面，要考虑受众群体的范围和配套措施的建设。目前，我国住房保障体系主要分为保障性租赁住房（其中包括公租房和政策性租赁住房）和共有产权住房。王蒙徽认为，公租房应主要面向城镇户籍住房和收入"双困"家庭，政策性租赁住房主要面向无房新市民；在人口净流入的大城市要重点发展政策性租赁住房，加快完善土地、金融、财税等配套支持政策，如探索利用集体建设用地和企事业单位自有闲置土地建设租赁住房，大力发展租赁住房，扩大小户型、低租金的保障性租赁住房供给。要支持人口净流入的大城市发展共有产权住房，供应人群应以户籍人口为主，逐步扩大到常住人口。此外，还要开展灵活就业人员参加住房公积金制度和住房公积金支持租赁住房发展试点。

二、完善房地产调控政策

解决大城市住房突出问题、促进房地产市场健康平稳发展，要考虑短期安排和中长期部署，将短期调控政策与长效机制建设相结合。在坚决贯彻 2020 年中央经济工作会议精神、落实会议部署方面，住房和城乡建设部对于 2021 年坚持房住不炒、完善地产金融宏观审慎管理体系提出以下五点调控建议：一是完善政策协同机制，建立住房与土地、金融联动机制，加强住宅用地管理，完善房地产金融宏观审慎管理体系。加快研究编制"十四五"住房发展规划。二是健全部省市联动管控机制，加强对重点城市的指导，实施精准调控。三是建立监测预警和评价考核机制，常态化开展月度监测、季度评价、年度考核，落实城市主体责任，确保市场稳定。四是完善舆情监测和舆论引

导机制，客观解读房地产市场形势和调控政策。五是完善市场监管机制，开展整治房地产市场秩序专项行动，维护群众合法权益。

值得注意的是，当前，许多措施出台后的实施效果并不理想，很多情况下存在"说是一套，做是一套"的问题，政策效果被"下有对策"所对冲。在完善房地产调控政策的同时，要着手解决执行力不足的问题，加强监管，严厉惩治不作为和乱作为的行径，确保政策得到有效落实，人民群众真正享受到政策实惠。

三、实施城市更新行动，推进民生工程建设

城市建设是民生工程的重要部分，既是贯彻落实新发展理念的重要载体，又是构建新发展格局的重要支点。城市建设与解决大城市住房突出问题密切相关，实施城市更新行动，从顶层设计上科学规划、有序引导、规范管理，有助于推动住房结构调整优化和品质提升，转变房地产开发建设方式，满足人口净流入的大城市居民的住房需求，促进城市经济的健康发展。

第一，树立城市"新发展理念"，培育以创新为核心的城市文化氛围。创新是衡量一个城市活力和竞争力的核心指标，也是城市发展的重要源泉，构建以创新为核心的城市文化，有助于优化产业和经济结构，摆脱对房地产经济的过度依赖，使住房回归居住属性。

第二，加强顶层设计，将住房保障与建设问题纳入城市规划体系。过去很长一段时间，我国城市规划缺乏科学性，多数城市以房地产开发为导向，过分追求短期扩张效应，土地城镇化快于人口城镇化，使得大城市住房问题越发突出。在城市规划中应考虑住房保障与建设问题，开展与人口规模适配的住房和城市建设工作。

第三，实施城市更新计划，加强老旧小区改造和居住社区建设。随着居民消费需求不断升级，住房市场也要完成从"有房住"到"住

好房"的转变，提供更高质量的居住和生活环境。在城镇老旧小区改造方面，需进一步摸清底数，合理确定改造内容，建立科学的改造资金共担机制，完善项目审批、技术标准、存量资源整合利用、财税金融土地支持等配套政策，完成预定目标。在居住社区建设方面，要全面开展社区设施补短板行动，因地制宜对居住社区公共服务设施进行改造和建设，同时推动社区服务业的发展，满足居民多样化需求。

第四，大城市的住房保障体系建设要与城市更新，特别是与老旧小区改造有机结合。在加快构建以公租房、政策性租赁住房和共有产权住房为主体的住房保障体系的同时，结合城镇棚户区改造和老旧小区改造，有效增加保障性住房供应，盘活住房存量，发挥保障性住房的最大"周转"功能。

第十四章

做好碳达峰、碳中和工作

在"十四五"时期乃至很长一段时间，减排降碳、低碳发展都将是我国环境治理乃至经济社会发展的一个重要主题。"十四五"时期是实现我国碳达峰的关键期，也是推动经济高质量发展和生态环境质量持续改善的攻坚期。做好碳达峰、碳中和工作，是党的十九届五中全会和2020年中央经济工作会议确定的重点任务。要加快制定并落实国家碳排放达峰行动方案，实现碳达峰与经济高质量发展、深入打好污染防治攻坚战高度协调统一。

第一节　做好碳达峰、碳中和工作的重大意义

碳达峰是指某个地区或行业年度二氧化碳排放量达到历史最高值，然后经历平台期进入持续下降的过程，是二氧化碳排放量由增转降的历史拐点，标志着碳排放与经济发展实现脱钩，达峰目标包括达峰年份和峰值。碳中和是指某个地区在一定时间内（一般指一年）人为活动直接和间接排放的二氧化碳，与其通过植树造林等吸收的二氧化碳相互抵消，实现二氧化碳"净零排放"。碳达峰与碳中和紧密相连，前者是后者的基础和前提，达峰时间的早晚和峰值的高低直接影响碳中和实现的时长和实现的难度；后者是对前者的紧约束，要求达峰行动方案必须在实现碳中和的引领下制定。碳达峰、碳中和目标的提出，引起了国际社会的高度关注。该目标既展现了我国未来坚持绿色发展、低碳转型的方向，也展现了中国履行自主贡献目标的担当和行动力，必将提振全国上下可持续发展的坚定信心和共同意愿，对全世界范围内实现绿色复苏起到引领作用。

一、做好碳达峰、碳中和工作是落实政治责任的内在要求

习近平主席在第七十五届联合国大会一般性辩论上的讲话中表示，中国将提高国家自主贡献力度，采取更加有力的政策和措施，二氧化碳排放力争于 2030 年前达到峰值，努力争取 2060 年前实现碳中和。在 2020 年 12 月 12 日的气候雄心峰会上，习近平主席进一步对碳达峰和碳中和目标作出了具体细致的安排和规划，即"到 2030 年，中国单位国内生产总值二氧化碳排放将比 2005 年下降 65% 以上，非化石能源占一次能源消费比重将达到 25% 左右，森林蓄积量将比 2005 年增加 60 亿立方米，风电、太阳能发电总装机容量将达到 12 亿千瓦以上"。这一重大宣示体现出我国实现碳达峰、碳中和目标的决心和信心，为我国应对气候变化、绿色低碳发展提供了方向指引，擘画了宏伟蓝图。

2020 年中央经济工作会议确定了 2021 年中央要抓好的八项重点任务，其中包括做好碳达峰、碳中和工作。会议指出，要抓紧制定 2030 年前碳排放达峰行动方案，支持有条件的地方率先达峰。要继续打好污染防治攻坚战，实现减污降碳协同效应。会议还提出，要加快调整优化产业结构、能源结构，推动煤炭消费尽早达峰，大力发展新能源，加快建设全国用能权、碳排放权交易市场，完善能源消费双控制度。要开展大规模国土绿化行动，提升生态系统碳汇能力。

近期，多部门都在积极围绕碳达峰目标进行"十四五"规划的制定。例如，生态环境部强调要突出以降碳为源头治理的"牛鼻子"，以 2030 年前碳达峰倒逼能源结构绿色低碳转型和生态环境质量协同改善，牵引经济社会发展全面绿色转型。2021 年 1 月，生态环境部印发《关于统筹和加强应对气候变化与生态环境保护相关工作的指导意见》，要求推动战略规划、政策法规、制度体系、试点示范、国际

合作的统筹融合。其中，从法律法规、标准体系、环境经济政策、减污降碳协同效应、适应气候变化与生态保护修复等5个方面，明确了推动政策法规统筹融合的工作任务；从统计调查、评价管理、监测体系、监管执法、督察问责等5个方面，明确了推动制度体系统筹融合的工作任务。要求各地结合实际提出积极明确的达峰目标，制定达峰实施方案和配套措施。协同控制温室气体与污染物排放，协同推进适应气候变化与生态保护修复等工作，支撑深入打好污染防治攻坚战和二氧化碳排放达峰行动。要强化控制温室气体排放目标责任制，作为生态环境相关考核体系的重要内容，加大应对气候变化工作考核力度。按规定对未完成目标任务的地方人民政府及其相关部门负责人进行约谈，压紧压实应对气候变化工作责任。

生态文明建设是我们党在新时代的一项重要战略任务，碳达峰、碳中和目标既是2021年重点任务，又是"十四五"时期乃至更长一段时间的重要主题，更是习近平总书记亲自谋划、亲自部署、亲口承诺的重要目标，全党全国上下一定要提高政治战略、树牢政治意识、强化政治担当，把碳达峰、碳中和作为一项重要政治任务，协调各方资源和力量统筹推进、坚决落实。

二、做好碳达峰、碳中和工作是高质量发展的题中应有之义

碳达峰目标与碳中和愿景是建设社会主义现代化国家、实现高质量发展的内在要求，对中国当前和今后一个时期绿色低碳发展和生态文明建设提出了更高的要求、指明了方向和路径。低碳经济是世界经济发展的大势所趋，今后的竞争不是传统的劳动力竞争，而是碳生产率的竞争。

实现碳达峰、碳中和是保障能源安全的必要选择。能源安全是国家经济安全和社会安全的重要方面，它直接影响到可持续发展的实现

和社会稳定的维持。能源是经济增长的引擎，而中国经济的持续高速增长决定了能源需求始终保持强劲增长的态势。能源安全越来越成为制约中国经济持续增长的瓶颈。虽然我国能源总储量较为丰富，但由于人口规模庞大，人均能源可采储量远低于世界平均水平。碳达峰、碳中和目标必将倒逼能源体系变革，要逐步建成以新能源和可再生能源为主体的近零排放的能源体系，煤炭、石油、天然气等化石能源的消费量要控制在较低水平。这样就能从根本上减少化石能源消费中产生的常规污染物的排放，如二氧化硫、氮氧化物、$PM_{2.5}$等。虽然我国在化石能源消费过程中采取了很多节能减排和治污的措施，但是随着终端治理措施的空间越来越小，从根本上减少化石能源消费才是提升环境质量、保护生态环境的最根本措施。进入 21 世纪以来，中国能源需求的增长速度比经济的增长速度快了近一半。2016 年，中国整体经济的能源强度比日本高 10 倍左右，比经合组织国家高 5 倍左右，比印度高 3 倍[①]。总的来看，中国在 2010 年已是世界上第一大温室气体排放国家。推进低碳发展，调整以煤为主的能源消费结构，高度重视可再生能源、新能源等无碳或者低碳能源的发展与使用，将促进能源结构不断优化。

实现碳达峰、碳中和是建设现代化经济体系的必然要求。全面建成社会主义现代化强国必须走绿色低碳循环发展的道路，最终实现碳中和。中国是制造业大国，工业部门的能源消费占总的终端能源消费的 2/3。短期内，实现工业快速转型并减少碳排放，会导致一些能耗高、污染严重的行业发展受限，但长期来看能够促进产业结构调整和转型升级，激励数字经济、高新科技产业和现代服务业的发展。虽然转型过程中会有一些成本和代价，但由化石能源转成可再生能源也会带来新的经济增长点和新增就业机会，并且可以减少环境污染，保障

---

① 厉以宁等：《低碳发展作为宏观经济目标的理论探讨——基于中国情形》，《管理世界》2017 年第 6 期。

人民的健康。更重要的是，应对气候变化、防控气候风险能够保障国家的可持续发展。

实现碳达峰、碳中和是提升环境质量、提高社会效益的重要路径。从环境效益来看，低碳发展与应对气候变化同步协同，将带来大气污染治理的一系列成效。化石能源燃烧不但是温室气体的主要来源，产生的颗粒物、二氧化硫、氮氧化物等也是当下大气污染物的主要来源。调整能源结构、产业结构不仅可以减少碳排放，也能从根源上降低了污染物排放。从社会效益来看，低碳发展将提供更多高质量的绿色就业机会。2021 年 1 月，我国在可再生能源领域的工作人员已经达到 450 万人左右，接近煤炭生产领域的产业工人。预计到 2030 年低碳领域的直接和间接就业总人数有望达到 6300 万人。从经济效益来看，到 2030 年，全国低碳产业的产值预计将达到 23 万亿元，对 GDP 的贡献率将超过 16%。

三、做好碳达峰、碳中和工作是打造未来竞争力的重要举措

近年来，中国高度重视碳减排，特别是党的十八大以来，中央将生态文明建设纳入"五位一体"总体布局和，把"绿水青山就是金山银山"理念贯穿经济社会发展全过程、全领域，采取强有力措施推进节能减排，经济增长方式已由资源消耗导向转变为绿色生态导向。中国已经连续 15 年将节能减排作为约束性指标，纳入国民经济和社会发展五年规划。截至 2019 年底，我国碳强度较 2005 年降低约 48.1%，非化石能源占一次能源消费比重达 15.3%，提前完成我国对外承诺的到 2020 年的减排目标，成为世界上减排力度最大、减排贡献最多的国家，碳减排成效显著，为百分之百落实国家自主贡献、努力实现达峰目标和碳中和愿景奠定了坚实的基础。

面向未来，在全球能源革命的大趋势下，谁能够适应和引领世界

潮流，谁就最具有影响力和竞争力；谁跟不上潮流，谁就会落后进而被淘汰。中国要在 21 世纪中叶建成社会主义现代化强国，就必须掌握最先进的低碳技术并拥有低碳发展能力，拥有具有全球影响力的绿色低碳循环经济体系，是现代化国家的重要标志，也是未来核心竞争力的体现。因此，实现碳达峰、碳中和既是为地球气候变化负责，也是全面建成社会主义现代化强国目标的重要组成部分。从技术创新的角度看，需求是创新的动力。碳达峰、碳中和是一场自我革命，这意味着根本性的变革，不能按照常规的办法慢慢走。2060 年前实现碳中和目标作为高标准、高要求的发展导向，必将促进全社会资源投入，进一步加大研发力度、投资力度和产业化速度，大力推动科技创新和能源体系、经济体系转型。

四、做好碳达峰、碳中和工作是展现负责任大国形象的必要之举

人类过度开发和使用地球资源带来的环境破坏、自然灾害越来越触目惊心。对气候变化问题的关注已经由科学界扩展到政治领域，进而成为全世界、全社会的最热门话题。中国作为能源消费和温室气体排放大国，已成为气候变化和减排领域全球关注的焦点，受到的外部压力空前巨大。内外夹攻的双重压力使中国转变粗放型、资源依赖型增长方式迫在眉睫。在路径选择上，发达国家的实践证明了低碳经济道路的可行性；碳达峰、碳中和是建设环境友好型、资源节约型社会的必经之途，是同时达成经济增长、节能减排和社会发展多重目标的必然选择。

2030 年前碳达峰、2060 年前碳中和目标意味着中国更新和强化了在《巴黎协定》下对国际社会承诺的自主贡献目标，体现了中国推进全球应对气候变化进程的决心。我国"十四五"期间要以 2030 年前二氧化碳排放达峰为导向，强化节能和减排二氧化碳的各项指标和

措施。这将成为推进高质量发展的一个重要抓手和着力点，也将对世界范围内实现绿色复苏起到引领作用，展现出中国重信守诺的责任担当。《巴黎协定》提出要在本世纪末把全球温升控制在工业革命前水平 2℃之内，并努力控制在 1.5℃之内，要实现这一目标就必须在本世纪下半叶甚至本世纪中叶实现碳中和。中国提出 2060 年前实现碳中和，实际上就是要努力实现与控制温升 1.5℃目标相契合的减排路径。这是在目标导向下倒逼长期发展路径的低碳化转型，体现了中国作为负责任大国的担当。

第二节　抓好碳达峰、碳中和工作的重点领域

做好碳达峰、碳中和工作的前提是准确了解和把握其科学规律和重点领域，抓住"牛鼻子"。30 年来，国际上积累了有关大气污染物减排、二氧化碳减排、能源低碳发展方面的诸多经验，包括政策工具、技术创新、管理经验等，我们要加强研究、合理借鉴，以能源结构调整、产业结构调整、交通结构调整、增加碳汇为关键抓手，提高碳达峰、碳中和工作的科学性、前瞻性和战略性。

一、能源结构调整

要合理控制能源消费总量，重点控制化石能源消费，深入推进工业、建筑、交通、公共机构等重点领域节能。"十四五"末期中国非化石能源占一次能源消费比重要达到 20% 左右，能源消费总量要控制在 55 亿吨标准煤，二氧化碳排放总量要低于 150 亿吨。要不断提高

能源使用效率，必须降低单位 GDP 的碳强度，努力用碳强度的降低来抵消能源消费增长带来的二氧化碳排放的增量。

第一，提升非化石能源的占比。"十三五"时期，中国提出非化石能源占一次能源消费比重达到 15% 的目标，2019 年已经超过了这个指标。从现在来看，要实现 2030 年前碳达峰，"十四五"时期非化石能源占一次能源消费比重要达到 20% 左右，到 2030 年要达到 25% 左右，这远高于《巴黎协定》中国对国际承诺 20% 左右的 NDC（各国自主决定贡献）目标。中国目前是全球最大的太阳能和风能制造国和使用国，先后投入巨资补贴支持太阳能和风能绿色产业高速发展。经过十多年高速发展，太阳能技术已非常成熟，所转换电能接入电网后，价格已同煤电价格趋同，可以部分替代煤电。未来 10 年内，我国新增风电和太阳能发电装机量要超过 10 亿千瓦，这相当于美国现有全部发电装机总量。这样，到 2030 年之前，非化石能源发展才能满足经济发展带来的新增的能源需求。

第二，降低化石能源消费比重。煤炭是二氧化碳排放强度最高的一种能源载体。对于我国而言，煤炭是化石能源消费的主体，煤炭燃烧产生的二氧化碳占我国二氧化碳排放总量的 70% 以上，近期能源结构转型的重点在于严格控制煤炭消费。"十四五"时期要尽量做到煤炭消费零增长，才能保证"十五五"时期实现碳达峰。以新能源和可再生能源发电来代替煤电以及减少散煤的终端利用，使天然气消费的二氧化碳排放增长由煤炭消费量下降减少的二氧化碳排放来抵消，整个能源消费排放的二氧化碳才能达到峰值，不再增长或开始下降。各地应制定"十四五"时期及中长期煤炭消费总量控制目标，确定减煤路线图，保持全国煤炭消费占比持续快速降低，大气污染防治重点区域要继续加大煤炭总量下降力度。按照集中利用、提高效率的原则，近期煤炭削减重点要加大民用散煤、燃煤锅炉、工业炉窑等用煤代替，大力实施终端能源电气化。要根据我国国内的能源需求以及能源消费

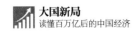

的客观状况，通过对传统能源产业生产工艺的低碳化改造、能源结构调整、淘汰落后产能等措施，努力降低化石能源消耗，促进低碳化生产和生产低碳化消费品。

二、产业结构调整

实现产业体系低碳化发展，不能仅仅依靠能源结构的变化，还需要通过技术水平提升和固定资本升级促进产业体系升级。产业结构是决定能源消费和碳排放的主要因素之一。与第三产业高度发达的发达国家相比，我国经济更依赖于能源密集型和碳密集型的第二产业。回顾"十三五"时期，产业转型和第二产业节能减排是实现碳排放目标的主要措施，也是建立绿色低碳循环发展的产业体系的要求。产业结构要数字化、绿色化、低碳化，要发展高附加值、低能耗的产业来取代传统的能耗高、附加值低的产业和产品。

实施工业低碳行动和绿色制造工程。推动钢铁、建材、有色、化工、石化、电力、煤炭等重点行业提出明确的碳达峰目标并制定碳达峰行动方案，率先实现碳达峰，不能再盲目扩充产能。探索建立绿色工业低碳报告制度，协同推进汽车与能源、交通、信息、通信等产业的深度融合，完善绿色产品的标准体系，培育一批骨干企业，加大绿色产品的供应保障。高耗能、高碳排放的产业唯有依靠技术创新，实现低碳转型和技术升级，未来才会有发展潜力和竞争力。

积极推动产业政策绿色转型。制定严格的产品能耗效率标准与耗油标准，并以严格执法使超出这一标准的企业受到应有的惩罚，从而倒逼企业降低碳排放。要格外重视引导或影响产业技术创新的产业技术政策，通过利用财政、金融、税收、产权保护等工具引导企业进行绿色技术创新，进而实现产业技术的进步和整个经济体系的技术创新。抓紧建立低碳技术的创新体系，为低碳经济发展提供科技支撑。

三、交通结构调整

交通同样是未来实现碳达峰需要重点突破的领域。相关数据显示，2013—2019年，我国交通运输领域碳排放年均增速保持在5%以上，成为温室气体排放增长最快的领域之一。初步测算，交通运输领域（包含运营性运输、私人乘用车、摩托车、农用车等非运营性运输）碳排放占全国终端碳排放的15%左右（不包含国际航空和远洋船舶在公共区域的排放）。交通运输行业处于能源消费的末端，尽早达峰的关键取决于电、氢等新能源装备完成传统燃油装备的替代任务。初步分析，相比2019年，铁路、水路货运量要提升15亿吨以上，货运车辆能效提高30%，新能源货车保有量从目前的33万辆、占比1.6%提高到300万辆、占比10%。综合运用新能源运输装备替代，提升燃油效率以及运输结构调整措施，才能有可能达峰。要加大对新能源交通工具的政策支持力度，推动公共交通领域的绿色出行。优化交通运输结构，对交通碳排放量提出红线约束，倒逼减排。

四、增加碳汇

碳增汇是应对全球气候变化的重要手段。要提高对碳增汇的重视，提高森林碳汇能力，使碳减排和碳增汇达到双赢。增汇型的气候保护政策，一方面，可以扩大森林面积，提高森林的质量，达到碳达峰的目的，另一方面，气候保护政策不仅不会影响中国宏观经济的发展和产业产出的增长，还会增加居民收入，促进居民消费的增长。

开展大规模国土绿化行动，提升生态系统碳汇能力。按党的十九大的总体部署，我国将启动大规模国土绿化行动，力争到2035年达到26%，到本世纪中叶达到世界平均水平。开展大规模国土绿化行动，要继续实施国家重点林业工程。抓好三北防护林体系、京津风沙源治理和退耕还林、天然林保护等国家重点林业生态工程建设；加大黄土丘陵地区、土地荒漠化地区退耕还林力度；尽快启动实施绿洲地区、高原地区特色林果建设工程，为富民强林增添活力。把国土绿化作为地方各级党委、政府和主要负责人任期目标责任制和年度考核的重要内容。继续开展全民义务植树活动，但应充分考虑时代发展特点，把"义务"的法律强制性改为自愿性，通过宣传和道德的力量使义务植树成为国家倡导、国土绿化部门服务、公民自觉自愿参与的公益劳动。

加快完善资金保障机制。将国土绿化作为重要的民生工程和公益事业，加大中央财政对国土绿化支持力度，对营造国家重点生态林要全额预算并纳入国家生态补贴范围。全面实施中央财政造林补贴制度，建立国家国土绿化差别化投入标准制度，改变全国"一刀切"的现状。加大对国土绿化节水灌溉的支持力度，大力加强国土绿化节水灌溉工程建设，将国土绿化灌溉设施纳入农机具补贴范围。积极推进集体林权制度改革，对国有荒山、荒沙、荒地进行拍卖，在土地利用规划中允许一定比例用于其他建设，鼓励多种经济成分投资国土绿化。

值得注意的是，森林碳汇虽然具有固碳效应，可以在一定时间范围内"中和"一部分碳排放，但森林从大气中吸收二氧化碳，形成干物质；通过燃烧腐烂，将干物质中固定的二氧化碳又释放到大气中。因此从生命周期或长时间尺度看，森林是严格意义上的"碳中性"。所以，不要将碳中和的希望完全寄托于植树造林。

第三节　推进碳达峰、碳中和工作的关键举措

中国向世界庄重宣示提前实现碳达峰、碳中和目标的时间节点，体现出国际责任、大国担当，也是推进生态环境保护和高质量发展的有力抓手。当前我国距离实现碳达峰目标不足 10 年，从碳达峰到碳中和也仅有 30 年，相比西方国家压力更大、时间更紧，"十四五"时期必须迈出坚实步伐。要不断提高思想认识，加强规划引领，落实地方责任，发挥市场作用，加强科技支撑，推进低碳城市试点，通过一系列关键举措的实施推动目标的顺利实现。

一、提高思想认识

中国作为最大的发展中国家，发展不平衡不充分问题仍然突出，实现包括碳达峰在内的更新后的国家自主贡献目标和碳中和愿景面临巨大的挑战。很多发达国家实现二氧化碳排放达峰是一个技术、经济发展的自然过程，而我国是为应对全球气候变化自我加压、主动作为，要采取更加有力的政策措施。我国是在经济发展较低的水平上，为尽早实现碳达峰作出努力，在实现 2030 年前达峰目标时，人均 GDP 仍将显著低于很多发达国家达峰时的水平。我国能源结构以煤为主，要在较短的时间内大幅度降低煤炭消费占比，需要克服多方面的困难。此外，与很多发达国家相比，我国从碳达峰到碳中和的时间要缩短几十年，需要付出艰苦卓绝的努力。新的国家自主贡献目标和碳中和愿景，绝不是简单地伸一伸手就能触及的，需要全社会奋力拼搏才

能达到。

碳达峰并不单指在某一年达到最大排放量，而是一个过程，即碳排放首先进入平台期并可能在一定范围内波动，然后进入平稳下降阶段。对标欧盟在 20 世纪 90 年代二氧化碳排放达到 45 亿吨的峰值、美国在 2007 年达到 59 亿吨左右的峰值，预测中国二氧化碳排放峰值将达到 106 亿吨左右，是欧盟的 2.4 倍，美国的 1.8 倍；按照欧盟本世纪中叶实现碳中和目标，其碳达峰至碳中和历经 60 年，而我国从碳达峰到碳中和仅有 30 年。我国面临着比发达国家时间更紧、幅度更大的减排要求。"十四五"时期新建的高碳项目，其排放将延续到 2050 年前后，给实现 2060 年前碳中和目标带来巨大压力，还会压缩未来二三十年低碳技术的发展空间[1]。因此，必须充分提高思想认识和重视程度，做好啃硬骨头的思想准备，充分发扬攻坚克难精神。

要加快气候变化立法进程，通过气候变化立法明确并锁定碳中和目标，以法律保证全社会的共同行动意愿。建议加快研究制定详细的碳中和实施路线图，并按行业制订实施计划。通过国家应对气候变化及节能减排工作领导小组等机制加强对碳中和目标的实施进度监督。加强对碳中和目标核算规则的研究，分析 CH_4 等短寿命温室气体和国际抵消机制对实现我国碳中和目标的可能贡献，为未来围绕碳中和的国际气候谈判做好准备。

二、加强规划引领

我国提出碳中和、碳达峰的目标展现了应对全球气候变化问题的责任与担当，要充分利用规划的力量将这一目标转化为推动低碳发展的前进动力。实现碳达峰，是走向碳中和的第一步和关键一步，但并

---

① 参见王金南、严刚：《加快实现碳排放达峰 推动经济高质量发展》，《经济日报》2021 年 1 月 4 日。

不是碳排放峰值越高发展空间越大。碳中和刚性表明，峰值越高，碳排放清零越困难。如果尽早实现削峰发展，将更加有利于走向净零碳[①]。2030 年前碳达峰涉及"十四五""十五五"两个五年规划，所以"十四五"时期就要加强行动，加强规划的前瞻性，这样才能为"十五五"时期实现碳达峰和 2060 年前实现碳中和创造良好基础。

要将降碳减排工作全面融入发展规划，一方面，要在各类各级规划中全面贯穿低碳发展要求，特别在产业结构、能源结构以及生态环境治理等方面把碳减排作为规划编制的重要内容和目标之一。将碳达峰目标作为重点地区、主要行业的硬约束，推动重点地区的低碳发展、经济升级转型和产业链供应链的低碳化。另一方面，将各级低碳发展规划或碳减排、气候变化应对等专项规划纳入整个规划体系，并有效衔接其他各类各级规划。各省市需要根据实际情况因地制宜地进行目标拆分，秉持"共同但有区别"的原则制定适合自身的低碳发展规划路径，而不是"一刀切"，对所有地区制定统一的碳达峰、碳中和要求。"区别"主要体现在地方各级政府要根据自身的现实情况考虑规划编制的必要性、规划目标的差异、低碳发展实现路径的差异等。最终，通过各类各级规划的协同，形成从国家到地方各级部门（行业或领域），政府、企业和社会共同推进低碳发展和实现碳减排目标的合力。[②]

三、落实地方责任

地方是落实国家碳达峰任务的重要责任主体，要加快制定达峰方

---

① 参见潘家华:《"碳中和"这道关一定要过》,《经济日报》2021 年 1 月 10 日。

② 参见田丰、包存宽:《充分利用规划力量推动实现碳达峰碳中和目标》,《中国环境报》2021 年 1 月 14 日。

案，开展达峰行动。各地要抓紧制订 2030 年前碳达峰行动计划，要抓住降碳这个源头治理的"牛鼻子"，统筹谋划一批推动经济、能源、产业等绿色低碳转型发展的重点任务和重大工程。以制定碳达峰行动方案为契机，结合地方发展特点，采取更加有力的措施控制化石能源消费，全面推进重点领域绿色低碳行动，促进低碳生产、低碳建筑、低碳生活，打造零碳排放示范工程，大力发展低碳交通，积极发展绿色建筑，推动绿色低碳技术创新，推行绿色低碳生产生活方式，开展碳达峰和空气质量达标协同管理，以低碳环保引领推动高质量发展。

按照 2020 年中央经济工作会议要求，支持有条件的地方率先达峰。各地尤其要审慎发展高碳、高耗能产业，必须摒弃传统的观念，全面鼓励绿色技术创新。在国家层面，要继续确立有力度的单位 GDP 二氧化碳排放下降目标，并把这些目标分解到各个省区市，使其不断强化节能减排责任制，促进经济转型、产业升级和可再生能源发展。在地方层面，"十四五"期间要推进碳达峰行动，各省区市也要制订具体行动计划。要强化监督考核评估，将应对气候变化相关工作存在的突出问题、碳达峰目标任务落实情况等纳入生态环境保护督察范畴、对未完成目标任务的地方人民政府及其相关部门负责人进行约谈等举措，对于各地方政府加强落实工作能够起到积极效果。

四、发挥市场作用

要充分发挥市场配置资源的决定性作用，通过价格、财税、交易等手段，引导低碳生产生活行为。以气候投融资和全国碳市场建设为主要抓手，助推碳达峰方案实施。强化财政资金引导作用，扩大气候投融资渠道，在重点行业的原辅料、燃料、生产工艺、产品等环节实施价格调控激励政策，对低碳产品在税收方面给予激励。开展全国碳市场建设和配额有偿分配制度建设，将国家核证自愿减排量纳入全国碳市场。改革环境保护税，研究制定碳税融入环境保护税方案。鼓励探索开展碳普惠工作，激发小微企业、家庭和个人低碳行为和绿色消费理念。

从 2020 年到 2050 年，新能源技术设施建设需要比较大的投资，很多终端部门节能技术的改造也需要增加新的投资。如果实现全球温升 2℃目标导向转型路径，2020—2050 年能源系统需要新增投资约 100 万亿元，占每年 GDP 的 1.5%—2%；如果实现全球温升 1.5℃目标导向转型路径，需要的投资大概是 138 万亿元，大概相当于每年 GDP 的 2.5% 以上。当然，这些新增投资也将带来新的经济增长点和新增就业机会，可再生能源单位产能的就业率是传统能源产业的 1.5—3 倍[①]。金融行业要大力支持清洁能源和绿色产业发展，促进经济高质量发展和社会绿色转型，推动人与自然和谐共生和可持续发展目标的实现。

碳市场是政府推动企业转型升级、控制温室气体排放的有效政策工具之一。让市场发现碳价格这一市场化思维，将伴随全国碳市场的有效运行落地生根。2021 年 1 月 1 日，全国碳市场首个履约周期正式启动，涉及 2225 家发电行业的重点排放单位。这是我国第一次从国家层面将温室气体控排责任压实到企业，通过市场倒逼机制促进产业技术的升级。要加快建立统一的碳排放交易平台和高效运行的交易机制，着力建设规范有序、功能完备的交易机构与网络体系，逐步建立起统一有效的碳排放交易平台，构建系统科学的碳交易市场指标评价体系。

五、加强科技支撑

科学技术的发展是推进低碳技术应用和低碳经济发展的重要基

---

① 胡文娟：《何建坤：中国能够，而且必须实现 2060 年碳中和目标》，《可持续发展经济导刊》2020 年第 12 期。

础。在全球应对气候变化要求不断提高的大背景下，抢占低碳科技高地将是赢得发展先机的重要基础，低碳科技应成为国家战略科技力量的重要组成部分，以低碳科技发展战略大力推动、强化低碳科技研发和推广，设立低碳科技重点专项，针对低碳能源、低碳产品、低碳技术、前沿性适应气候变化技术、碳排放控制管理等开展科技创新。加强科技落地和难点问题攻关，汇聚跨部门科研团队开展重点地区和重点行业碳排放驱动因素、影响机制、减排措施、管控技术等科技攻坚。采用产学研相结合的模式推进技术创新成果转化成示范应用。

目前，欧盟以及美国、日本等国家在新一代技术研发方面已经走在国际前列。欧盟已确立严格的目标，即争取在 2030 年之前促使欧盟的技术超越其他国家。我国也必须尽快明确新一代技术的研发方向。对我国来讲，能源领域重大技术创新包括高可靠性电网技术、新一代低成本高可靠性储能技术、先进核电技术、先进电解水制氢技术、大规模利用生物质能发电技术及碳捕捉与储存（CCS）技术等。工业领域则需要重点突破钢铁、化工、有色金属冶炼的氢基工艺和技术等。交通领域需要在电力、氢、生物燃料零排放飞机，电动和氢燃料电池船舶、火车、重卡，及新一代城市零碳排放交通系统等方面实现技术突破。建筑领域则聚焦于超低能耗建筑的普遍性适用技术的创新，还包括新材料技术、空气直接捕获二氧化碳技术等。"十四五"期间，我国应针对碳中和目标下各个领域的技术研发提出方向性的战略部署，并利用国家研发专项来引导大学和科研机构进行相应的转变。此外，还应更加明确企业的技术研发方向，促进企业在创新零碳技术方面保持国际竞争地位。[①]

---

① 参见姜克隽：《"碳中和"下先进技术研发至关重要》，《中国科学报》2021 年 1 月 6 日。

六、推进低碳城市试点

2011 年至今，我国已初步形成了全方位、多层次的低碳试点体系。"十四五"期间低碳城市试点政策仍将是我国应对气候变化的重要政策。在新的国际气候治理格局和国家 2030 年应对气候变化自主行动目标约束下，碳排放峰值将是城市低碳转型升级的外部约束条件。在制定低碳城市政策时，建议因地制宜地科学构建低碳城市建设评价分析框架和指标，重塑并引领气候治理新格局下城市地区低碳的生产生活方式和城市建设运营模式。同时，中央政府应指导低碳试点城市制定"十四五"期间的碳达峰目标，并明确各城市碳达峰的具体路径。

低碳城市建设涉及能源供应、建筑、交通、工业、农业、林业和废弃物处理等多部门及经济、社会、资源、环境等多个领域，关系经济社会发展全局，而目前自下而上的实践多强调地方政府的自愿行为。"十四五"期间要突出自上而下的激励和约束与自下而上的自愿行为之间的结合，突出"实现碳排放峰值目标、控制碳排放总量、探索低碳发展模式、践行低碳发展路径"的政策重点。尝试构建定性指标与定量指标相结合的指标体系，服务于低碳城市的政策优化和建设成果评价，发挥我国行政体制的优势，提高政策的执行力及有效性。针对经济形势、城市化率、城市建设等方面的不确定性，城市碳达峰目标的完成预期将随着时间推移而逐渐变化。因此，建议各试点城市加强二氧化碳减排及峰值年的相关情景分析和研究，为碳达峰写入"十四五"规划做好准备。同时，应允许各城市对碳达峰年目标进行调整，并激励各城市提前达到碳达峰目标。①

---

① 参见齐晔、刘天乐等：《低碳城市试点"十四五"期间需助力碳排放达峰》，《环境保护》2020 年第 5 期。

第十五章

全面推进乡村振兴与加快农业农村现代化

　　党的十九大提出实施乡村振兴战略，是以习近平同志为核心的党中央着眼党和国家事业全局，深刻把握现代化建设规律和城乡关系变化特征，顺应亿万农民对美好生活的向往，对"三农"工作作出的重大决策部署，是决胜全面建成小康社会、全面建设社会主义现代化国家的重大历史任务，是新时代做好"三农"工作的总抓手。脱贫攻坚取得胜利后，全党全国"三农"工作重心将发生历史性转移。我们要坚持把实施好全面推进乡村振兴作为全党全国工作重中之重，高度认识全党全国"三农"工作重心历史性转移的重大意义，遵循乡村振兴规律，把握工作重点，全面推进乡村振兴，实现农业农村现代化。

第一节　从脱贫攻坚全面转向乡村振兴

脱贫攻坚取得胜利后，要全面推进乡村振兴，这是"三农"工作重心的历史性转移。我们必须深刻认识全面推进乡村振兴的重大意义，顺势而为，坚持把实施好全面推进乡村振兴作为全党全国工作重中之重，做好巩固拓展脱贫攻坚成果同乡村振兴有效衔接。

一、稳步推动"三农"工作重心的历史性转移

从中华民族伟大复兴战略全局看，民族要复兴，乡村必振兴。乡村是具有自然、社会、经济特征的地域综合体，兼具生产、生活、生态、文化等多重功能，与城镇互促互进、共生共存，共同构成人类活动的主要空间。乡村兴则国家兴，乡村衰则国家衰。

中国共产党成立以后，充分认识到中国革命的基本问题是农民问题，把为广大农民谋幸福作为重要使命。新中国成立以后，我们党把实现农业现代化作为"四个现代化"的重要内容，着力推进农业现代化建设。改革开放以来，我们党领导农民率先拉开改革大幕，不断解放和发展农村社会生产力，推动农村全面进步。党的十八大以来，党

中央坚持把解决好"三农"问题作为全党工作的重中之重，把脱贫攻坚作为全面建成小康社会的标志性工程，组织推进人类历史上规模空前、力度最大、惠及人口最多的脱贫攻坚战，启动实施乡村振兴战略，推动农业农村取得历史性成就、发生历史性变革。农业综合生产能力上了大台阶，农民收入显著增加，农村民生显著改善，乡村面貌焕然一新。贫困地区发生了翻天覆地的变化，解决困扰中华民族几千年的绝对贫困问题取得历史性成就，为全面建成小康社会作出了重大贡献，为开启全面建设社会主义现代化国家新征程奠定了坚实基础。

历史和现实都告诉我们：农为邦本，本固邦宁。我们要坚持用大历史观来看待农业、农村、农民问题，只有深刻理解了"三农"问题，才能更好理解我们党、我们的国家和民族。全面建设社会主义现代化国家，实现中华民族伟大复兴，最艰巨最繁重的任务依然在农村，最广泛最深厚的基础依然在农村。站在由第一个百年奋斗目标向第二个百年奋斗目标迈进的历史关口，巩固和拓展脱贫攻坚成果、全面推进乡村振兴、加快农业农村现代化，是需要高度重视的一个关系大局的重大问题。我们务必充分认识新发展阶段做好"三农"工作的重要性和紧迫性，坚持把解决好"三农"问题作为全党工作重中之重，在认真总结农业农村发展历史性成就和历史性变革的基础上，准确研判经济社会发展趋势和乡村演变发展态势，切实抓住历史机遇，增强责任感、使命感、紧迫感，举全党全社会之力推动乡村振兴，促进农业高质高效、乡村宜居宜业、农民富裕富足。

二、深刻认识全面推进乡村振兴的重大意义

实施乡村振兴战略，是解决新时代我国社会主要矛盾、实现"两个一百年"奋斗目标和中华民族伟大复兴的中国梦的必然要求，具有重大的现实意义和深远历史意义。

第一，实施乡村振兴战略是建设现代化经济体系的重要基础。农业是国民经济的基础，农村经济是现代化经济体系的重要组成部分。乡村振兴，产业兴旺是重点。实施乡村振兴战略，深化农业供给侧结构性改革，构建现代农业产业体系、生产体系、经营体系，实现农村一二三产业深度融合发展，有利于推动农业从增产导向转向提质导向，增强我国农业的创新力和竞争力，为建设现代化经济体系奠定坚实基础。

第二，实施乡村振兴战略是建设美丽中国的关键举措。农业是生态产品的重要供给者，乡村是生态涵养的主体区，生态是乡村最大的发展优势。乡村振兴，生态宜居是关键。实施乡村振兴战略，统筹山水林田湖草系统治理，加快推行乡村绿色发展方式，加强农村人居环境整治，有利于构建人与自然和谐共生的乡村发展新格局，实现百姓富、生态美的统一。

第三，实施乡村振兴战略是传承中华优秀传统文化的有效途径。中华文明根植于农耕文化，乡村是中华文明的基本载体。乡村振兴，乡风文明是保障。实施乡村振兴战略，深入挖掘农耕文化蕴含的优秀思想观念、人文精神、道德规范，结合时代要求在保护传承的基础上创造性转化、创新性发展，有利于在新时代焕发出乡风文明的新气象，进一步丰富和传承中华优秀传统文化。

第四，实施乡村振兴战略是健全现代社会治理格局的固本之策。社会治理的基础在基层，薄弱环节在乡村。乡村振兴，治理有效是基础。实施乡村振兴战略，加强农村基层基础工作，健全乡村治理体系，确保广大农民安居乐业、农村社会安定有序，有利于打造共建共治共享的现代社会治理格局，推进国家治理体系和治理能力现代化。

第五，实施乡村振兴战略是实现全体人民共同富裕的必然选择。农业强不强、农村美不美、农民富不富，关乎亿万农民的获得感、幸福感、安全感，关乎全面建成小康社会全局。乡村振兴，生活富裕是根本。实施乡村振兴战略，不断拓宽农民增收渠道，全面改善农村生产生活条件，促进社会公平正义，有利于增进农民福祉，让亿万农民走上共同富裕的道路，汇聚全面建设社会主义现代化国家的磅礴力量。

三、实现巩固拓展脱贫攻坚成果同乡村振兴有效衔接

脱贫攻坚取得胜利后，"三农"工作重心转移到全面推进乡村振兴上来。重心转移并不意味着脱贫攻坚工作结束，而是意味着要坚决守住脱贫攻坚成果，工作不留空当，政策不留空白，做好巩固拓展脱贫攻坚成果同乡村振兴有效衔接。针对全党全国"三农"工作重心的历史性转移，2020 年中央农村工作会议对实现巩固拓展脱贫攻坚成果同乡村振兴有效衔接作出具体安排，要求脱贫攻坚目标任务完成后，对摆脱贫困的县，从脱贫之日起设立 5 年过渡期。过渡期内要保持主要帮扶政策总体稳定，对现有帮扶政策逐项分类优化调整，合理把握调整节奏、力度、时限，逐步实现由集中资源支持脱贫攻坚向全面推进乡村振兴平稳过渡。

实现巩固拓展脱贫攻坚成果同乡村振兴有效衔接，一要健全防止返贫动态监测和帮扶机制。对易返贫致贫人口实施常态化监测，重点监测收入水平变化和"两不愁三保障"巩固情况，继续精准施策。二要继续推进脱贫地区产业帮扶。补上技术、设施、营销等短板，推动特色产业可持续发展，促进产业提档升级。三要强化易地搬迁后续扶持。多渠道促进就业，加强配套基础设施和公共服务，搞好社会管理，确保搬迁群众稳得住、有就业、逐步能致富。四要接续推进脱贫地区发展。建立农村低收入人口和欠发达地区帮扶机制，保持财政投入力度总体稳定；健全农村社会保障和救助制度；坚持和完善东西部协作和对口支援、社会力量参与帮扶等机制；在西部地区脱贫县中集中支持一批乡村振兴重点帮扶县，增强其巩固脱贫成果及内生发展能力。

第二节　推动引导资源要素向农村流动

资源要素的流向对地区发展至关重要。引导资源要素向农村流动是实施乡村振兴战略的基本前提和重要途径。当前，资源要素向农村回流的拐点开始出现，但处于起步阶段，资源要素持续向城市净流入的基本格局并未改变。必须抓住城乡资源要素互动增强的新趋势、新机遇，积极探索资源要素向农村流动的有效形式，更大规模、更广范围、更为持续地推动资源要素向农村流动，才能扭转农业农村发展的天然劣势，促进城乡融合发展和乡村振兴。

一、资源要素持续向城市净流入的基本格局并未改变

第一，资源要素跨城乡流动仍然面临不少障碍。由于我国要素市场建设相对滞后，短期内城市资源要素"下乡"还无法完全规避长期以来形成的制度壁垒、文化壁垒、教育壁垒与投资壁垒等。当前，农村土地的各项权能还不能完全实现，土地抵押、宅基地转让依然困难重重；农村金融市场发育滞后，农村融资难、融资贵问题突出；农村教育发展不足，人口逆淘汰和人才短缺严重；农村基础设施和公共服务供给严重不足，严重约束资本、人才等资源要素流向农村。

第二，资源要素跨城乡流动仍然面临成本高、收益低的难题。我国农业生产已经进入高成本、高风险的新阶段，又面临日益趋紧的资源环境约束，加之土地规模集中不足，城市资源要素投资于农村的显性风险较大。农村基础设施不足也大大降低了农村资源要素的利用效

率和收益。

第三，资源要素由农村向城市的单向流动仍将表现出巨大的惯性力量。我国资源要素长期向城市单向聚集，最终导致了土地、资本和劳动力等多重城乡剪刀差，农业和农村的弱质性被进一步增强，这是改革开放以来我国城乡差距拉大的根本性原因。资源流动方向的转变意味着经济发展方式和城镇化路径的转型，对于中国这样大体量的经济体而言，其惯性力量绝对不可低估。

二、推动引导资源要素向农村流动的基本思路

推动引导资源要素向农村流动，必须积极营造条件，排除各种障碍因素，让资源要素下得去、留得住、能持续。

第一，加强农村基础设施和环境建设，让资源要素下得去。资源要素是进入农村还是留在城市，取决于其在城市和农村获取收益大小的比较。促进资源要素向农村流动，关键是要降低资源要素进入农村的成本，其中最重要的是改善农村的基础设施与环境。由于我国区域经济发展水平存在显著的差异，资源要素对农村基础设施条件的要求也不一样。对于整体经济发展水平已经处于工业化后期的发达地区来说，城市要素进入农村所需要的条件也必然相对较高，而不是仅仅满足于道路交通设施那么简单。我们需要在以下方面下功夫：一是提升与现代产业融合相衔接的农村硬件基础设施水平。比如，气、电、网、商、运、医等生产生活的配套设施水平，加强农村光纤宽带网络、5G通信网络、无线局域网络建设，推进农村互联网提速降费；农村垃圾的处理回收和污水无害化处理服务水平；山、水、田、林、路等的改造标准等。二是提升与现代产业融合相匹配的农村软件治理制度环境的建设水平。比如，推进地方政府的职能下移，服务下沉，强化政务服务及公共服务的及时性；融合乡贤等农村精英元素，搭建高效有序

的村民自治和互助平台，提高自我服务和管理能力；加强对农村山水人文、习俗技艺、古迹故居等本土文化的保护宣传，提升村民的认同度、归属感和自信力；加快推进农村耕地、宅基地、建设用地的改革，加强财政、税收和金融支农、惠农制度体系建设等。对于经济欠发达地区的农村地区，需要政府通过改善基础设施条件来推进制度变迁。一方面，加强交通、道路、水电等硬件设施，让农村能够与外界建立必要的联系；另一方面，积极提供适合于特定产业发展的公共产品和服务。

第二，推进农业农村为基础的产业融合，让资源要素留得住。资源要素进入农村必须与农村的土地、劳动力等要素结合来催生新产业，这就需要克服工商资本下乡与民争利的矛盾，形成城乡产业要素的共生关系，让城乡要素通过共生融合在一起。一要鼓励城市产业要素通过农业产业链的节点衍生新业态。比如，在传统农业基础上，发展农业休闲、高附加值农产品加工业，把农村发展成集农业、休闲、生态、养生、旅游于一体的产业聚集地；在传统农业的产业链节点上融入文化、体验、加工制造等内容，形成现代新农业。二要利用已有的要素聚集空间打造城乡产业要素共生平台。目前，全国各地都有不少现代农业示范园，休闲农业与乡村旅游示范点（村）、农业观光采摘园、休闲农庄等。利用这些要素聚集相对良好的空间区域，吸引城市资金、技术和人才等产业要素，结合当地县域农村的特色，通过打造特色小镇、特色田园乡村、田园综合体等方式，促进原有园区转型升级。

第三，形成与农民共享的利益机制，让资源要素能持续。资源要素进入农村，与农村要素相结合衍生新业态，催生新产业，实现城乡资源要素融合与共生，最重要的前提是共生利益的分配机制，要能够促进城市要素与农村要素的利益共享，这是资源要素共生的基础与前提。一是创造条件让农民积极参与。农民对农业及其衍生产业的熟悉具有天然优势，让农民参与其中，让城市资源要素与农村的生产资料与劳动力相结合，提供具有浓烈乡土气息的产品与服务，利用乡土差异化实现价值增值和财富增长，不仅使农民的生产生活正常延续，也使农村特色能够吸引更多人群进入农村，产业聚集才有可能，产业延续才有保证。二是完善制度让农民得到合理的回报。城市资源要素进入农村，不能形成简单的资本雇佣劳动的关系，应当通过完善产业组织形式，形成多种方式让农民手中的产业要素参与利益分配。比如，农民作为乡村产业的参与者获得劳动的报酬；作为土地要素承包权的所有者获得土地租金或者土地资产入股分红；作为产业发展的经营主体获得经营收入。

三、积极探索资源要素向农村流动的实现形式

资源要素向农村流动必须借助一定的实现形式。当前，在中央和地方政府的合力推动下，河南、安徽、四川等农村劳动力输出大省探索了多种形式的农业转移人口返乡创业；上海、北京等农村劳动力流入省份也在积极探索农业转移人口返乡创业支持政策；武汉等特大城市实施了市民下乡、能人回乡、企业兴乡"三乡"工程；浙江、江苏等经济发达省份推进工商资本下乡。这些行之有效的实现形式搭建了资源要素向农村流动的桥梁。

第一，积极推动农业转移人口和能人回乡。资源要素向农村流动需要大量的资源要素的所有者和组织者。推动农业转移人口和能人回乡就是要推动在城市取得一定成就的农业转移人口、有经济实力的乡村贤达、社会名人等，返回家乡反哺家乡建设和治理。这些回乡的农业转移人口和能人一般具有一定的资本、技能、管理，他们中的不少人甚至还具有丰富的创业经验、广阔的产业平台、通达的营销渠道，是接通资源要素向农村流动的重要途径。推动农业转移人口和能人回乡，关键是要营造农业转移人口和能人回乡的平台和环境。如深化

"放管服"改革，从实施"先照后证""多证合一"到不断推进"证照分离""照后减证"，进一步降低农村市场准入门槛和制度性交易成本、破解准入不准营顽疾、更多地释放创业创新活力；对于农业转移人口和能人回乡创业项目加大政策支持，强化融资服务、场地扶持、培训服务，建立创业风险防范机制；积极吸收回乡农业转移人口和能人进入乡村治理组织，最大限度发挥他们在农村发展和建设中的作用。

第二，积极推动企业下乡。资源要素向农村流动需要必要的金融服务和产业化组织。推动农业转移人口和能人回乡就是要鼓励和引导有社会责任感、有经济实力的金融机构和工商企业到农村提供金融服务和投资兴业，切实解决农村融资难、融资贵难题和产业化、组织化程度低困境。推动企业下乡，要鼓励银行、保险、信托、期货等金融机构创新开发农村金融产品，为农村经济发展、基础设施建设、公共服务提升提供充足的金融服务；加快制定鼓励引导工商资本下乡的指导意见，既要充分发挥工商资本在乡村振兴中的巨大能量和积极作用，又要设立政策防火墙，防止下乡企业和资本侵害农民利益，危害耕地和粮食安全。

第三，积极推动市民下乡。资源要素向农村流动需要农村市场的扩大和升级。推动市民下乡就是要鼓励和引导市民下乡过田园生活，带去城市文明，长期租用农村空闲农房和农地资源，并为农村新消费、新投资、新业态带来新机遇，激发乡村消费市场、资本市场、资源市场的崛起。推动市民下乡的难题是要如何完善农民闲置宅基地和闲置农房政策，推进农村宅基地所有权、资格权、使用权"三权分置"改革，破除农村宅基地不能流动的制度藩篱。充分发挥集体组织和集体经济作用，培育村民集体谈判能力，落实宅基地集体所有权、保障宅基地农户资格权、适度放活宅基地使用权的改革方向，既要使集体经济组织之外的人员可以通过适当的流转渠道，在一定期限内获得使用宅基地的权利，又要确保集体的所有权和农民的资格权不受侵犯。

第三节 全面推进乡村振兴的重点任务

全面实施乡村振兴战略的深度、广度、难度不亚于脱贫攻坚，必须加强顶层设计，明确工作重点，以更有力的举措、汇聚更强大的力量来推进。

一、加快发展乡村产业

产业振兴是乡村振兴的关键。要以完善利益联结机制为核心，以制度、技术和商业模式创新为动力，顺应产业发展规律，立足当地特色资源，推进农村一二三产业交叉融合，加快发展根植于农业农村、由当地农民主办、彰显地域特色和乡村价值的产业体系，推动乡村产业全面振兴。一要推动农村产业深度融合。把握城乡发展格局发生重要变化的机遇，培育农业农村新产业新业态，打造农村产业融合发展新载体新模式，推动要素跨界配置和产业有机融合，让农村一二三产业在融合发展中同步升级、同步增值、同步受益。二要完善紧密型利益联结机制。始终坚持把农民更多分享增值收益作为基本出发点，着力增强农民参与融合能力，创新收益分享模式，健全联农带农有效激励机制，让农民更多分享产业融合发展的增值收益。三要激发农村创新创业活力。坚持市场化方向，优化农村创新创业环境，放开搞活农村经济，合理引导工商资本下乡，推动乡村大众创业万众创新，培育新动能。

二、加强社会主义精神文明建设

乡风文明是乡村振兴的内在要求。要加强农村思想道德建设，坚持以社会主义核心价值观为引领，以传承发展中华优秀传统文化为核心，以乡村公共文化服务体系建设为载体，培育文明乡风、良好家风、淳朴民风，推动乡村文化振兴，建设邻里守望、诚信重礼、勤俭节约的文明乡村。一是加强农村思想道德建设。持续推进农村精神文明建设，践行社会主义核心价值观，巩固农村思想文化阵地，倡导诚信道德规范，提升农民精神风貌，倡导科学文明生活，不断提高乡村社会文明程度。二是弘扬中华优秀传统文化。立足乡村文明，吸取城市文明及外来文化优秀成果，在保护传承的基础上，创造性转化、创新性发展，不断赋予时代内涵、丰富表现形式，为增强文化自信提供优质载体。三是丰富乡村文化生活。健全公共文化服务体系，推动城乡公共文化服务体系融合发展，增加优秀乡村文化产品和服务供给，广泛开展群众文化活动，活跃繁荣农村文化市场，为广大农民提供高质量的精神营养。

三、加强农村生态文明建设

生态宜居是乡村振兴的重要内容。要保持战略定力，牢固树立和践行"绿水青山就是金山银山"理念，坚持尊重自然、顺应自然、保护自然，统筹山水林田湖草系统治理，加快转变生产生活方式，以钉钉子精神推进农业面源污染防治，加强土壤污染、地下水超采、水土流失等治理和修复，推动乡村生态振兴，建设生活环境整洁优美、生态系统稳定健康、人与自然和谐共生的生态宜居美丽乡村。一要推进农业绿色发展。以生态环境友好和资源永续利用为导向，推动形成农业绿色生产方式，实现投入品减量化、生产清洁化、废弃物资源化、产业模式生态化，提高农业可持续发展能力。二要持续改善农村人居环境。以建设美丽宜居村庄为导向，以农村垃圾、污水治理和村容村貌提升为主攻方向，开展农村人居环境整治行动，全面提升农村人居环境质量。三要加强乡村生态保护与修复。大力实施乡村生态保护与修复重大工程，完善重要生态系统保护制度，促进乡村生产生活环境稳步改善，自然生态系统功能和稳定性全面提升，生态产品供给能力进一步增强。

四、深化农村改革

农村改革是个长期的历史进程。我国实现了长时期的经济增长和社会稳定，农村的稳定功不可没。2020 年受疫情影响，一度有近 3000 万农民工留乡或第二次返乡。我国新型城镇化建设是个长期的过程，实现国家现代化更是个长期过程，要注重循序渐进。农民在城里没有彻底扎根之前，不能靠行政力量、更不能完全听任资本扩张，而急于切断他们在农村的后路，要让农民在城乡间自主选择、可进可退。

深化农村改革是乡村振兴的根本举措。要加快推进农村重点领域和关键环节改革，激发农村资源要素活力，完善农业支持保护制度，尊重基层和群众创造，推动改革不断取得新突破。一要健全城乡融合发展机制，推动城乡要素平等交换、双向流动，增强农业农村发展活力。二要落实第二轮土地承包到期后再延长 30 年政策，加快培育农民合作社、家庭农场等新型农业经营主体，健全农业专业化社会化服务体系，发展多种形式适度规模经营，实现小农户和现代农业有机衔接。三要健全城乡统一的建设用地市场，积极探索实施农村集体经营性建设用地入市制度。四要建立土地征收公共利益用地认定机制，缩小土地征收范围。五要探索宅基地所有权、资格权、使用权分置实现

形式。六要保障进城落户农民土地承包权、宅基地使用权、集体收益分配权，鼓励依法自愿有偿转让。七要深化农村集体产权制度改革，发展新型农村集体经济。八要健全农村金融服务体系，发展农业保险。

五、实施乡村建设行动

乡村建设是乡村振兴的前提。要继续把公共基础设施建设的重点放在农村，在推进城乡基本公共服务均等化上持续发力，注重加强普惠性、兜底性、基础性民生建设。一要加强村庄科学规划。统筹县域城镇和村庄规划建设，合理确定村庄布局分类，注重保护传统村落和乡村特色风貌，指导推动有条件的地方全域全要素编制村庄规划，特别是集聚提升类等建设需求量大的村庄，要优先编制。二要加快实施重点工程。中央和地方要加大建设力度，组织实施村庄道路、农村供水安全、新一轮农村电网升级改造、乡村物流体系建设、农村住房质量提升等一批工程项目。三要接续推进农村人居环境整治提升行动。因地制宜推进农村改厕、生活垃圾处理和污水治理，实施河湖水系综合整治，改善农村人居环境。四要强化县级政府在乡村建设中的主体地位。加强县域统筹协调能力，强化县城综合服务能力，持续改善乡村基础设施和公共服务，把乡镇建设成为服务农民的区域中心。

六、推动城乡融合发展

推动城乡融合发展是乡村振兴的必要条件。要顺应城乡融合发展趋势，重塑城乡关系，更好激发农村内部发展活力、优化农村外部发展环境，推动人才、土地、资本等要素双向流动，为乡村振兴注入新动能。一要把县域作为城乡融合发展的重要切入点。赋予县级政府更多资源整合使用的自主权，强化县城综合服务能力。二要加快农业人口市民化。加快推进户籍制度改革，全面实行居住证制度，不断扩大城镇基本公共服务覆盖面，保障符合条件的未落户农民工在流入地平等享受城镇基本公共服务，促进有能力在城镇稳定就业和生活的农业转移人口有序实现市民化。三要强化乡村振兴人才支撑。实行更加积极、更加开放、更加有效的人才政策，培育新型职业农民，加强农村专业人才队伍建设，鼓励社会人才投身乡村建设，推动乡村人才振兴，让各类人才在乡村大施所能、大展才华、大显身手。四要加强乡村振兴用地保障。完善农村土地利用管理政策体系，盘活存量，用好流量，辅以增量，激活农村土地资源资产，保障乡村振兴用地需求。五要健全多元投入保障机制。健全投入保障制度，完善政府投资体制，充分激发社会投资的动力和活力，加快形成财政优先保障、社会积极参与的多元投入格局。六要加大金融支农力度。健全适合农业农村特点的农村金融体系，把更多金融资源配置到农村经济社会发展的重点领域和薄弱环节，更好满足乡村振兴多样化金融需求。

七、加强和改进乡村治理

加强和改进乡村治理是乡村振兴的重要保障。要把夯实基层基础作为固本之策，建立健全党委领导、政府负责、社会协同、公众参与、法治保障的现代乡村社会治理体制，深入推进平安乡村建设，创新乡村治理方式，提高乡村善治水平，推动乡村组织振兴，打造充满活力、和谐有序的善治乡村。一要加强农村基层党组织对乡村振兴的全面领导。以农村基层党组织建设为主线，突出政治功能，提升组织力，把农村基层党组织建成宣传党的主张、贯彻党的决定、领导基层治理、团结动员群众、推动改革发展的坚强战斗堡垒。二要促进自治法治德治有机结合。坚持自治为基、法治为本、德治为先，健全和创新村党组织领导的充满活力的村民自治机制，强化法律权威地位，以德治滋养法治、涵养自治，让德治贯穿乡村治理全过程。三要夯实基层政权。科学设置乡镇机构，构建简约高效的基层管理体制，健全农村基层服务体系，夯实乡村治理基础。

第十六章

加强党对经济工作的全面领导

办好中国的事情，关键在党。坚持党的领导，是一切工作的前提。中国共产党领导是中国特色社会主义最本质的特征，是中国特色社会主义制度的最大优势。维护党中央权威和集中统一领导，是坚持党的领导的最高原则，是我国制度优势的根本保证。经济工作是中心工作。加强党对经济工作的全面领导，是以习近平同志为核心的党中央立足新时代提出的新要求。2021 年是我国现代化建设进程中具有特殊重要性的一年。做好 2021 年经济工作，对于确保"十四五"时期开好局，为"十四五"时期发展和实现第二个百年奋斗目标打好基础，以优异成绩庆祝中国共产党成立 100 周年十分重要。2021 年世界经济形势仍然复杂严峻，复苏不稳定不平衡，疫情冲击导致的各类衍生风险不容忽视。2020 年中央经济工作会议指出，适应新发展阶段、贯彻新发展理念、构建新发展格局，必须加强党的全面领导。这是我国应对各种风险挑战的底气所在，也是做好 2021 年经济工作的根本保证。

第一节　中国共产党领导是中国特色社会主义制度的最大优势

中国特色社会主义制度是由根本制度、基本制度和重要制度构成的科学制度体系，是中国共产党带领全国各族人民经过长期奋斗积累和创造的成果，适合中国国情，顺应时代潮流，具有多方面的显著优势。其中，中国共产党的领导是中国特色社会主义制度的最大优势，决定着各方面制度的特征和优势。坚持党的全面领导，最根本的是坚持党中央权威和集中统一领导，这是党的领导的最高原则。

一、党的领导有利于调动人民的积极性和创造性

党带领全国各族人民建立中国特色社会主义民主政治制度，发展社会主义民主，就是要体现人民意志、保障人民权益、激发人民创造活力，用制度体系保证人民当家作主，实现党的领导、人民当家作主和依法治国的有机统一。其中，党的领导是人民当家作主和依法治国的根本保证，人民当家作主是社会主义民主政治的本质特征，依法治国是党领导人民治理国家的基本方略。三者的有机统一，能够有效发

挥紧紧依靠人民推动国家发展和切实保障社会公平正义和人民权利的显著优势。实践证明，中国特色社会主义民主是最广泛、最真实、最管用的民主，是人民当家作主的制度安排，体现了党的群众路线的丰富内涵，能够最大限度凝聚最广大人民的智慧和力量，形成治国理政的强大合力。

二、党的领导有利于维护安定团结的政治局面

邓小平指出："在中国这样的大国，要把几亿人口的思想和力量统一起来建设社会主义，没有一个由具有高度觉悟性、纪律性和自我牺牲精神的党员组成的能够真正代表和团结人民群众的党，没有这样一个党的统一领导，是不可能设想的，那就只会四分五裂，一事无成。"① 新中国成立 70 多年来特别是改革开放以来,尽管面临这样那样的挑战、风险、阻力、矛盾，但中国社会总体稳定，安定团结的政治局面始终保持，这背后的重要原因，就是党的领导保证了各方面重大关系的有效调节。在政党关系上，坚持中国共产党领导的多党合作和政治协商制度，既保证了广泛的政治参与、充分反映社情民意和各阶层的利益诉求，又保证了政治生活的团结和谐和各方面力量的有效汇聚，避免了西方多党制下相互倾轧的党争弊端。在民族关系上，创建并坚持完善民族区域自治制度，坚持各民族一律平等，不断铸牢中华民族共同体意识，实现各民族共同团结奋斗、共同繁荣发展。在党和军队的关系上，坚持党指挥枪，确保人民军队绝对忠诚于党和人民，始终以党的旗帜为旗帜、以党的方向为方向、以党的意志为意志，有力地保障了国家的主权、安全和发展利益。凡此种种，都从根本上维护了国家安定、民族团结、社会和谐稳定、人民安居乐业的政治局面。

---

① 《邓小平文选》第二卷，人民出版社 1994 年版，第 341—342 页。

三、党的领导有利于集中力量办大事

我国社会主义制度决定了全民族、全社会、全体中国人民在根本利益上的高度一致，集中力量办大事是我们成就事业的重要法宝。邓小平指出："社会主义同资本主义比较，它的优越性就在于能做到全国一盘棋，集中力量，保证重点。"[①] 习近平总书记指出："我们最大的优势是我国社会主义制度能够集中力量办大事。这是我们成就事业的重要法宝。"[②] 新中国成立 70 多年来，我们聚焦全局性、战略性、长远性目标任务，在巩固人民政权和维护国家安全、重大科技攻关、区域协调发展、军民融合发展、重大工程建设、竞技体育、脱贫攻坚、抢险救灾、生态环境保护、"一带一路"建设、对外援助、防范化解重大风险、新冠肺炎疫情防控等方面，办成了一件又一件大事，取得了一个又一个重大成就。实践证明，在以习近平同志为核心的党中央的坚强领导下，全党全军全国各族人民能够围绕共同的目标，集中各方面力量，调动各方面资源，全国一盘棋、上下一条心，高效有力地办成一件件大事。

四、党的领导有利于维护国家的根本利益和长远利益

既脚踏实地办好当前的事情，又从战略上谋划长远发展，是中国共产党一以贯之的领导方法，是党执政兴国的重要经验。这有利于保持国家大政方针的稳定性、连续性，使当前利益同长远利益相结合、局部利益同整体利益相一致。那些实行多党制的国家是根本做不到这

---

① 《邓小平文选》第三卷，人民出版社 1993 年版，第 16—17 页。

② 习近平：《为建设世界科技强国而奋斗：在全国科技创新大会、两院院士大会、中国科协第九次全国代表大会上的讲话》，人民出版社 2016 年版，第 14 页。

些的。中华民族复兴之路之所以走得快、走得稳，改革开放事业之所以取得巨大成功，同中国共产党人一代接着一代干、一张蓝图绘到底是分不开的。新中国成立以来，五年规划、十年中长期规划从未中断。围绕实现社会主义现代化，1963年毛泽东提出"两步走"战略考虑；改革开放之初，邓小平提出"三步走"战略设想；1997年，江泽民在党的十五大上提出新"三步走"战略目标，并第一次提出"两个一百年"奋斗目标；2007年，胡锦涛在党的十七大上进一步完善了"两个一百年"奋斗目标；2017年，习近平在党的十九大上提出全面建成小康社会后的"两个阶段"战略安排。这些重大战略都是着眼于国家长远发展的顶层设计和战略部署，体现了中国共产党既一脉相承又与时俱进的执政品格。

五、党的领导有利于实现全体人民共同富裕

人民是我们党的力量源泉，人民立场是我们党的根本政治立场。实现全体人民共同富裕，是中国共产党最根本的价值取向，也是中国共产党人的奋斗目标。新中国成立70多年来，我们党牢记为中国人民谋幸福、为中华民族谋复兴的初心和使命，践行全心全意为人民服务的根本宗旨，坚持发展为了人民、发展依靠人民、发展成果由人民共享。特别是党的十八大以来，以习近平同志为核心的党中央坚持以人民为中心的发展思想，在保障和改善民生、朝着共同富裕目标持续迈进方面取得重大历史性成就。2019年，全国居民人均可支配收入从1949年的不到50元增至30733元，人均预期寿命由新中国成立初期的35岁提高到77.3岁，社会养老保险覆盖9.7亿人，基本医疗保险覆盖13.5亿人。

第二节　加强党对经济工作全面领导的重大意义

加强党对经济工作的全面领导，是坚持党的全面领导的题中应有之义。习近平总书记深刻指出，"党是总揽全局、协调各方的，经济工作是中心工作，党的领导当然要在中心工作中得到充分体现"[①]"能不能驾驭好世界第二大经济体，能不能保持经济社会持续健康发展，从根本上讲取决于党在经济社会发展中的领导核心作用发挥得好不好"。[②]新中国成立 70 多年来，我们党领导人民创造了世所罕见的经济快速发展奇迹和社会长期稳定奇迹，中华民族迎来了从站起来、富起来到强起来的伟大飞跃。我们也必须清醒地看到，我国进入新发展阶段，发展面临更加严峻的挑战，国内外风险挑战明显增加，加强党对经济工作的全面领导意义重大。

一、巩固和加强党的执政地位的根本保证

中国共产党领导是中国特色社会主义制度的最大优势，决定着各方面制度的特征和优势，巩固和加强党的执政地位对充分发挥中国特色社会主义制度的显著优势意义重大。70 多年全国执政历史中，中国共产党积累了丰富的执政经验，团结和领导全国各族人民取得了举世瞩目的历史性成就，赢得了人民的衷心拥护，但这并不说明党的执政

[①]《习近平关于社会主义经济建设论述摘编》，中央文献出版社 2017 年版，第 318 页。

[②]《十八大以来重要文献选编》（中），中央文献出版社 2016 年版，第 834 页。

地位是百分之百坚固的，党的执政地位始终面临多方面的考验和挑战。经济基础决定上层建筑，这是马克思主义的一个基本原理。在世界形势日益复杂多变、改革开放日益深化的今天，保障我们党长期执政、我国长治久安离不开坚实的经济基础。加强党对经济工作的全面领导，不断提高驾驭社会主义市场经济的能力，充分发挥党的领导、社会主义制度和市场经济三方面的优越性，就能充分挖掘社会主义市场经济的潜力，为我们党执政建立起坚实的物质基础和经济基础，推进社会的全面进步与发展，不断提高人民的生活水平，进一步巩固和加强党的执政地位。

二、实现党执政兴国第一要务的迫切需要

发展是解决一切问题的关键。实现第二个百年奋斗目标、实现中华民族伟大复兴的中国梦，不断提高人民生活水平，必须坚定不移把发展作为党执政兴国的第一要务，坚持解放和发展社会生产力，推动经济持续健康发展。当前，要实现发展，首要任务就是要加强党对经济工作的全面领导，不断提高党驾驭社会主义市场经济能力。在全国执政后，我们党不断探索社会主义经济建设规律，特别是改革开放后，随着社会主义市场经济的建立和完善，我们党对社会主义市场经济内在要求和运行特点的认识不断深化，党领导经济工作的能力不断增强。我们也应当看到，中国实行社会主义市场经济的时间毕竟还不长，社会主义市场经济体制仍需不断完善，还有许多规律性的问题需要在实践中进一步探索解决。当前，我国已进入新发展阶段，经济已由高速增长阶段转向高质量发展阶段，正处在转变发展方式、优化经济结构、转换增长动力的攻关期。构建市场机制有效、微观主体有活力、宏观调控有度的经济体制和实体经济、科技创新、现代金融、人力资源协同发展的产业体系，推动经济发展质量变革、效率变革、动力变革，

提高全要素生产率，不断增强我国经济创新力和竞争力，还需要作出更加艰巨的努力。面对复杂多变和科技竞争加剧的世界形势，面对新发展阶段的新形势，如何深刻认识和把握社会主义市场经济的内在要求和运行特点，全面深化改革，进一步解放和发展生产力，为经济持续发展注入强大动力，仍然是一项紧迫而艰巨的任务。为此，必须加强党对经济工作的全面领导，不断提高党驾驭社会主义市场经济的能力，实现高质量的经济发展。

三、经济社会持续健康发展的根本保证

新中国成立后，我们党团结带领全国各族人民确立社会主义基本制度，在一穷二白基础上初步建立起门类较为齐全的工业体系和国民经济体系，发展了社会主义的经济、政治和文化。改革开放后，我们党排除各种干扰，鲜明提出并坚持"一个中心、两个基本点"，坚持和完善党对经济社会发展的领导，成功开创和发展了中国特色社会主义，取得了举世瞩目的经济社会发展成就，使中国大踏步赶上了时代。特别是党的十八大以来，以习近平同志为核心的党中央科学把握世界发展大势，不断深化对经济社会发展规律的认识，作出我国经济发展进入新常态的重大判断，坚持稳中求进工作总基调，形成以新发展理念为指导、以供给侧结构性改革为主线的政策框架，优化宏观调控，实施一系列重大战略，推动我国经济社会发展取得历史性成就、发生历史性变革。决胜全面建成小康社会取得了决定性成就。经济实力、科技实力、综合国力跃上新的大台阶，经济运行总体平稳，经济结构持续优化。脱贫攻坚任务顺利完成，生态环境明显改善，人民生活水平显著提高，新冠肺炎疫情防控取得重大战略成果。实践充分证明，坚持党的领导，是我国经济社会持续健康发展的根本保证。

四、应对发展环境深刻复杂变化的现实需要

中国的发展离不开良好的外部环境。当今世界正经历百年未有之大变局，新冠肺炎疫情影响广泛深远，世界进入动荡变革期，我国发展面临的内外环境发生深刻而复杂的变化。国际上，国际环境日趋复杂，不稳定性不确定性明显增强。就国内情况而言，我国发展不平衡不充分问题仍然突出，重点领域关键环节改革任务仍然艰巨，创新能力不适应高质量发展要求，农业基础还不稳固，城乡区域发展和收入分配差距较大，生态环保任重道远，民生保障存在短板，社会治理还有弱项，我国经济社会发展面临结构性、体制性、周期性问题相互交织所带来的困难和挑战。2021 年是十分特殊的一年，关系"十四五"时期是否能开好局，全面建成小康社会能否完满收官。形势越是严峻复杂，矛盾风险挑战越是增多，越要有坚强的领导核心来保证我国经济行稳致远、社会安定和谐。因此，必须按照党的十九届五中全会和2020 年中央经济工作会议要求，自觉坚持党的全面领导，充分调动一切积极因素，广泛团结一切可以团结的力量，推动党中央关于经济社会发展各项决策部署落到实处。在这个重大原则问题上，我们务必头脑清醒、立场坚定，绝不能有任何含糊和动摇。

第三节　加强党对经济工作的全面领导

加强党对经济工作的全面领导，必须发挥好党在把握方向，总揽全局、协调各方，战略引导、宏观调控、营造良好环境等方面的作用，

充分发挥好党的领导的显著优势。

一、要牢牢把握社会主义市场经济的发展方向

　　社会主义市场经济，是社会主义制度与市场经济的结合，是社会主义而不是其他什么主义与市场经济的结合，是在中国共产党领导下并坚持社会主义制度的市场经济。社会主义市场经济的发展方向是社会主义，社会主义制度决定着社会主义市场经济的性质。但社会主义制度与市场经济的结合既不是社会主义制度自发的结合，也不是市场经济的主动结合，必须依靠党的领导来完成这一伟大进程。在这个进程中，能否实现二者的良性融合，能否既牢牢坚持社会主义的发展方向，又能充分发挥市场经济的效率，关键在党的领导。社会主义市场经济必须服从、服务于中国特色社会主义整体要求，服务于人民共同富裕的社会主义本质要求。若是离开了党的领导，离开了社会主义制度，就必然会改变自身的性质，就不是社会主义市场经济了。

二、切实把"两个维护"的要求贯彻到经济工作的各领域各方面

　　"两个维护"是党的领导的最高政治原则和根本政治规矩，加强党对经济工作的全面领导，首先要做到"两个维护"。当前，经济领域落实"两个维护"的总体情况是好的，但也存在一些值得注意的问题。比如，有的认为"两个维护"主要是政治态度问题，与经济发展的具体工作关系不大；有的对党中央决策部署表态快、调门高，但当地方利益、部门利益与全局利益、整体利益发生矛盾冲突时，当中央的要求与自己的习惯思维、习惯做法不一致时，贯彻落实就迟疑犹豫、不够坚决，甚至变着花样搞"上有政策、下有对策"。这些问题都要防止和纠正。"两个维护"是全方位的而不只是某个领域的，是具体

的而不是抽象的，各级党组织和广大党员、干部要付诸实践、见之于行动，而不能空喊口号、搞形式走过场。对习近平总书记关于经济工作的重要指示批示、对党中央各项决策部署，要严肃认真贯彻落实，做到闻令而动、令行禁止。在涉及经济发展的方向性原则性问题上，要自觉向党中央看齐、向党的理论和路线方针政策看齐、向党中央决策部署看齐，切实把"两个维护"落实到经济发展各领域各方面各环节，体现到扎扎实实做好经济发展工作的实际行动中。

三、发挥好党总揽全局、协调各方的领导核心作用

党领导经济工作，根本在于发挥好总揽全局、协调各方的领导核心作用。加强党对经济工作的全面领导，党中央主要是把握方向，谋划全局，提出战略，制定政策，推动立法，营造良好环境。要从体制机制上保证党在领导经济社会发展中把方向、谋大局、定政策、促改革。经过这些年的探索实践，我们党已形成一整套成熟的领导经济社会发展的体制机制。比如，中央政治局常委会、中央政治局定期研究分析经济社会形势、决定重大事项，中央财经委员会及时研究经济社会发展重大问题，中央全面深化改革委员会及时研究经济社会领域重大改革，其他中央决策议事协调机构对涉及经济社会发展的相关重大工作进行顶层设计、总体布局、统筹协调、整体推进、督促落实。同时，按照党中央要求，各地区加强党委领导经济社会发展的体制机制建设，党委集体讨论决定经济社会发展规划、重大政策措施、工作总体部署以及关系国计民生的重要事项等。党中央和地方各级党委领导经济社会发展的这些体制机制，经过实践检验是科学合理、行之有效的，要长期坚持。2021年要适应经济社会发展的新形势，进一步把党中央集中统一领导落实到统筹推进"五位一体"总体布局、协调推进"四个全面"战略布局的各方面，坚持和完善党领导经济社会发展的

体制机制，为实现高质量发展提供根本保证。

四、不断完善党对经济工作的宏观调控

宏观调控是党领导经济工作的主要手段。党通过制定相关政策、完善政策协调机制等，实现对经济工作的宏观调控。一是通过制定财政、货币、消费、投资、产业、区域等政策，对经济进行调控。通过加快建立现代财政制度，更好发挥财政政策对平衡发展的积极作用。提升货币政策的适应性和灵活性，深化金融体制改革，促进多层次资本市场健康发展，增强金融服务实体经济能力。优化促进消费转型升级的政策组合，更好激发消费潜能，增强消费对经济发展的基础性作用。强化投融资政策对优化供给结构的关键作用，提高资金使用效率，激发民间有效投资活力。精准实施产业政策，促进新旧动能接续转换。创新完善区域政策，持续推进城乡协调协同发展，拓展经济发展新空间。二是完善宏观经济政策协调机制。加强对宏观经济政策的综合协调，实现宏观调控目标制定和政策手段运用机制化，增强宏观调控的针对性、前瞻性、灵活性和协同性，使多重目标、多种政策、多项改革之间平衡协调联动。强化宏观经济政策统筹，加强对政策时序、边界、方向、目标的协调，增强财政、货币、产业、区域、投资等政策之间的优化组合，提高政策的系统性，并协同形成调控合力。

五、为经济发展营造良好的环境

发展环境直接关乎竞争力、生产力。近年来，我国整体发展环境明显改善，但一些地方发展环境仍然欠佳，以致出现发展活力不足、人才流失等问题。通过界定好政府和市场边界，提高党领导经济工作的科学性和艺术性，为实现经济社会持续健康发展创造良好环境。

2021 年，各级领导干部抓经济发展，要着眼广泛聚集资源要素、推动高质量发展，在进一步营造良好的政策环境、市场环境、法治环境、人文环境上下功夫。要深化简政放权、放管结合、优化服务改革，健全惠企便民的高效服务网络，推进政务服务标准化、规范化、便利化。要提高依法行政水平，推进公正司法，切实保护人民群众和一切经营主体的合法权益。要深化人才发展体制机制改革，全方位培养、引进、用好人才。要健全基本公共服务体系，完善共建共治共享的社会治理制度，增强人民群众获得感、幸福感、安全感。要创新群众工作体制机制和方式方法，把党的正确主张及时转化为群众的自觉行动。要培育和践行社会主义核心价值观，推进社会公德、职业道德、家庭美德、个人品德建设，使遵纪守法、艰苦奋斗、诚信守约、勇于担当蔚然成风。

第四节　不断提高党领导经济工作的能力和水平

加强党对经济工作的全面领导，需要不断改善党的领导，提高党驾驭社会主义市场经济的水平。

一、不断加强党的经济理论创新和发展

恩格斯说过："一个民族要想站在科学的最高峰，就一刻也不能没有理论思维。"[1] 理论源于实践，又反作用于实践。理论创新能够推

---

[1]《马克思恩格斯文集》第九卷，人民出版社 2009 版，第 437 页。

动实践活动的层次、质量不断提高，为社会创造出更多、更有价值的成果。党对党与市场经济的关系、党在经济工作中的作用、党对经济工作的集中统一领导等理论认识也是一个不断创新发展的过程。改革开放前，我国学习苏联模式，实行高度集中的计划经济体制，虽然有党的领导，但由于违背了经济发展的客观规律，导致经济关系不协调，甚至畸形化，缺少活力。改革开放后，党总结了以往的经验教训，建立并逐步完善社会主义市场经济体制，形成了市场和政府"两只手"协同运用的有效机制，促进了经济的快速发展。但在一个时期里，由于片面理解和执行党政分开，在经济等领域党的领导弱化的现象还不同程度存在，造成了一些经济乱象，影响经济的持续健康发展。党的十八大以来，在以习近平同志为核心的党中央的集中统一领导下，不断推动理论创新，对党的领导等理论认识不断深化，提出了中国共产党领导是中国特色社会主义最本质的特征，是中国特色社会主义制度的最大优势，加强党对经济工作的全面领导等重要思想，有力地指导了新时代我国经济发展，取得了历史性成就。党的十九届五中全会集中回答了新发展阶段实现什么样的发展、如何实现发展这个重大问题。特别是明确提出实现"十四五"规划和 2035 年远景目标，必须坚持党的全面领导，充分调动一切积极因素，广泛团结一切可以团结的力量，形成推动发展的强大合力。提出要构建以国内大循环为主体、国际国内双循环相互促进的新发展格局，牢牢把握发展主动权、重塑竞争新优势。这些理论创新为当前加强党对经济工作的全面领导提供了理论指导。加强党对经济工作的全面领导是一个重大的理论和实践问题，随着形势的发展，仍然需要在理论和实践中进行研究和探索。

二、坚持和完善党领导经济工作的体制机制

加强党对经济工作的全面领导，必须坚持党总揽全局、协调各方，

发挥各级党委（党组）领导核心作用。要加强制度化建设，坚持和完善党领导经济工作的体制机制，从体制机制上保证党对经济工作的全面有效领导。"十四五"时期我国进入新发展阶段，新发展阶段面临新形势新挑战，适应新发展阶段、贯彻新发展理念、构建新发展格局，必须加强党的全面领导。要从体制机制上保证党在领导经济发展中把方向、谋大局、定政策、促改革。经过这些年的探索实践，我们党已形成一整套成熟的领导经济社会发展的体制机制，党领导经济社会发展的制度化规范化水平不断提高。下一步，要适应经济社会发展新形势新任务，坚持和完善党领导经济社会发展的体制机制，为实现高质量发展提供根本保证。要坚持和完善党中央关于经济社会发展重大决策部署贯彻落实的具体制度。党的十八大以来，围绕贯彻落实党中央关于经济社会发展决策部署，党中央及有关部门建立并完善了任务分工、督促检查、情况通报、监督问责等一系列制度，有力推动了贯彻落实工作。要总结实践经验，完善这些制度，进一步形成一级抓一级、层层抓落实的工作机制。具体来说，要完善上下贯通、执行有力的严密组织体系，确保党中央关于经济社会发展的每项决策部署都得到全程无缝落实；要严格执行向党中央请示报告制度，各地区各部门涉及经济社会发展的全局问题和贯彻落实中的重大问题，必须及时如实向党中央请示报告，决不能弄虚作假、掩盖问题、欺上瞒下；要完善贯彻落实党中央决策部署的督查考核机制，建立健全推动高质量发展的指标体系、政策体系、考评体系等，发挥督查考核指挥棒作用，确保党中央决策部署有效落实。

三、不断改进党领导经济工作的观念和方式方法

要遵循经济社会发展的规律，加强对经济社会发展重大问题的研究，重大政策出台和调整要进行综合影响评估，不搞"头痛医头、脚

痛医脚"的急就章、一刀切，要从系统论出发优化经济治理方式，协调不同部门不同政策在国家治理体系中的定位和功能，在多重目标中寻求动态平衡，在高质量发展中实现系统优化。一是不断提高通过中长期规划指导经济发展的水平。用中长期规划指导经济社会发展，是我们党治国理政的一种重要方式。实践证明，中长期发展规划既能充分发挥市场在资源配置中的决定性作用，又能更好发挥政府作用。要坚持以《中共中央关于制定国民经济和社会发展第十四个五年规划和二〇三五年远景目标的建议》为指导，尽快落实好相关要求，制定好"十四五"等相关规划。二是不断提高党领导经济工作法治化水平。社会主义市场经济本质上是法治经济，经济秩序混乱多源于有法不依、违法不究，因此必须坚持法治思维、增强法治观念，依法调控和治理经济。领导干部尤其要带头依法办事，自觉运用法治思维和法治方式来深化改革、推动发展、化解矛盾、维护稳定。三是不断增强党领导经济工作的专业化能力。进入新发展阶段，我国经济发展面临的国际国内形势日趋复杂，经济发展领域不断拓宽、分工日趋复杂、形态更加高级、国内外联动更加紧密，这些都对党领导经济工作的专业化水平提出了更高要求。各级领导干部要自觉加强学习，完善知识结构、增长专业能力，切实提高领导经济工作的科学化水平。各级党委要把握好研究新时代经济发展的机遇与挑战，深入研究重大经济问题，不断提高党把方向、谋全局、提战略、定政策的能力。

四、不断提高党的各级干部领导经济发展的能力

提高党领导经济工作的水平，关键在干部。各级干部一要增强政治意识，提高政治站位。领导经济发展不仅是经济问题，还是政治问题。要提高领导干部从政治的高度做经济工作，善于用政治眼光观察和分析经济社会发展的能力，增强领导干部洞察经济活动的政治后果

的能力。要通过制度化建设，开展必要的督查、督导、指导，确保各级干部领导贯彻落实中央决策部署。二要全面贯彻新时代党的组织路线。加强干部队伍建设，落实好干部标准，加强对敢担当善作为干部的激励保护，以正确用人导向引领干事创业导向。完善人才工作体系，培养造就大批德才兼备的高素质人才。把严的主基调长期坚持下去，不断增强党自我净化、自我完善、自我革新、自我提高能力。锲而不舍落实中央八项规定精神，持续纠治形式主义、官僚主义，切实为基层减负。完善党和国家监督体系，加强政治监督，强化对公权力运行的制约和监督。坚持无禁区、全覆盖、零容忍，一体推进不敢腐、不能腐、不想腐，营造风清气正的良好政治生态。三要不断优化领导班子知识结构，提高专业化能力。要增强补课充电的紧迫感，积极了解新兴领域，切实回应群众变化的期待和诉求，自觉赶上时代潮流和社会发展趋势。要从选拔、任用、考核、培训等多方面入手，特别注重在党政领导班子中充实配备熟悉宏观经济、工业、农业、金融、外经贸、城市建设、社会管理的干部，提高班子成员的专业化水平。对干部领导科学发展的素质和能力，要提出明确指标和刚性约束，尽快健全有利于创新发展、协调发展、绿色发展、开放发展、共享发展的目标体系、考核办法、奖惩机制。四要加强培训学习和实践锻炼，增强领导干部抓好发展和安全的能力水平。深入总结和学习运用中国共产党100年的宝贵经验，教育引导广大党员干部坚持共产主义远大理想和中国特色社会主义共同理想，不忘初心、牢记使命，为党和人民事业不懈奋斗。激励广大党员干部通过向实践学习、向理论学习、向经验学习、向先锋学习，牢牢把握马克思主义的立场、观点、方法，牢牢把握习近平新时代中国特色社会主义思想，不断增强自身的"真功夫"，坚定信心，勇于担当，把创造性的经济工作干得更漂亮。要不断学习经济工作中的新知识，研究新情况，解决新问题。不断提高干部适应新时代新要求抓改革、促发展、保稳定的水平和专业化能力。

要提高领导干部防范社会风险、意识形态风险和由于处理风险不慎引发社会震动的风险意识，注重安全生产和防灾减灾救灾水平的提升，增强化解各种存量风险、防范增量风险的能力。

主要参考文献

［1］习近平：《在经济社会领域专家座谈会上的讲话》，人民出版社 2020 年版

［2］习近平：《在科学家座谈会上的讲话》，人民出版社 2020 年版

［3］习近平：《在浦东开发开放 30 周年庆祝大会上的讲话》，人民出版社 2020 年版

［4］习近平：《在庆祝改革开放 40 周年大会上的讲话》，人民出版社 2018 年版

［5］习近平：《在基层代表座谈会上的讲话》，人民出版社 2020 年版

［6］习近平：《在教育文化卫生体育领域专家代表座谈会上的讲话》，人民出版社 2020 年版

［7］习近平：《决胜全面建成小康社会　夺取新时代中国特色社会主义伟大胜利——在中国共产党第十九次全国代表大会上的报告》，人民出版社 2017 年版

［8］习近平：《为建设世界科技强国而奋斗：在全国科技创新大会、两院院士大会、中国科协第九次全国代表大会上的讲话》，人民出版社 2016 年版

［9］《习近平谈治国理政》第一卷，外文出版社 2018 年版

［10］《习近平谈治国理政》第二卷，外文出版社 2017 年版

［11］《习近平谈治国理政》第三卷，外文出版社 2020 年版

［12］《习近平关于"三农"工作论述摘编》，中央文献出版社 2019 年版

［13］《十八大以来重要文献选编》（上），中央文献出版社 2014 年版

［14］《十八大以来重要文献选编》（中），中央文献出版社 2016 年版

［15］《十八大以来重要文献选编》（下），中央文献出版社 2018 年版

［16］《十九大以来重要文献选编》（上），中央文献出版社 2019 年版

［17］《马克思恩格斯文集》第二卷，人民出版社 2009 年版

［18］《马克思恩格斯文集》第五卷，人民出版社 2009 年版

［19］《中国共产党第十九届中央委员会第五次全体会议文件汇编》，
人民出版社 2020 年版

［20］《中国共产党第十九届中央委员会第四次全体会议文件汇编》，
人民出版社 2019 年版

［21］《中央经济工作会议在北京举行》，《人民日报》2020 年 12 月
19 日

［22］《深入学习坚决贯彻党的十九届五中全会精神　确保全面建设社
会主义现代化国家开好局》，《人民日报》2021 年 1 月 12 日

［23］《坚持用全面辩证长远眼光分析经济形势　努力在危机中育新机
于变局中开新局》，《人民日报》2020 年 5 月 24 日

［24］《深化金融供给侧结构性改革　增强金融服务实体经济能力》，
《人民日报》2019 年 2 月 24 日

［25］《〈中共中央关于制定国民经济和社会发展第十四个五年规划
和二○三五年远景目标的建议〉辅导读本》，人民出版社 2020
年版

［26］《党的十九届五中全会〈建议〉学习辅导百问》，学习出版社、
党建出版社 2020 年版

［27］顾海良著：《中国特色社会主义政治经济学历史与理论》，中国
财政经济出版社 2020 年版

［28］张占斌主编：《国内大循环》，湖南人民出版社 2020 年版

［29］张占斌等著：《新阶段　新理念　新格局——中央党校知名专家

解读"十四五"》，中共中央党校出版社 2020 年版

［30］中华人民共和国国务院新闻办公室著：《抗击新冠肺炎疫情的中国行动》，人民出版社 2020 年版

［31］刘志强等：《击鼓催征稳驭舟——深化对严峻挑战下做好经济工作的规律性认识综述》，《人民日报》2021 年 1 月 9 日

［32］中共国家发展改革委党组理论学习中心组：《"十三五"时期我国经济社会发展成就与经验启示》，《人民日报》2020 年 9 月 22 日

［33］教育部习近平新时代中国特色社会主义思想研究中心：《把我国制度优势更好转化为国家治理效能》，《人民日报》2019 年 11 月 19 日

［34］白春礼：《不断向科学技术广度和深度进军》，《智慧中国》2020 年第 11 期

［35］周树春：《把握好阐释好中国现代化新征程的发展大逻辑》，《学术前沿》2020 年 11 月（下）

［36］刘垠：《变局中开新局　科技自立自强成为国家发展的战略支撑——专访科技部党组书记、部长王志刚》，《科技日报》2021 年 1 月 4 日

［37］宁吉喆：《决胜全面建成小康社会取得决定性成就》，《人民日报》2020 年 12 月 7 日

［38］钟山：《我国开放型经济发展取得历史性成就》，《人民日报》2020 年 9 月 29 日

［39］韩保江：《论疫情冲击下的中国经济韧性》，《理论探索》2020 年第 5 期

后 记

应东方出版社邀请，我们组织专家编写了《大国新局——读懂百万亿后的中国经济》。本书力求把握新发展阶段、新发展理念、新发展格局的基本内涵和重大意义，围绕 2020 年中央经济工作会议提出的重点任务、发展目标等重大理论和实践问题展开讨论，以期为"十四五"时期中国经济开好局、起好步贡献绵薄之力。

本书由中国公共经济研究会组织编写，会长韩康、常务副会长张占斌担任主编，参加或支持中国公共经济研究会的中共中央党校（国家行政学院）、国务院研究室、国务院发展研究中心、中国社会科学院等单位的专家学者参加编写。前言由韩康撰写，后记由张占斌撰写，第一章由孙飞编写，第二章由蒲实编写，第三章由周跃辉编写，第四章由陈江生编写，第五章由王学凯编写，第六章由樊继达编写，第七章由李江涛编写，第八章由杜庆昊编写，第九章由郭威编写，第十章由毕照卿编写，第十一章由张青编写，第十二章由水名岳编写，第十三章由王小广、张晏玮编写，第十四章由王茹编写，第十五章由黄锟编写，第十六章由王海燕编写。全书由主编设计方案并审改定稿，毕照卿协助作了沟通联络和初步统稿工作。中国公共经济研究会副秘书长朱珂锦、办公室主任张国华、主任助理程建华等做了协调保障工作。东方出版社的编辑为本书的出版付出了大量辛勤的工作，特致诚挚的谢意。

在写作过程中，我们认真学习了党的十九届五中全会和 2020 年中央经济工作会议、中央农村工作会议精神，参考了许多中央文件和有关专家学者的研究成果，希望把本书写好、写出价值来。但由于水平有限，本书内容仍有值得探讨的地方和深化的空间。不足之处，恳请读者朋友批评指正！

编　者

2021 年 1 月

图书在版编目（CIP）数据

大国新局：读懂百万亿后的中国经济 / 中国公共经济研究会组织编写；韩康，张占斌主编 . —北京：东方出版社，2021.3

ISBN 978-7-5207-2089-2

Ⅰ . ①大… Ⅱ . ①中… ②韩… ③张… Ⅲ . ①中国经济—经济发展—研究 Ⅳ . ① F124

中国版本图书馆 CIP 数据核字（2021）第 040439 号

大国新局：读懂百万亿后的中国经济
（DAGUO XINJU：DUDONG BAIWANYI HOU DE ZHONGGUO JINGJI）
- -
作　　者：中国公共经济研究会组织编写　韩康　张占斌主编
责任编辑：孔祥丹　陈钟华
出　　版：东方出版社
发　　行：人民东方出版传媒有限公司
地　　址：北京市西城区北三环中路 6 号
邮　　编：100120
印　　刷：三河市龙大印装有限公司
版　　次：2021 年 3 月第 1 版
印　　次：2021 年 3 月北京第 1 次印刷
开　　本：710 毫米 ×1000 毫米　1/16
印　　张：20
字　　数：260 千字
书　　号：ISBN 978-7-5207-2089-2
定　　价：68.00 元
发行电话：（010）85924663　85924644　85924641
- -